数字经济时代的
企业财务管理变革

汤明华　李周欣　◎ 著

天津出版传媒集团

天津科学技术出版社

图书在版编目（CIP）数据

数字经济时代的企业财务管理变革 / 汤明华，李周

欣著 . -- 天津 ： 天津科学技术出版社 ， 2025. 3.

ISBN 978-7-5742-2803-0

Ⅰ . F275

中国国家版本馆 CIP 数据核字第 202558JM45 号

数字经济时代的企业财务管理变革
SHUZI JINGJI SHIDAI DE QIYE CAIWU GUANLI BIANGE

责任编辑：吴文博

责任印制：兰　毅

出　　版：天津出版传媒集团
　　　　　天津科学技术出版社

地　　址：天津市和平区西康路35号

邮　　编：300051

电　　话：（022）23332377

网　　址：www.tjkjcbs.com.cn

发　　行：新华书店经销

印　　刷：定州启航印刷有限公司

开本 710×1000　1/16　印张 19.25　字数 280 000

2025年3月第1版第1次印刷

定价：98.00元

前　言

　　随着全球经济的快速发展，数字经济已经成为现代经济的重要组成部分。尤其近年来，云计算、大数据、人工智能等技术的迅猛发展，不仅改变了传统的商业模式，也为企业的财务管理带来了深刻的变革。

　　传统财务管理方式依赖于手工记录、人工核算和逐级审批，这种模式在数字技术的冲击下显得效率低下、响应缓慢，无法满足瞬息万变的市场需求。面对日益复杂的经济环境，企业迫切需要一种更加高效、精准和智能化的财务管理模式，以提升决策效率、优化资源配置和增强风险控制能力。数字技术的兴起为财务管理的转型提供了新的路径，使得企业能够以更低的成本、更加灵活的方式来进行财务运营，从而实现管理的现代化、智能化。近年来，无论是跨国企业还是中小型企业，都开始重视财务管理的数字化建设。特别是在我国，随着数字经济政策的推进，企业加速了向智能化、自动化的财务管理模式转型的步伐。然而，数字化财务管理在我国企业中的应用仍处于起步阶段，尤其在许多传统行业中，其财务管理的数字化转型还存在诸多挑战。基于此，本书从数字经济时代的宏观背景出发，深入剖析了企业财务管理数字化变革的理论基础、发展路径以及实施策略。

　　本书共分为十章。第一章介绍了数字经济的基本知识；第二章简要阐述了企业财务管理的基础内容；第三章分析了数字经济时代传统企业财务管理面临的挑战，提出了财务管理数字化变革的内外动因、目标与原则等；第四章着重介绍了财务管理数字化变革中的技术应用，包括财务机器人、OCR 技术、电子影像与电子档案、数据可视化等；第五章详细论述了财务共享中心的智能化升级；第六章深入分析了成本管理、资金管理、预算管理、应收应付账款管理、税务管理等典型财务管理场景的数字化变革路径；第七章进一步探讨了数据驱动的财务决策与风险控制；第八章研究了企业财务数据治理，提出了企业财务数据治理体系建设和财务数据治理平台建设的具体策略；第九章对企业财务管理数字化变革的保障体系建设进行了分析，包括文化保障、人才保障和制度保障；第十章展望了企业财务管理的未来发展方向，提出了财务智能化、财务云发展和财务人员转型的趋势。

本书具有以下特点：首先，本书内容全面系统，覆盖了企业财务管理数字化变革的各个层面。从基础理论的梳理，到数字技术在财务管理中的具体应用，再到财务管理未来发展的趋势，读者可以通过本书获得对财务管理数字化转型的全景式理解，掌握数字经济时代企业财务管理的最新发展动态。其次，本书紧密结合时代前沿技术，如云计算、人工智能、大数据等，通过深入分析这些技术在财务管理中的应用，展示了企业如何利用数字技术提高管理效率、优化财务决策、强化风险控制等方面的能力，这为企业数字化转型提供了具有指导意义的理论支撑。最后，本书的写作逻辑清晰，条理分明，既有对数字经济背景下财务管理理论的深刻探讨，又有对财务管理变革路径的实践指导。通过对技术与管理的结合，本书为企业管理者和财务人员提供了可操作的建议和实践框架，帮助他们在数字化时代更好地应对财务管理的挑战与机遇。

其中，漳州市芗城区博文图书文化有限公司汤明华撰写了第一、二、三、四、十章内容，共计 14 万字；青蛙王子（中国）日化有限公司李周欣撰写了第五、六、七、八、九章内容，共计 14 万字。

由于时间、水平有限，书中难免存在疏漏之处，恳请广大读者批评指正，以便我们在未来的研究中不断完善和提高。

目　录

第一章

数字经济综述

第一节 数字经济的兴起与发展

一、数字经济兴起的原因

（一）信息技术的发展

数字经济的兴起得益于信息技术的迅猛发展，尤其是计算机和互联网技术的突破性进展。20世纪中期，计算机技术逐渐成熟，为信息存储和处理奠定了坚实的基础。随着集成电路、处理器性能的不断提升，计算机的应用从科研领域扩展到商业、工业等多个领域，推动了信息化进程。20世纪90年代初，互联网的普及进一步推动了全球信息共享和通信方式的变革，互联网连接了全球的用户与企业，使信息的获取和传递变得更加便捷高效。21世纪初，移动互联网的兴起更是让人们的生活方式发生了深刻的变化，智能手机的广泛应用使得消费者能够随时随地接入网络，推动了电子商务、数字支付等经济模式的飞速发展。信息技术的快速发展，为数字经济的兴起奠定了坚实的技术基础，并成为推动经济数字化转型的关键力量。

（二）市场需求的变化

消费升级和消费个性化成为主流，消费者的需求不再局限于传统的产品和服务，而是更加注重个性化的体验和高品质的生活方式。这种转变促使企业必须利用数字技术来分析消费者行为和偏好，提供更加定制化的产品和服务。此外，消费者对数字生活、数字服务和数字内容的需求也在快速增长，消费者越来越依赖于线上购物、移动支付、数字娱乐等数字化方式来满足日常需求。消费者对数字生活方式的依赖促使企业不断优化其数字服务能力，以适应市场需求的快速变化，从而推动数字经济的不断扩展与升级。

（三）产业结构的调整

传统产业正面临资源耗尽、生产效率低下和市场需求多样化等问题，迫切需要通过技术革新实现转型升级。数字经济为产业结构调整提供了新动能。数字技术的广泛应用一方面使传统产业的运营模式、生产方式和管理结构发生了根本性变革；另一方面为新兴产业的发展创造了有利条件。

（四）全球化进程的加速

全球化进程的加速为数字经济的兴起提供了重要契机。随着全球市场的进一步开放和各国间经济联系的加强，企业得以跨越国界参与国际竞争，获得更多的市场机会。数字经济凭借其跨越地域限制的特性，助力企业迅速扩展国际业务，通过跨境电商、数字平台和全球化供应链实现市场的全球覆盖。全球化不仅为数字经济提供了广阔的市场，也推动了技术、资本和人才的全球流动，使得企业能够更快速地获取先进的数字技术和创新资源，提升竞争力。此外，全球化带来的国际合作和交流为数字经济的发展注入了活力，推动了各国之间的协同创新。因此，全球化进程的加速成为推动数字经济兴起的重要因素。

二、数字经济的发展阶段

数字经济的发展经历了以下四个阶段，如图 1-1 所示。

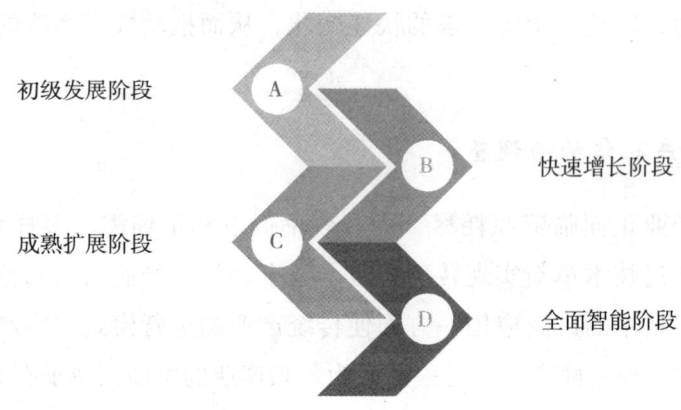

图 1-1　数字经济的发展阶段

（一）初级发展阶段

这一阶段的数字经济以电子商务、在线支付等基础设施建设为代表，企业通过互联网进行简单的商业交易和信息交流。这一时期的数字经济规模较小，发展速度相对缓慢，主要集中在网络购物、电子交易等领域。尽管如此，企业和政府逐渐意识到信息化对提升效率、优化资源配置的重要性，开始为数字化基础设施的搭建做准备，为未来数字经济的全面扩展奠定了基础。初级阶段的数字经济更多体现为传统经济模式的延伸，技术应用处于尝试阶段。

（二）快速增长阶段

随着互联网的普及和智能设备的广泛应用，数字经济迅速进入了快速增长阶段。电子商务进入高速发展期，共享经济、云计算等新兴产业也迅速兴起。企业利用互联网平台扩大业务范围，消费者的在线消费和行为数据积累为数字经济的进一步发展提供了数据支持。数字经济成为全球经济增长的重要动力。

（三）成熟扩展阶段

进入成熟扩展阶段，数字经济与传统产业的融合日益深入，数字化转型成为各行业提升竞争力的关键。在这一阶段，数字技术已经不仅仅局限于互联网企业的运用，更多传统企业也开始通过数字化技术进行改造。制造业、金融业、零售业等领域通过大数据等技术优化生产流程，提升管理水平，实现了从线下到线上，从局部信息化到全局数字化的转变。这一阶段的数字经济开始对传统产业产生颠覆性影响，推动了各行业的效率提升和运营模式的革新。企业通过数字化重构商业模式，新的经济形态逐渐形成，数字经济走向全面普及，成为各国经济结构调整和优化的重要力量。

（四）全面智能阶段

随着人工智能、自动化技术的深入发展，数字经济进入了全面智能阶段。在这一阶段，数字经济呈现出高度智能化的特点。智能产业如智能制造、智能交通等逐渐成为数字经济的主要发展方向。数字经济不仅带来了生产效率的提升和生产成本的降低，也为人类社会带来了全新的生活方式和工作方式。

第二节　数字经济的概念与特征

一、数字经济的概念

数字经济是继农业经济、工业经济之后的主要经济形态，是以数据资源为关键生产要素，以现代信息网络为重要载体，以信息通信技术融合应用、全要素数字化转型为重要推动力，促进公平与效率更加统一的新经济形态。

对数字经济这一概念可以从以下几方面理解。

第一，数字经济的关键生产要素是数据资源。在传统经济形态中，土地、资本是主要的生产要素，而在数字经济中，数据资源成了新的生产要素。数据资源是指通过各种技术手段采集、存储和处理的信息集合。大量数据资源不仅为人类社会带来了更多新的价值增值，也为人类价值创造能力发生质的飞跃提供了不竭动力。数据要素有一些不同于其他要素的特征。①数据要素具备规模报酬递增的特性。随着数据量的增加，人们能够从中提取的信息量和价值也随之增长。这一特点与传统的生产要素如土地和劳动力的规模报酬递减特性不同。在传统经济中，资源的增加会逐渐降低边际产出，而在数字经济中，更多的数据可以带来更高的信息解析能力和创新潜力。②数据要素可重复使用和多人共享。与传统资源不同，数据的使用不会导致其消耗或减少。相反，数据可以被无限次地复制和共享，而不会降低其价值。这种特性使得数据能够成为支持协作、创新和知识传播的基础，极大地促进了生产效率和经济增长。③数据的非排他性和无限增长潜力，突破了传统经济中资源稀缺性的限制。在数字经济中，数据的创造和利用不受物理限制，理论上可以无限扩展。这种无限增长的潜力，使得数据成为一种独特的资源，能够支持无限的创新和价值创造。

第二，数字经济的重要载体是现代信息网络。现代信息网络包括互联网、移动通信网络、物联网等，它们为数据的传播、交换和应用提供了基础设施。现代信息网络的普及不仅提高了信息传递的速度和效率，还降低了信息传递的成本，从而为数字经济的发展提供了坚实的基础。

第三，数字经济的推动力是信息通信技术融合应用和全要素数字化转型。信息通信技术是指所有与信息处理、传输和通信相关的技术和工具的集合，包括互联网技术、移动通信技术、云计算、人工智能、大数据技术等。信息通信技术的广泛应用为数据的采集、传输、存储和分析提供了强大的支持，使经济活动的各个环节更加紧密地相互连接。全要素数字化转型是指将数字技术应用于生产、管理、营销、服务等各个环节，实现企业和社会的全面数字化。

第四，数字经济的目标是促进公平与效率更加统一。数字经济提高了资源配置的效率，优化了生产和服务流程，使经济活动更加高效。同时，数字经济通过普惠金融、在线教育、远程医疗等手段，能够扩大优质资源的覆盖范围，缩小城乡和区域差距，促进社会公平。简而言之，数字经济在提升经济效率的同时，也积极推动社会的公平发展，力求实现两者的平衡和统一。

二、数字经济的特征

数字经济具有以下四个特征，如图 1-2 所示。

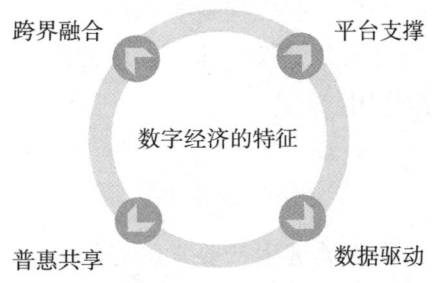

图 1-2　数字经济的特征

（一）平台支撑

在数字经济的发展过程中，平台支撑是其极为突出的特征。数字经济的运作依托于各种数字平台，这些平台通过互联网和信息技术连接生产者、消费者以及各类资源，形成了一个高效的经济生态系统。平台不仅是商品和服务的交易媒介，更是数据和信息流通的枢纽，为数字经济的各个环节提供支持与驱动。

首先，数字平台打破了传统经济模式中的供需限制。数字平台通过提供开放的市场环境，让供需双方能够更直接、更高效地进行匹配。例如，电子商务平台通过互联网连接全球的卖家和买家，使得商品交易突破了地域和时间的限制，消费者可以通过电子商务平台获得全球范围内的商品，而企业也能够借助相关平台将产品推向更广阔的市场。这种无边界的市场连接能力，极大地扩展了数字经济的覆盖范围，促进了市场的全球化。

其次，数字平台降低了交易成本。在传统的市场中，买卖双方需要花费大量的时间和资源来寻找交易对象，进行交易。而在平台化的市场中，通过互联网技术，买卖双方可以快速、便捷地找到对方，完成交易，大大降低了交易成本。

再次，数字平台提高了资源的利用率。在平台化的市场中，资源得到了更有效的配置和使用。比如，共享经济平台可以让闲置的资源得到利用，如共享单车、共享住宿等，大大提高了资源的利用效率。

最后，数字平台带来了网络效应。随着平台用户数量的增加，平台的价值呈现指数级增长。平台上的用户、服务提供者和数据越多，平台的吸引力就越大，更多的用户就会被吸引加入，这种正向循环进一步增强了平台在数字经济中的支撑作用。

（二）数据驱动

数字经济是以数据作为关键生产要素的经济形态。数据经过互联网时代的爆发式增长，已经成为数字经济最重要的底层要素。数据通过处理、分析、转化成为具有价值的数据资源，通过数字平台实现"数据价值化"，并在此基础上循环往复形成数据价值链，由此推动数字经济发展壮大。数据是数字经济的"新能源"，是数字经济最重要的特征。

在数字化浪潮中，业务流程高度数字化，数据在企业内部实现了高效采集与储存；数据作为支持性工具，帮助企业实现全球业务可查、可控、可追溯。数字平台的出现，使数据的流动与共享成为可能；人工智能等新技术的应用，显著提高了数据挖掘的速度、广度和深度。从数据挖掘出发，颠覆原有商业模式，建立全新的商业生态，成为数字经济新的发展路径。

（三）普惠共享

数字经济的另一个重要特征是普惠共享，即通过数字技术的普及和创新成果的应用，更多的企业和人群能够公平地获得经济发展的机会和资源，从而减少传统经济模式中资源分配不均带来的问题。在传统经济中，资源的获取和分配往往受限于地理位置、资本积累和信息不对称等因素，导致部分地区或群体难以参与到主流经济活动中。然而，数字技术的飞速发展打破了这些传统限制，使得普惠共享成为可能。

第一，数字技术为全球范围内的中小企业和个人创业者提供了公平竞争的机会。通过电商平台、社交媒体和在线支付系统，中小企业和个体工商户能够直接接触到全球市场，不再必须依赖于传统的物流和销售渠道。同时，普惠金融也在不断发展，移动支付、网络借贷等金融科技手段使得过去难以获得金融服务的中小企业和个人可以更便捷地获取融资，促进了创业创新和经济活力的增强。

第二，数字技术促进了资源的广泛流动和共享。共享经济模式的崛起，不仅重新定义了交通、住宿等行业的资源利用方式，也为社会上闲置资源的优化配置提供了平台。这种通过互联网实现的资源共享模式，让更多的人能够通过参与共享经济获得收入，也让消费者以更低的成本享受到更加便捷和个性化的服务。这种模式不仅有助于提高资源利用效率，还推动了社会资源的合理配置，实现了经济的普惠性增长。

第三，数字技术的普及大幅缩小了信息鸿沟，使更多的人群能够平等地获取知识和信息。通过互联网平台，在线教育、远程医疗等数字服务的普及，让偏远地区和经济条件较差的人群能够享受到与城市人口同样优质的教育资源和医疗服务。数字化带来的信息共享和服务普惠，使得社会发展更加均衡，推动了社会整体福祉的提升。

第四，数字技术推动了创新成果的全民共享。大数据、人工智能等技术的应用，虽然最初可能是由大企业主导，但随着技术的普及，这些创新成果逐渐向中小企业和社会各界开放。开源平台、创新孵化器等机制的出现，让更多的中小企业能够借助已有的技术成果进行创新，推动了经济的全面发展。这种技术普惠不仅带来了更多的创新机会，也加速了社会整体的数字化转型。

（四）跨界融合

1．数字产业与传统产业融合

在数字经济时代，人类经济活动空间不断从物理空间转移到虚拟网络上，而随着传统行业数字化进程的加快，人类经济活动又从线上、网络上不断向线下、实体空间扩展。这主要体现在两个方面：一方面，数字平台正积极向线下领域扩展，通过收购或合作进入制造、批发、零售等传统行业，推动新产业和新模式的创造，如新娱乐、新零售、新制造和新金融等，极大地丰富了经济社会活动的空间和人们的物质及精神生活；另一方面，传统行业企业如制造、金融、物流和娱乐等，也在不断强化数字化融合和创新，将数字化融入战略管理、研发设计、生产制造、物流运输、售后服务等关键环节中，促成了智能制造、智慧物流、数字金融、泛娱乐等新兴业态的出现。这种深度融合，不仅提高了传统行业的生产效率和管理效能，还引领了消费者行为方式的根本变革。

2. 人类社会、网络世界和物理世界日益融合

在数字经济时代，网络世界已经不仅是物理世界的虚拟映像，更是成了一种新型的社会和生存空间。在这一过程中，信息物理系统起到了关键作用。信息物理系统是集成了计算、传感器、制动器和通信功能的系统，使物体和环境能进行智能化的互动。这种集成不仅加速了物理世界的发展，也使人类社会的发展速度呈现出指数级增长。

不仅如此，随着人工智能、虚拟现实和增强现实等技术的发展，新一代的信息物理生物系统也应运而生。这一系统不仅改变了人与物理世界的交互模式，还促进了人与机器之间更为有机和协调的互动。这种"人机物"融合进一步加速了物理世界、网络世界和人类社会之间界限的消失，构建了一个全新的互联网生态系统。在这个系统中，人类、物理实体和虚拟实体能够无缝交流和互动，从而开启了一个全新的、互联互通的时代。

第三节　数字经济的运行体系

一、支撑层

数字经济的支撑层是数字基础设施与数字技术通过融合应用，为上层数据获取、商业活动开展和数字经济治理提供支撑的基础层级。

（一）数字基础设施

数字基础设施是支持数字经济运行的底层硬件和软件系统，类似于数字世界的"公路"和"桥梁"，它为数据传输、存储、处理和应用提供了基础环境。其具体由以下几个部分组成。

1. 数据中心

数据中心承担着存储、处理和管理数据的重要任务。随着数字化转型的加速，数据中心的作用变得越来越重要，它不仅是企业信息技术基础设施的核心，也是支持云计算、大数据分析等数字技术应用的基础。数据中心通过高效的服务器、存储设备和网络设备，实现了数据的高速处理和安全存储，保证了数据服务的连续性和可靠性。此外，随着能效和环保要求的提高，绿色数据中心逐渐成为发展趋势，它通过采用先进的节能技术和管理策略，降低能耗，减少环境影响。

2. 云计算中心

云计算中心通过提供弹性的计算资源、存储空间和各种软件服务，极大地促进了企业的数字化转型。云计算中心使得企业无须投资昂贵的硬件设备和软件许可，就可以快速获取所需的信息技术资源和服务，从而加速产品的开发和上市过程，提高运营效率。此外，云计算中心还支持跨平台、多设备的数据访问和应用，为用户提供了便捷的数字生活和工作方式。随着云计算技术的不断进步，云服务模式正变得更加多样化，满足了不同行业和用户的个性化需求。

3. 移动智能终端

移动智能终端，如智能手机和平板电脑，已成为人们日常生活和工作中不可或缺的工具，它们为数字经济的发展提供了强大的用户接口。移动智能终端的普及极大地促进了移动互联网的发展，为各种移动应用和服务提供了广阔的平台。通过这些终端，用户可以随时随地访问互联网，进行信息检索、在线购物、移动支付、社交网络交流等活动，从而极大地丰富了数字生活的内容。同时，移动智能终端也成了收集用户数据、推送个性化服务的重要渠道，为企业提供了精准营销和服务的新机会。随着技术的不断进步，移动智能终端的性能和功能不断增强，正在推动数字经济向更加便捷、智能的方向发展。

（二）数字技术

数字技术是指一系列用于生成、管理和应用数字信息的技术手段。它们基于数字基础设施而运行，推动了数字经济的智能化和自动化进程。数字技术主要包括以下几种。

1. 大数据技术

大数据技术以高效处理和分析大规模、多样化的数据为核心，其特点包括数据量巨大、数据类型多样、处理速度快以及数据价值密度低。通过大数据技术，企业和政府能够从大量的非结构化、半结构化和结构化数据中提取有用信息，实现数据驱动的决策和创新。大数据的应用领域非常广泛，涵盖了金融、医疗、零售、制造、交通等多个行业。例如，金融机构利用大数据分析优化风险控制、提高客户体验，零售商通过分析消费者行为数据进行个性化推荐和精准营销，等等。

2. 云计算技术

云计算技术通过网络提供按需分配的计算资源、存储和应用服务，使用户能够通过互联网远程访问并使用计算资源，而无须自己维护物理硬件或软件。云计算技术具有高效、灵活、可扩展等特点，按需付费的模式使得企业和个人能够根据自身需求灵活使用计算资源，极大地降低了网络基础设施的建设和维护成本。云计算技术可以分为三大服务模式：基础设施即服务（Infrastructure as a Service, IaaS）、平台即服务（Platform as a Service, PaaS）和软件即服务（Software as a Service, SaaS）。IaaS 提供虚拟化的计算资源，如存储、网络和服务器；PaaS 则提供开发和部署环境，让开发者能够在云端构建应用程序；SaaS 则通过互联网直接向用户提供软件服务，用户无须下载安装软件即可使用。云计算广泛应用于各行各业，如电子商务平台依托云计算支撑大规模流量的瞬时需求；金融行业通过云计算实现敏捷的数据分析和业务处理；医疗行业利用云平台存储并处理庞大的医疗数据，实现精准医疗。云计算的普及还推动了大数据、人工智能和物联网等技术的快速发展，成为推动数字经济创新与增长的关键动力。

3．物联网技术

物联网是通过利用射频识别、红外感应器、全球定位系统、激光扫描器等先进的信息传感设备，按照特定的通信协议，将各种物体与网络连接起来，以达到实现智能化识别、定位、跟踪、监控和管理目的的一种信息网络。换句话说，当人们能够为每一个单独的物体分配一个唯一的标识，并利用先进的识别、通信和计算技术将其与互联网连接起来，这种广泛连接的网络就构成了物联网。物联网技术广泛应用于智能家居、智慧城市、智能制造、交通管理、医疗健康等多个领域。例如，智能家居系统能够通过物联网连接家中的各种设备，实现远程控制和自动化运行，提升生活便利性和能源效率；智慧城市通过物联网技术优化城市资源管理，如实现交通灯系统、废物管理系统和供水供电系统的智能化调控，从而提高城市的运行效率和居民的生活质量。在工业领域，物联网推动了制造业的智能化升级，通过将设备互联，实现生产过程的实时监控、预测性维护和资源优化分配，大幅提高生产效率和产品质量。物联网技术的背后依赖于强大的通信网络、数据处理能力和信息安全体系，确保设备间的高效通信和数据的安全传输。

4．人工智能技术

人工智能技术通过模拟人类智能的过程，包括学习、推理、自我修正等能力，以实现机器自动执行任务、解决问题和作出决策。人工智能的核心技术包括机器学习、深度学习、自然语言处理、计算机视觉等。人工智能技术通过提高效率、降低成本、创造新的商业模式和服务，推动数字经济的转型和升级。在制造业中，人工智能可以优化生产流程，提高产品质量；在金融行业，人工智能技术通过分析大量交易数据，帮助识别欺诈行为，提供个性化金融服务；在医疗领域，人工智能技术能够协助医生进行疾病诊断和治疗方案的制订；而在零售业，人工智能技术则通过消费者行为分析，提供个性化的购物体验。随着技术的不断进步和创新，人工智能正成为推动数字经济发展不可或缺的动力。通过智能化的数据分析和决策支持，人工智能技术不仅为企业带来了新的增长机遇，也极大地丰富了消费者的生活，成为数字经济时代的重要标志。

5. 区块链技术

区块链技术是数字经济的重要支撑技术之一，以其去中心化、透明性和不可篡改的特点，为数字世界中的数据存储和传输提供了全新的信任机制。区块链本质上是一个分布式账本，它通过加密算法和共识机制确保数据的安全性和透明性。每个区块都包含了多条交易记录，并通过哈希值与前后的区块相连，形成一个链式结构，从而保证了数据的连续性和不可篡改性。区块链技术消除了对中央机构或中介的依赖，使得参与者可以在无信任的环境中进行安全的点对点交易。区块链技术最早应用于比特币等加密货币，但其应用范围早已超越金融领域。如今，区块链技术在供应链管理、数字身份认证、智能合约、跨境支付、物联网等领域都有广泛应用。例如，在供应链管理中，区块链技术能够实现商品从生产到销售的全程可追溯，提升透明度，减少假冒伪劣产品；在智能合约中，区块链技术通过预设的合约规则，自动执行合同条款，减少了人工干预和信任成本；在跨境支付领域，区块链技术能够加快支付速度，减少中介机构，降低交易成本。

6. 增强现实技术

增强现实技术（Augmented Reality, AR）是一种通过在用户的视觉现实环境中叠加生成的图像、音频及其他感觉增强信息的技术，旨在实时地增强人们对现实世界的感知。与虚拟现实不同，增强现实不是替代真实世界，而是在其上添加数字信息，使得虚拟和现实世界能够无缝融合。增强现实技术利用摄像头、传感器、显示器等设备捕捉现实世界的场景，通过计算处理后，将虚拟信息实时地覆盖在真实世界的图像上。这种技术可以应用于智能手机、平板电脑、AR眼镜等多种设备上，为用户提供互动性强、信息丰富的新型体验。

在数字经济的时代，AR技术的应用正在快速扩展，覆盖了零售、教育、医疗、旅游、制造业等多个领域。例如，在零售行业，通过AR技术，消费者可以在自己的家中虚拟试穿衣服或试妆；在教育领域，AR技术能够将抽象的知识内容通过三维模型直观展现，提高学习效率和兴趣；在医疗行业，医生可以利用AR技术进行精确的手术指导；在制造业，工程师可以通过 AR 眼镜查看设备的实时数据和维修信息，提高维护效率和安全性。AR 技术通过为用户提供沉浸式的体验和高效的信息交互，极大地拓展了数字经济的应用范围和深度。随着技术的进一步发展和成本的降低，AR 技术有望在更多领域带来创新的解决方案，为数字经济的发展提供强有力的支撑。

7. 5G 技术

5G 技术，作为第五代移动通信技术的代表，标志着全球通信领域进入了一个新的时代。这项技术不仅仅是速度的飞跃，它的意义远远超过了此前任何一代通信技术的升级，为数字经济的发展提供了前所未有的计算支撑和连接能力。

5G 技术具有以下优点。一是能够提供比 4G 网络更快速、更稳定、具有更低延迟和更高数据传输能力的网络服务。这种性能的提升使得 5G 网络能够支持高清视频流、大规模物联网设备连接以及实时数据处理等需求，这些是在之前的网络技术下难以实现的。例如，5G 技术的低延迟特性对于自动驾驶汽车、远程医疗和虚拟现实等应用至关重要，因为这些应用需要实时的数据交换和处理以确保其安全性和有效性。二是具有更广泛的覆盖范围和连接能力。5G 技术采用了更高频率的电磁波传输数据，虽然这使得其传输距离相对较短，但通过部署更密集的网络基站，5G 网络能够实现在城市、乡村甚至是偏远地区的广泛覆盖。这意味着无论用户身处何处，都能享受到高速的网络服务，极大地推动了信息的无障碍流通和资源的有效分配。三是在网络切片方面的能力较强。网络切片允许运营商在同一物理网络基础设施上提供多个虚拟网络，每个虚拟网络都可以根据不同应用的特定需求进行优化。这意味着 5G 网络能够同时满足低功耗物联网设备的连接需求和高带宽视频传输的需求，而不会相互干扰，极大地提高了网络的灵活性和效率。

在数字经济的背景下，5G 技术的推广使用将对各行各业产生深远的影响。它不仅能够促进现有业务模式的优化和升级，还能够激发新的商业模式和服务的创新。随着 5G 网络的普及，云计算、大数据、人工智能等技术将得到更广泛的应用，推动经济发展方式向更加智能化、数字化转变。企业可以利用 5G 技术收集和分析大量数据，优化决策过程，提高生产效率，同时，也能够通过提供更加个性化和高质量的服务来满足消费者的需求。

二、数据层

作为数字经济核心生产资料和生产要素的数据，需要在支撑层数字基础设施的基础上，借助数字技术，经各种各样的智能终端采集，并经过网络传输到云端的大数据平台，再进行存储、整理、筛选、加工、分析和共享，通过人工智能、数据挖掘、深度学习等相关算法才能上升为知识与智慧，指导行业生产实践，进而实现其在不同业务场景的应用价值。

如同石油和煤等自然物质资源为工业经济时代的能源一样，物理世界在虚拟空间的客观映射的数据则是数字经济时代人类自己创造的可再生、可反复多次被多人同时使用的"新能源"。未来随着物联网等数字技术的不断发展，人与人、人与物、物与物之间万物互联的海量数据都会被记录、存储、整理、加工、分析并产生更大的价值。

（一）数据采集

数据采集是指通过各种技术手段从不同来源获取数据的过程。数据采集渠道广泛，包括物联网设备、传感器、互联网平台等。物联网设备和传感器可以实时采集环境、设备和用户行为数据，互联网平台则通过用户交互和系统操作记录数据。数据采集的形式多样，既包括结构化数据，如数据库中的表格信息，也包括非结构化数据，如文本、图像、音频和视频等。数据采集的关键在于精准、高效地获取相关数据，同时确保采集过程的完整性和及时性。随着技术的发展，实时数据采集逐渐成为常态，为企业提供了持续优化和及时决策的基础。

（二）数据传输

数据采集完成后，需要通过稳定、高效的网络传输到数据存储和处理中心。5G、光纤通信、卫星互联网等技术支持高速的数据传输，确保数据在不同节点之间的高效流动和实时更新。同时，数据传输层还需要考虑数据加密、认证等安全措施，以确保传输过程中的数据隐私和安全。

（三）数据存储

数据存储是指将采集到的海量数据进行有序存放和管理的过程。由于数据规模不断扩大，传统的集中式存储已经难以满足需求，分布式存储架构成为主流选择。云存储和本地数据中心为企业提供了灵活的存储解决方案，能够根据实际需要进行扩展。数据存储需要根据数据的不同类型选择合适的存储方式，结构化数据通常存放在关系型数据库中，而非结构化数据则利用非关系型数据库或文件系统存储。此外，数据存储还涉及数据的安全性和冗余备份，以确保数据在发生意外时能够恢复。

（四）数据整理

数据整理是数据处理中不可或缺的步骤，指将采集到的原始数据进行归类、清理和结构化的过程。采集的数据通常来自多种渠道，具有多样性和不一致性。数据整理的核心任务是通过清理错误数据、去除冗余数据、填补缺失值等操作，使数据符合分析和应用的要求。数据整理还包括将不同来源的数据进行合并、转换，使得数据更加规范化和一致。数据整理可以提高数据的质量和准确性，为后续的数据处理和分析打下坚实基础。

（五）数据筛选

数据筛选是从整理后的数据中提取出与特定需求相关的数据，以便更有效地进行后续分析。这一过程通常需要设定一系列筛选标准，如时间范围、地域、特定的变量或参数等，确保筛选出的数据具有针对性和代表性。数据筛选的目标是减少不必要的数据量，提升数据处理的效率，同时确保数据的准确性和相关性。通过有效的数据筛选，企业能够更快、更精确地找到关键信息，避免分析时的冗余和干扰。

（六）数据加工

数据加工是将筛选后的数据进一步处理和转化为可以直接用于分析或应用的有用信息的过程。这包括数据的标准化、归一化、聚合、转换等操作，使数据符合特定的应用需求。数据加工的目的是提高数据的可操作性，使其更加适合分析模型的输入，或便于在不同应用场景中的使用。例如，在统计分析中，数据加工可能包括将原始数据进行归一化处理，以消除不同数据维度之间的量纲差异。通过数据加工，数据可从原始状态转化为更具业务价值的信息。

（七）数据分析

数据分析是整个数据处理链条中的核心环节，具体指通过运用统计、机器学习、人工智能等工具和算法，从加工后的数据中提取有价值的洞见的过程。数据分析的目标是识别模式、趋势或异常，支持企业和组织进行决策。例如，利用预测分析，企业可以提前发现市场需求变化，优化供应链管理；通过客户行为分析，企业可以定制个性化的营销策略。数据分析可以分为描述性分析、诊断性分析、预测性分析和规范性分析四种类型，其各自解决不同的问题，帮助企业提高决策的科学性和效率。

（八）数据共享

数据共享是指将经过处理和分析的数据资源开放给特定的内部或外部用户，实现跨部门、跨组织的数据流通。数据共享不仅可以提高数据的利用效率，还可以促进企业或机构之间的合作与创新。通过建立统一的标准和接口，数据可以在不同系统和平台之间无缝流动，避免数据孤岛现象。同时，数据共享需要严格的权限管理和安全措施，确保共享过程中的数据隐私和机密性。有效的数据共享可以推动数字经济中的协同创新，帮助各方共同提升业务效能和决策能力。

三、商业层

商业层是建立在支撑层和数据层基础上的不同产业的商业活动，主要包括以下两方面。

（一）数字产业化

1. 数字产业化的概念

数字产业，即信息通信产业，也称为数字经济基础部分，是数字经济发展的先导产业，为数字经济发展提供技术产品、服务和解决方案等。[1]通常意义上讲，数字产业化就是通过大数据、云计算、人工智能等现代信息技术的市场化应用，将数字化的知识和信息转化为生产要素，推动数字产业形成和发展。

科技创新绝不仅仅是实验室里的研究，而是必须将科技创新成果转化为推动经济社会发展的现实动力。数字产业化的目的正是将数字化的知识和信息转化为生产要素，通过信息技术创新和管理创新、商业模式创新融合，不断催生新产业、新业态、新模式，最终形成数字产业链和产业集群。数字产业化是数字经济发展的核心，代表了新一代信息技术的发展方向和最新成果。伴随着信息技术的创新突破，新理论、新硬件、新软件和新算法层出不穷，由软件定义、数据驱动的新型数字产业体系正在不断加速形成。数字技术的日新月异使得数字产业、数字产业化涉及的范围不断扩大，涵盖的经济形态迅速扩充。数字产业的发展水平已经成为一个国家经济发展水平的重要因素和衡量指标。

2. 数字产业的分类

数字产业是以数字技术产业发展为基础，运用数字技术工具收集、整理、存储和传递信息资源，围绕数字产品与数字服务的生产与供给等相关

---

[1] 唐晓乐，刘欢，詹璐遥．数字经济与创新管理实务研究 [M]．长春：吉林人民出版社，2021：210．

环节的产业。它由传统的信息产业演化而来，也称为基础型数字经济或数字经济核心部分，是数字产业化的结果。数字产业主要包括以下几种。

（1）电子信息制造业

电子信息制造业涵盖了计算机、通信设备、半导体和其他电子元器件的生产与制造。这一产业为数字技术提供了硬件支持，是各类数字技术设备和终端产品的核心领域。电子信息制造业的发展推动了技术进步，支持了信息通信和数字服务产业的持续增长。近年来，随着智能设备、5G技术和物联网的快速发展，电子信息制造业的创新和变革进一步加速，成为推动数字经济的重要力量。

（2）信息通信业

信息通信业是从传统电信业发展而来的，现在成了构建国家信息基础设施、提供网络和信息服务的关键行业。它利用先进的数据传输技术，能够实时、准确、完整地将信息传达给需求方。随着互联网、物联网、云计算和大数据等技术的快速发展，信息通信业的内涵日益丰富，服务范围从传统的电信服务和互联网服务扩展到了物联网等新兴领域，包括物联网、无线通信、卫星通信和移动互联网等。在我国，信息通信业是发展速度极快、创新活力极强的产业，不仅在促进经济社会转型、提升政府治理能力和公共服务方面发挥了巨大作用，也在国际舞台上产生了显著影响。

（3）软件服务业

软件服务业，也称软件与信息技术服务业，它主要通过计算机和通信网络技术进行信息的生产、收集、处理、加工、存储、传输、检索和利用，进而提供信息服务。软件服务业具有技术更新速度快、产品附加值高、应用领域广泛、有强大的渗透能力、资源消耗低等特点，对经济和社会的发展起到了重要的支撑和引领作用。随着数字化转型的深入，软件服务业正成为推动创新、提升产业竞争力的关键力量。

（4）互联网与人工智能产业

互联网与人工智能行业是数字产业中的新兴力量，它们代表了数字技术的最新发展方向。互联网与人工智能产业包括互联网、大数据、云计算等基础技术的研发，人机交互、计算机视觉、深度学习等人工智能技术的发展，以及智能语音、人脸识别、智能机器人、无人驾驶等领域的人工智能技术的应用。

（二）产业数字化

产业数字化是指在新一代数字科技支撑和引领下，以数据为关键要素，以价值释放为核心，以数据赋能为主线，对产业链上下游的全要素进行数字化升级、转型和再造的过程。①

1．工业数字化

工业数字化是指将数字技术全面应用于工业领域，以提高生产效率、优化资源配置和推动创新。通过工业物联网、大数据、云计算、人工智能等技术，企业能够实现设备的智能化管理和生产过程的自动化。工业数字化使得制造过程更加精细化和智能化，能够实时监控设备的运行状态、预测设备故障，并通过数据分析优化生产计划和供应链管理。此外，工业数字化还推动了柔性制造和个性化定制的发展，使得企业能够更灵活地应对市场变化和满足客户需求。例如，智能工厂中，机器人和自动化设备能够协同工作，减少了人为错误，提高了生产效率；同时，通过大数据分析，可以优化生产流程，降低成本和能源消耗。工业数字化的最终目标是实现智能制造，即通过数据驱动的决策和自动化技术，实现生产的智能化、效率的最大化以及创新能力的提升，从而增强企业在全球市场中的竞争力。未来，随着5G和边缘计算等新技术的普及，工业数字化的应用场景将更加广泛，进一步推动制造业向智能化转型。

2．农业数字化

农业数字化是通过将数字技术引入农业生产和管理的各个环节，推动农业现代化和效率提升的过程。利用大数据、物联网、无人机、遥感技术等数字工具，农业生产者能够实时获取土壤、天气、作物生长等多维度数据，优化种植和管理决策。农业数字化的核心是精准农业，即通过数据驱动的方式，精确管理耕作、灌溉、施肥和病虫害防治等农业活动，最大限

---

① 林德光．数字技术的经济学分析［M］．广州：华南理工大学出版社，2022：116．

度地提高农作物产量并减少资源浪费。无人机和传感器技术可以实时监控农田情况，提供作物健康状况的实时数据；而智能灌溉系统则根据土壤湿度和天气条件进行自动调节，节约水资源并提高作物产量。此外，农业数字化还包括供应链数字化管理，农产品从生产到销售的全过程都可以通过数字技术进行追踪和优化，确保食品安全和提高供应链效率。农业数字化不仅推动了农业生产的智能化和高效化，还为农村经济的可持续发展提供了新的动力。随着5G网络的覆盖和农业物联网的进一步发展，农业数字化将进一步深化，为全球农业提供创新的解决方案和更高的生产效率。

3. 服务业数字化

服务业数字化是通过应用数字技术和互联网工具，对传统服务行业进行改造和升级的过程。它涵盖了金融、教育、医疗、旅游、零售等多个领域，旨在提高服务效率、优化用户体验和创造新的服务模式。通过利用大数据分析、云计算、人工智能等技术，服务业能够实现个性化服务、智能推荐、在线交易和远程服务等功能，满足消费者对高质量服务的需求。例如，金融科技的发展使得移动支付、在线贷款和智能投顾成为可能，极大地提升了金融服务的便捷性和普及率；在线教育平台通过提供灵活的学习方式和丰富的教学资源，打破了时间和空间的限制，促进了教育资源的均衡分配。服务业数字化不仅推动了服务模式的创新，也为传统服务行业带来了转型升级的契机，是实现服务质量提升和行业可持续发展的关键途径。

4. 公共服务行业数字化

公共服务行业数字化是指通过将数字技术融入政府、医疗、交通等公共领域的服务体系，提升公共服务的效率、透明度和可及性的过程。通过大数据、云计算、人工智能等技术，政府能够优化资源配置，提升行政效率。例如，智慧城市建设通过物联网和大数据平台对城市的交通、能源、环境等多个领域进行智能化管理，实现了公共资源的高效利用和城市运营的可持续发展。数字化还推动了政务服务的在线化，民众可以通过数字政务平台办理各种事务，如缴税、申请证件等，降低了线下排队和人工干预的时间成本。医疗行业的数字化则通过电子健康档案、远程诊断和智能健康设备，提升了医疗服务的质量和效率。交通管理领域也通过智能交通系统，实现了道路拥堵的预测和优化，提升了城市交通的流动性和安全性。公共服务行业的数字化转型不仅提高了公共服务的整体效能，也促进了社会治理体系和治理能力的现代化，是推动社会全面进步和提升民生福祉的重要手段。

四、治理层

数字经济治理是指在数字经济环境下，通过制定和实施一系列规则、标准、政策和机制，对数字经济的发展和运行进行指导、协调和监督的过程。数字经济治理的目的是确保数字经济健康有序发展，促进数字技术的创新和应用，保护消费者权益，维护市场公平竞争，以及应对数字经济发展过程中可能出现的风险和挑战。在全球化和网络化日益加深的背景下，数字经济治理不仅需要政府的参与，还需要跨国公司、国际组织、非政府组织以及广大网民的共同努力和协作。有效的数字经济治理体系应当是多层次、多主体参与的，能够跨越国界，覆盖数字经济的全球价值链。构建开放、透明、包容和平衡利益的治理结构，可以为数字经济的可持续发展提供坚实的基础。

第二章

企业财务管理基础

第一节　财务管理的概念与特点

一、财务管理的概念

在商品经济的条件下，社会产品同时具备使用价值和价值这两种属性。企业的生产经营过程既体现在使用价值的创造和交换上，也体现在价值的形成与实现上。在这个过程中，劳动者将生产过程中消耗掉的价值通过他们所生产的产品得以转移，同时创造出新的价值。而通过实物商品的销售，转移的价值和新创造的价值得以实现。由此可见，企业资金的本质是生产经营活动中所体现的价值运动。

在企业的生产经营活动中，实物商品始终处于流动状态，其价值形态也随之发生变化。这种价值形态的转变由一种形态转换为另一种形态，循环往复，构成了企业资金的运动。因此，企业的生产经营活动不仅是实物商品的运动过程，也是资金的运动过程。资金的运动不仅表现在资金循环的客观存在上，还伴随着生产经营活动的持续进行，从而使得资金的流动形成了一个不断周而复始的周转过程。这种资金运动反映了企业生产经营活动的价值层面，通过价值的形式，全面地反映出企业的生产经营状况。企业的资金运动，是企业经营活动中一个独立的方面，并遵循自身的运动规律，这也就是企业的财务活动。

从表面上看，企业资金的运动似乎仅仅是钱和物在数量上的增减变化，然而实际上，这些钱与物的变化背后，反映的是企业与各相关利益主体之间所存在的经济利益关系。通过对这些经济利益关系的处理，企业的财务活动才得以顺利进行。

由此可知，财务管理是基于企业生产经营过程中客观存在的财务活动和财务关系而产生的。它是以价值形式为基础，对企业生产经营活动进行管理的过程。财务管理不仅涉及企业内部的财务活动安排，还包括企业与外部相关方之间的经济关系处理，属于一种综合性的管理工作。

二、财务管理的特点

企业生产经营活动的复杂性，决定了企业管理必须包括多方面的内容，如生产管理、技术管理、劳动人事管理、设备管理、销售管理、财务管理等。各项工作是互相联系、紧密配合的，同时又有科学的分工，具有各自的特点。财务管理的特点如图 2-1 所示。

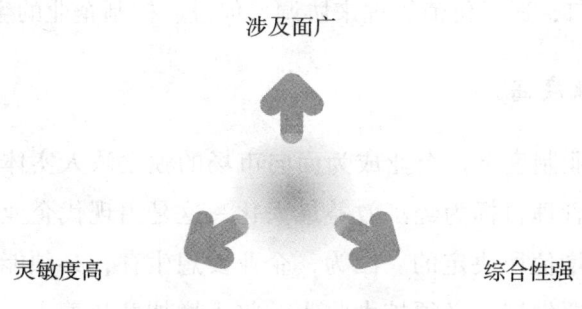

涉及面广

灵敏度高　　　　　　综合性强

图 2-1　财务管理的特点

（一）涉及面广

首先，就企业内部而言，财务管理活动涉及企业生产、供应、销售等各个环节，企业内部各个部门与资金不发生联系的现象是不存在的。每个部门也都在合理使用资金、节约资金支出、提高资金使用率上，接受财务部门的指导，受到财务管理部门的监督和约束。同时，财务管理部门本身为企业生产管理、营销管理、质量管理、人力物资管理等活动提供及时、准确、完整、连续的基础资料。

其次，现代企业的财务管理也涉及企业外部的各种关系。在市场经济条件下，企业在市场上进行融资、投资以及收益分配的过程中与各种利益主体发生着千丝万缕的联系。这些联系主要发生在：企业与其股东之间，企业与其债权人之间，企业与政府之间，企业与金融机构之间，企业与其供应商之间，企业与其客户之间，企业与其内部职工之间，等等。

（二）综合性强

现代企业制度下的企业管理是一个由生产管理、营销管理、质量管理、技术管理、设备管理、人事管理、财务管理、物资管理等诸多子系统构成的复杂系统。财务管理作为一种价值管理，通过资金的收付及流动的价值形态，可以及时全面地反映商品物资运行状况，并可以通过价值管理形态进行商品管理。也就是说，财务管理渗透在全部经营活动之中，涉及生产、供应、销售每个环节和人、财、物各个要素，所以抓企业内部管理应以财务管理为突破口，通过价值管理来协调、促进、控制企业的生产经营活动。

（三）灵敏度高

在现代企业制度下，企业成为面向市场的独立法人实体和市场竞争主体。企业经营管理目标为经济效益最大化，这是由现代企业制度要求投入资本实现保值增值所决定的。因为，企业要想生存，必须能以收抵支、到期偿债；企业要发展，必须扩大收入。收入增加意味着人、财、物相应增加，它们都将以资金流动的形式在企业财务上得到全面的反映，并对财务指标的完成产生重大影响。因此，财务管理是一切管理的基础和中心。

第二节　企业财务管理的功能

要做好企业的财务管理工作，关键在于有效发挥财务管理的各项功能。财务管理功能的实现程度直接关系到财务管理的成效，而财务管理功能的有效性则是企业财务管理的核心所在。如果财务管理不能发挥应有的功能，不仅会影响企业的资金运作，还可能破坏企业的财务活动和财务关系。财务管理活动是否有效，与其内在的功能密切相关。通常，企业财务管理功能是指企业为实现财务目标，针对财务环境的变化作出的主动调整和反应。企业财务管理功能通常包括财务规划、财务预测、财务决策、财务控制、财务分析与诊断等多个方面。有效运用这些功能，不仅能够提升企业的资金运转效率，改善企业的财务状况，增强企业的财务实力，推动生产力发展，还能对社会整体生产力的提升产生积极影响。

一、财务规划功能

财务规划功能，是现代企业财务管理的首要功能。财务规划是从组织未来的可能的财务活动所进行的一种抉择，它还决定这种财务活动的抉择应由谁来执行，在什么时候执行以及如何去执行和完成等。财务规划功能的意义体现在以下几方面。①减少不确定性与风险。通过财务规划，企业可以提前制定应对策略，确保在复杂多变的环境中能够保持稳定的资金流动和财务安全。②提高资金利用效率。合理的财务规划有助于企业更高效地使用其有限的资金资源，使资金分配更加科学合理，从而提高资金的使用效率，推动企业在既定财务目标下实现最大化的收益。③实现财务目标。财务规划为企业制定清晰的财务发展方向，并通过系统的财务决策和控制手段，确保企业能够稳步实现其长期财务目标。财务规划还能集中企业资源，确保企业在实施过程中专注于最重要的财务目标。

财务规划是有层次性的。按照企业财务管理层次的高低，财务规划通常可分为财务战略规划、财务战术规划和财务作业规划三个层次。①财务战略规划是由企业最高层制定的长期性规划，其时间跨度通常为 1～5 年。其主要目的是为企业制定整体财务战略，包括设定财务目标、起草专门财务计划和制定财务政策，以充分利用企业的财力资源。②财务战术规划通常由企业的中层管理层制定，是较短期的财务规划，通常在一年内完成。其重点在于组织和实施财务战略规划，制定多个可供选择的行动方案，并根据战略目标灵活调整财务资源的分配。③财务作业规划是由企业的基层管理层制定的日常财务运营规划，通常涵盖例行财务工作，如现金流量管理、资金调度等。财务作业规划的主要目的是确保日常财务工作的有效性和效率，并作为财务控制和反馈的依据。

财务规划的制定和执行需要遵循一定的流程，确保其科学性和可操作性。一般来说，财务规划的流程可以分为以下几个步骤。①认清财务机会。这是财务规划的起点，企业需要对未来可能出现的财务机会进行初步的评估与分析。通过识别市场中的财务机会，企业可以为其后续的财务决策提供依据。②确立财务规划目标。根据企业的整体发展战略，设定明确的财务规划目标。财务目标明确了企业在财务管理方面的重点工作及预期成果，为规划的执行指明了方向。③考虑财务规划的前提条件。在制定财务规划时，必须考虑执行时的内外部条件。这些条件包括市场环境、政策变化、技术进步等，确保规划具有现实性和可行性。④拟定多种财务行动方案并选择最优方案。企业需要根据实际情况，拟定多种可能的财务行动方案，并通过分析与评估，选择最适合企业财务目标和环境的最佳方案。⑤编制财务计划和预算。这既是财务规划的最终体现，也是企业未来财务控制和管理的重要依据。

二、财务预测功能

财务预测是对企业财务活动未来发展变化趋势进行的分析、估计、测算和判断。财务预测的意义可以总结为以下几个方面。①支持科学决策。财务预测是企业制定财务决策的前提。通过对未来财务活动趋势的估计和分析，企业能够更合理地配置资源，避免盲目决策。②减少经营风险。企业经营活动中充满了各种不确定性，如市场波动、政策变化、原材料价格上涨等。财务预测能够帮助企业提前识别这些潜在风险，并制定应对策略，减少突发状况对企业运营的影响。③优化资源配置。通过财务预测，企业能够更准确地估计未来的资金需求，合理安排资金使用，避免资金短缺或过度积压。④提升企业竞争力。具备良好财务预测能力的企业，能够在激烈的市场竞争中占据主动地位，从而增强企业的市场竞争力。

财务预测功能有两大特征。①研究未来。它必须面向企业财务活动的未来。它不是对过去财务数据的简单分析，而是对未来可能发生的财务活动进行判断和预估。通过财务预测，企业可以为未来的发展做好准备，提前制定应对措施和行动计划。②不确定性。由于企业未来的财务状况会受到内外部多种因素的影响，这些因素往往难以被完全掌握，因此财务预测的结果具有一定的不确定性。企业必须在预测过程中尽量减少不确定性，寻求更加准确的判断。

企业财务预测的方法可以分为定量预测方法和定性预测方法两类。定量预测方法是基于历史数据和数学模型进行的预测，常用的定量预测方法包括历史比例法、散布图预测法、回归分析法等。定性预测方法是依赖于财务专家的经验和判断进行的预测。通常由熟悉企业财务状况的财务人员或专家根据财务知识和实践经验作出预测。这种方法适合处理那些难以量化的复杂因素。定量预测方法和定性预测方法并不是互相排斥的，而是可以相辅相成的。通常，企业先通过定量预测方法进行初步预测，然后由专家通过定性预测方法对结果进行修正和补充，这样的结合能够提高预测的准确性。

企业财务预测通常包括以下几个步骤。①确定财务预测目的。明确企业财务预测的具体目标和主要问题。这一步骤决定了财务预测的范围和重点。②收集和整理财务资料。收集企业过去的财务数据和相关的市场信息，确保资料的完整性、可靠性和适用性。这是财务预测的基础，财务数据的准确性直接影响预测结果的科学性。③选择适当的财务预测方法。根据财务预测的目标和所掌握的资料，选择合适的预测方法。④建立财务数学模型。对于较为复杂的财务预测，可以通过建立财务数学模型，分析财务变量之间的内在联系，从而对未来趋势作出更加科学的预测。⑤进行财务预测。根据所选定的预测方法和模型，开始实际的财务预测工作。通过对各种数据进行处理和分析，初步得出未来的财务变化趋势。⑥修正和补充财务预测。在得出初步预测结果后，需要根据专家的经验对结果进行修正和补充，确保预测结果的合理性和准确性。修正后的预测结果能够为企业的财务决策提供更有力的支持。

三、财务决策功能

财务决策功能是指在进行财务行动之前，企业通过设计和选择合适的财务行动目标和手段，实现财务资源的优化配置与利用。

财务决策功能具有以下三个显著特点。①面向未来。财务决策是对未来财务行动方向的决策，企业通过财务决策来确定未来的财务行动路径。其核心在于通过对未来财务状况的预估，作出适合企业长期发展的决策。②择优筛选。财务决策并不是单一选择，而是在多个可行方案中择优筛选出最合适的方案。企业在面对多个财务方案时，需要综合考虑每个方案的可行性、风险与收益，最终选择一个最佳方案，确保决策的有效性。③决策过程贯穿财务活动全程。财务决策贯穿企业整个财务活动，从资金筹措、资金分配到资金使用，每个环节都涉及财务决策的影响与调整。

财务决策功能是内在于企业财务管理总体功能体系之中的核心部分。没有财务决策功能，就根本谈不上企业财务管理功能。企业财务决策功能，是内在于企业财务管理功能中以实现企业财务目标而对企业财力资源实施的组织与调整，其目的是企业生财、聚财和用财之间的财力平衡。它包括改进企业的财务结构，以及财力的筹措、调度、配置和合理运用等方面的决策功能。

财务决策是一个复杂而系统的过程，通常包含以下三个基本步骤。①确定财务决策目标。没有明确的目标，财务决策就无法进行。确定财务决策目标是决策过程的核心环节，它为后续的方案设计和筛选提供了清晰的方向。财务目标的设定直接影响企业决策的有效性。②拟定可行的财务方案。这一过程不仅需要财务管理者大胆设想多种可能的解决方案，还需财务管理者进行详细的论证和计算，确保方案的可行性和合理性。通过对不同方案的设计，企业能够在多个备选方案中进行择优选择，避免单一决策的局限性。③选择最终的财务方案。在比较和评估各种财务方案的基础上，企业需要综合考虑各方案的优劣、风险与效益，最终选择一个最优方案。在选择过程中不仅要考虑财务方案的短期收益，还要兼顾长期战略目标，确保企业财务活动的可持续发展。

四、财务控制功能

财务控制功能是指企业在财务管理过程中，为了确保达到预期的财务目标，依据事先制定的财务方案和标准，对实际财务活动进行监督、比较和调整。其核心在于通过持续的监控和反馈，确保财务活动符合企业既定的目标和方向，并在发现偏差时及时纠正，以确保财务管理的有效性。

财务控制功能在以下几个方面发挥着关键作用。①提高财务管理效率。财务控制功能通过对财务活动的实时监督和对比，能够有效避免资源浪费，确保资金使用的合理性和高效性。它帮助企业及时发现并纠正偏差，提升管理效率。②降低财务风险。通过严格的财务控制，企业能够及时识别潜在的财务风险，并采取预防和纠正措施，从而降低财务管理中的风险和不确定性。③保障财务目标的实现。财务控制通过设置财务标准、监督执行过程、比较实际结果与预期目标，并及时采取调整措施，确保企业财务活动沿着正确的轨道运行，为企业财务目标的实现提供了坚实保障。④优化资源配置。通过对财务活动的控制和调整，企业能够更科学合理地配置资源，避免资金闲置或资源浪费，从而提升资金的使用效率。

财务控制通常包含以下步骤。①财务标准的确定。财务标准是衡量企业财务活动成效的基准，是财务控制过程中用于评价实际结果的重要依据。合理的财务标准不仅要结合企业的财务目标，还要与行业标准、市场环境等相匹配，确保标准的科学性和可行性。②监督财务活动的执行。在制定了财务标准后，企业需要对财务活动的实际执行情况进行严格监督。这一步骤确保企业的各项财务活动都按照既定的标准执行，防止资源浪费、资金流失或财务风险的发生。监督的过程应具有适应性，确保能够及时发现财务活动中的问题。③实际成果与财务标准的比较。财务控制的核心是将实际的财务成果与预定的标准进行比较。这一过程能够帮助企业识别财务活动中的偏差，判断误差的大小和产生原因，从而为后续的纠偏措施提供依据。通过有效的比较分析，企业能够及时发现潜在问题，调整财务管理策略。④采取纠正措施。当实际财务成果与财务标准出现偏差时，企业必须采取相应的纠正措施。企业要根据误差分析结果，提出调整方案并加以实施，以确保财务活动重新回归到既定的目标轨道上。纠正措施可能涉及调整财务方案、优化资源分配、改进管理流程等。

五、财务分析功能

企业财务分析功能，是同规划功能、预测功能、决策功能、控制功能相密切关联的一环。分析是指对某一客观事物现象的分割，或者说将客观事物分解为不同的组成部分、方面、特性等，从而对它们分别加以研究的方法。与分析相对应的是综合。综合是把分割现象或分解开来的不同部分、方面再组合成为一个统一整体而加以研究的方法。财务分析功能就是通过分析，把企业财务活动分割为许多财务现象或分解为不同的财务部分，进而从多种多样的财务活动现象中，从财务这个客观事物的属性和方面中发现财务的主要的本质的，合乎企业财务运动规律内涵的功能。

财务分析功能的意义体现在以下几个方面。①揭示财务问题。通过对企业财务活动的深入剖析，财务分析能够发现企业在资金使用、成本控制、利润分配等方面存在的问题。及时揭示这些问题，有助于企业采取有效的管理措施，避免财务风险。②支持决策过程。财务分析为企业决策者提供了翔实的数据支持。通过对企业的财务数据进行多角度分析，管理层可以根据分析结果作出科学合理的决策，提高决策的准确性和有效性。③优化资源配置。财务分析通过对企业资金、成本和收入等要素的研究，能够帮助企业优化资源配置，提升资金使用效率，确保资源的最佳利用，推动企业财务目标的实现。④评估财务绩效。财务分析能够评估企业财务活动的绩效，分析企业的盈利能力、偿债能力和经营效率。通过与历史数据或行业标准进行比较，企业可以判断其财务表现的优劣，进而调整经营策略。

财务分析可以通过不同的角度来进行，以下是几种常见的分析类型。①纵向与横向分析。纵向分析是对企业财务活动进行时间序列分析，主要是将企业当前的财务数据与过去的历史数据进行比较，分析财务状况和绩效的变化趋势，揭示财务发展中的动态规律。横向分析是通过将企业的财务数据与同类行业或竞争对手的财务数据进行比较，评估企业在行业中的相对竞争地位，找出企业相对于其他企业的优势与不足。②内部与外部分析。内部分析主要针对企业内部的财务活动进行分析，包括资金运作、成本控制、投资回报等，有助于识别企业管理中的问题，改进财务控制和资源配置。外部分析重点关注企业所处的市场、政策、经济环境等外部因素对财务活动的影响，能够帮助企业识别市场风险和机遇，制定适应外部环境的财务策略。③静态与动态分析。静态分析是对企业某一特定时点的财务状况进行分析，通常通过资产负债表、利润表等财务报表来了解企业当前的财务结构和财务状况。动态分析重点分析企业财务活动的变化过程和趋势，关注财务活动中的资金流动、收益变化等情况，为企业的长期发展提供分析依据。

六、财务诊断功能

财务诊断功能是为了解决企业财务存在的矛盾和问题，改善企业财务状况，提高企业素质和资金运用效益的功能。企业财务诊断，也就是观察、调查企业的财务活动及其管理现状，指出存在的问题，并以此为基础提出改进企业财务工作的建议和方案，并加以指导的过程。

财务诊断具有以下几个特征。①直接性。财务诊断通过第一手的直接观察和调查，深入了解企业的财务状况。这种直接性确保了诊断的准确性和可靠性，避免了因间接信息或二手数据造成的误差。②全面性。财务诊断是对企业财务活动的全面评估，它不仅关注某一方面的财务数据，还包括对财务结构、资金流动、成本控制、盈利能力等多个层面的综合分析。通过立体化的分析方法，财务诊断能够揭示出企业财务管理中的系统性问题。③分析与综合相结合。财务诊断功能是分析与综合相结合的过程。首先，对企业的各项财务活动进行深入剖析，分解财务现象，找出问题的根源。然后，将分解的财务现象重新整合，形成一个全面的财务健康评估，确保诊断结果的科学性和全面性。④动态性。财务诊断不仅关注企业的当前财务状况，还要对财务活动的未来趋势进行预测。这种动态性使财务诊断不仅是事后的评估工具，更是预防和调整未来财务活动的重要手段，可以帮助企业制定长远的财务战略。

财务诊断的内容主要有以下几方面。①财务结构诊断。通过分析企业的资产负债表，评估企业的财务结构是否合理，关注企业的资本结构、债务水平以及资产负债的匹配情况，判断企业是否具备良好的偿债能力和资金调度能力。②成本与费用诊断。分析企业的成本控制情况，评估企业的生产成本、管理费用、销售费用等各项费用支出的合理性，帮助企业识别成本过高或控制不力的环节，从而提出优化成本管理的建议。③盈利能力诊断。通过分析企业的利润表，评估企业的盈利能力，判断企业的收入水平、利润率以及盈利的可持续性。④现金流诊断。现金流量是企业生存的命脉，财务诊断通过分析企业的现金流量表，评估企业的现金流是否充足和健康，帮助企业发现资金链中的潜在风险，并提出改善资金流动性的对策。⑤风险评估与控制。财务诊断通过对企业财务活动中的风险因素进行评估，帮助企业识别可能的财务风险，并制定风险控制措施，使企业能够在复杂的市场环境中保持财务稳定。

财务诊断的实施通常包括以下几个步骤。①数据收集。收集企业的财务报表、市场数据以及运营数据等相关信息，为诊断工作提供基础材料。数据收集的全面性和准确性直接影响财务诊断的效果。②分析与评估。通过对收集到的数据进行详细分析，评估企业的财务健康状况，找出财务管理中的问题和不足，揭示财务活动中的风险因素。③提出建议。根据诊断结果，财务专家提出改善财务管理、优化资金运作和控制财务风险的具体建议，帮助企业提升财务管理水平。④实施与跟进。企业根据财务诊断的建议，实施相应的改进措施。同时，财务诊断不仅是一时的工作，还需要定期进行，以便随时调整和优化财务管理方案。

第三节　企业财务管理的目标与原则

一、企业财务管理的目标

企业财务管理目标又称企业理财目标，是指企业进行财务活动要达到的根本目的，是评价企业财务活动是否合理的基本标准。它是企业一切财务活动的出发点和归宿，决定着企业财务管理的基本方向。

（一）企业财务管理目标的分类

1．利润最大化

利润是企业经济效益的一个考量尺度，是企业在一定期间内取得的收入扣除成本后的差额。利润最大化指的是在保证企业运营正常进行的前提下，通过合理分配资源、控制成本和有效管理各类经济活动，使企业在特定的经营周期内获得最大的经济收益。

企业追求利润最大化，一方面是因为企业需要资本的进一步积累来保障企业的正常运营和扩大再生产；另一方面是因为企业需要将这些利润用来提高企业工作人员的工资水平和福利待遇。但企业将利润最大化作为企业财务管理的目标之一，也存在着一些不足之处。例如，企业在追求利润最大化的过程中，可能会出现忽视员工福利、产品质量、社会责任等方面的问题。短期内为了提高利润，企业可能会压缩成本，降低员工薪酬福利，甚至牺牲环保责任和社会责任，这会导致员工满意度下降、产品声誉受损，进而影响企业的社会形象和长期发展。

2．股东财富最大化

股东作为企业的所有者，投资企业的主要目的是获取回报，因此企业财务管理的核心目标之一就是通过有效的运营和管理，增加股东的财富。

对上市公司而言，股东财富是由股东所拥有的股票数量和股票市场价格决定的。当股票数量一定时，股票市场价格是决定股东财富的最重要因素，此时如果股票价格达到最高，股东财富就最大。

企业是市场经济的主要参与者，企业的创立和发展都离不开股东的投入，离开了股东的投入，企业就不复存在；并且，在企业生产运营过程中，股东作为所有者承担着较大的风险和义务，相应也需享受较高的报酬。因此，企业财务管理的目标是以股东财富最大化目标为基础的。

相较于利润最大化，以股东财富最大化为目标有以下优点。①股东财富最大化考虑了风险因素。股价通常对市场风险、行业风险和企业特定风险等表现出敏感的反应。因此，股东财富最大化的目标要求企业不仅关注盈利能力，还要注重风险管理。这使得企业在决策过程中需要更全面地评估市场的不确定性、财务结构的稳健性以及其他潜在的经营风险，从而降低企业面临的突发风险。相比之下，利润最大化往往更倾向于短期利润，而不太关注企业在长期中可能面临的风险。②股东财富最大化能够抑制企业的短期行为。由于股价不仅受当前利润的影响，还与预期的未来收益紧密相联，因此企业需要保持长期稳定的增长预期，避免为了短期利润而牺牲长远利益。相比利润最大化目标，这在一定程度上有助于促使管理层作出更具战略性和长期可持续性的决策，减少短期内过度追求盈利可能带来的企业健康发展问题。③股东财富最大化对上市公司来说相对容易量化。通过股价变化，企业能够清晰地看到股东财富的变化。这为管理层和投资者提供了一个较为直观的绩效考核工具，便于管理层制定奖励机制以及进行企业价值评估。

然而，股东财富最大化作为财务管理目标也存在一些局限性。首先，它更适用于上市公司，非上市公司难以实现这一目标。非上市公司由于无法实时获得股价，因此无法以此作为衡量股东财富的标准。这使得非上市公司在实现这一目标时面临实操上的困难。非上市公司在没有明确市场价格的情况下，只能通过内部估值或利润指标来衡量财务表现，而这些指标可能无法全面反映企业价值的变化。其次，股价的波动并不总是准确反映企业的经营业绩。资本市场受到多重因素的影响，其中一些因素可能与企业的实际经营状况无关。例如，市场上的投机行为、政策变化等都可能导致股价波动，而这些波动不一定能真实反映企业的财务表现。因此，企业若仅以股价作为衡量股东财富的指标，可能无法全面反映企业的实际经营成果。最后，股东财富最大化过于强调股东利益，可能忽视其他利益相关者。现代企业不仅是为股东服务，还应承担社会责任，注重员工、客户、供应商、社区等利益相关者的需求。如果企业在财务管理中仅追求股东财富最大化，可能会导致忽视员工福利、产品质量和社会责任等问题，最终影响企业的长期健康发展。

3．企业价值最大化

企业价值可以理解为企业所有者权益和债权人权益的市场价值，或者企业所能创造的预计未来现金流量的现值。未来现金流量考虑了资金的时间价值和风险价值两个因素，其现值是以资金时间价值为基础对现金流量进行折现计算出来的。

以企业价值最大化作为财务管理目标，具有以下优点。①考虑了资金时间价值的原理，确保了企业在评估财务管理决策时，不仅关注当下的回报，还关注未来的现金流及其时间价值。这使得企业的财务管理更具科学性和前瞻性，能够引导企业采取更合理的财务策略。②在评估企业价值时，将风险和回报的关系纳入考量，使得企业能够更好地平衡风险和收益，制定更合理的资本运作和投资决策。③关注企业的长期稳定发展和持续获利能力，防止企业为追求短期利益而忽视未来发展。例如，企业不会因为短期利润的诱惑而削减研发投入，损害长期竞争力。相反，它引导企业通过稳健的发展策略提升长期价值，保证企业的可持续性。④用价值代替价格，减少了外在因素的干扰。在资本市场中，股价往往受到短期市场波动、投机行为或情绪波动的影响，难以真实反映企业的内在价值。而企业价值最大化强调的是企业的真实长期内在价值，从而为财务管理提供了更稳定、更可靠的依据。

企业价值最大化作为财务管理目标也存在一定的风险，主要包括：首先，这一目标过于理论化，难以操作。由于涉及资金时间价值、风险评估等复杂的财务模型，企业很难在日常管理中随时准确评估企业的价值。其次，对于非上市公司而言，企业价值的评估更加复杂和主观。非上市公司无法依靠股票市场中的股价来直接反映企业价值，而是需要依靠外部评估，这往往受到评估标准、方式以及评估人员主观判断的影响，难以完全客观准确。

4. 相关者利益最大化

现代企业是多边契约关系的总和，企业的理财主体更加细化和多元化，企业在确定财务管理目标时，应综合考虑股东、债权人、职工、供应商、客户等相关者的利益。股东作为企业的所有者，在企业中拥有最高权力的同时，还承担着最大的风险，同时，政府、债务人、职工、客户等也承担着一定的风险。因此，在确定财务管理目标时，不能仅强调股东的利益，而忽略了其他相关者的利益。

以相关者利益最大化为财务管理目标具有以下优点。①促进企业的长期可持续发展。企业若能平衡各方利益，不仅能赢得市场和公众的信任，还能在竞争激烈的市场中建立稳固的品牌形象。例如，满足员工的需求有助于提高工作效率和创造力，而照顾客户和社区的利益能够提升企业的忠诚度和市场声誉。通过关爱环境和履行社会责任，企业也能减少法律和合规风险，增强其在公众中的形象。②降低企业的运营风险。当企业注重相关者利益时，它能够更好地控制运营中的各类风险。若企业忽视利益相关者的诉求，可能引发各种问题。例如，员工的离职、客户的流失、供应链的不稳定等都会对企业的正常经营产生重大影响。因此，通过相关者利益最大化，企业可以降低这些风险，提升运营的稳定性。③提升企业的社会责任感和竞争力。现代社会对企业的期望不仅限于经济利益，社会责任的履行同样重要。企业通过关注环境保护、公益事业、员工发展等方面，可以提升其社会责任感，这不仅符合现代企业社会责任的要求，还能够增强企业的竞争力。在消费者越来越重视企业社会责任的当下，企业的善举能够赢得更多消费者的支持和认同。④实现各方利益共赢。相关者利益最大化的实质在于通过平衡各方需求，追求多方共赢的结果。企业通过满足不同利益群体的要求，能够建立更加稳固的合作关系，从而为企业的长期发展奠定良好的基础。与单一追求利润的目标相比，相关者利益最大化更符合现代经济中的多元化需求，具有更大的包容性。

企业价值最大化作为财务管理目标也存在一定的局限性。一是目标难以量化。相关者利益最大化目标较为抽象，涉及多方群体的利益需求，缺乏明确、统一的衡量标准。这使得企业在实际操作中面临困难。与利润最大化或股东财富最大化相比，相关者利益最大化难以通过具体的财务指标来衡量。各类相关者的利益诉求往往具有复杂性和多样性，企业在满足一方利益时，可能会面临其他方面的压力或挑战。二是利益平衡难度大。相关者利益最大化的目标虽然提倡多方共赢，但在实际操作中往往难以平衡各方需求。股东、员工、客户、供应商等不同群体的利益取向可能会出现冲突，企业在努力兼顾的过程中，可能导致某一方的利益受损。

（二）企业财务管理目标的作用

企业财务管理目标具有以下作用，如图 2-2 所示。

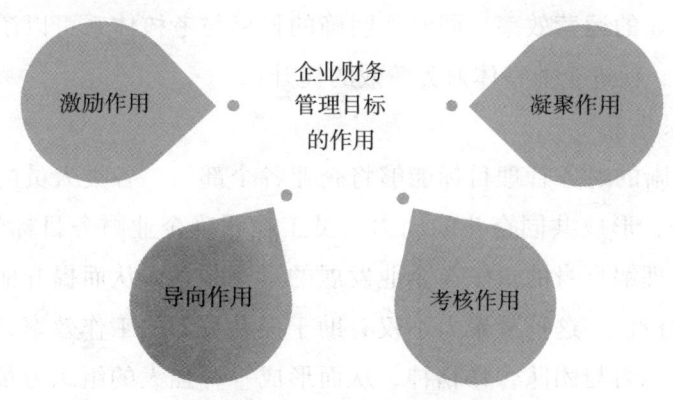

图 2-2 企业财务管理目标的作用

1. 激励作用

企业财务管理目标的激励作用在于为企业全体成员提供明确的奋斗方向。只有当员工对企业的财务管理目标有清晰的认知时，他们才能理解自身在实现这些目标中的角色和价值。这种明确的目标感不仅可以调动员工的积极性，还能够激发他们的潜在能力，推动他们为企业发展作出更多贡献。

2.导向作用

企业财务管理目标为企业的各项财务活动提供了明确的方向，起到了导向作用。通过设定财务管理目标，企业管理者能够更好地规划和组织企业的财务资源、控制成本、优化资本结构以及制定合理的投资决策。企业财务管理目标不仅为企业的短期运营提供了方向，还对企业的长期发展战略具有重要的指导作用。明确的财务管理目标可以帮助企业在复杂的市场环境中保持战略一致性，确保财务活动与企业整体发展战略相匹配，从而有效协调企业内部和外部的财务关系。

3.考核作用

通过设定具体的财务管理目标，企业可以明确各级管理者和部门的绩效评估标准，确保每位员工的工作表现得到客观的衡量。绩效考核不仅是对员工个人贡献的评价，还反映出企业整体财务目标的实现情况。通过定期考核，企业管理层可以识别工作中的不足，及时调整资源分配和工作策略，提升企业的运营效率。同时，明确的目标与考核体系可以激励员工不断改进工作，促进企业整体财务绩效的提升。

4.凝聚作用

一个清晰的财务管理目标能够将企业各个部门、各类人员的利益和愿景统一起来，形成共同奋斗的动力。员工在明确企业财务目标的前提下，能够更好地理解自身的贡献与企业发展的紧密联系，从而提升他们的归属感和工作积极性。这种凝聚力不仅有助于提升员工的工作效率，还能激发员工的创新能力与团队合作精神，从而形成一种强大的组织力量，推动企业整体目标的实现并促使企业在激烈的市场竞争中脱颖而出。

二、企业财务管理的原则

为了实现财务管理目标，企业在财务管理过程中需要遵循以下基本原则。

（一）系统原则

企业财务管理并不是孤立的行为，而是一个综合性的过程，涵盖了企业内部各部门和外部环境的互动，因此系统原则在财务管理中的应用尤为重要。

首先，系统具有整体性。在企业财务管理中，各个阶段的资金运作环环相扣，任何一个环节的失误都可能影响整个财务体系的运行。例如，资金的筹集、投资、成本控制以及最终的分配必须在统一的战略目标下进行协调，才能确保企业财务管理的整体优化。整体性强调的是，财务管理中的各个子系统要围绕企业整体的理财目标来运作，而不是单纯追求局部的最优。只有当整个财务系统实现最优时，企业的整体财务状况才能达到最优。

其次，系统具有层次性。企业的财务管理不仅包括公司层面的资金运作，还涉及各个部门和项目的资源配置。在资源分配和使用过程中，不同层次的管理目标和要求是有所区别的。因此，财务管理系统必须具备层次性，企业在进行财务决策时，需要根据各级管理层的职能和职责，进行合理的资源配置和结构比例优化，以保证整体的财务效益最大化。

最后，系统具有环境适应性。企业的财务管理需要面对外部市场环境和政策法规的不断变化，因此，财务系统必须具备一定的弹性，能够根据外部环境的变化进行灵活调整。这种适应性要求企业的财务管理体系不能僵化，而是能够在市场、政策和技术变化时进行适应性调整。例如，企业在进行投资决策时，要进行投资项目的可行性分析，根据市场的变化及时调整投资计划，从而降低风险，提高投资回报率。

（二）平衡原则

在企业财务管理中，要力求使资金的收支在数量上和时间上达到动态的协调平衡，这就是企业财务管理的平衡原则。资金收支动态的平衡公式为：预计现金余额＝目前现金余额＋预计现金收入－预计现金支出。如果预计的现金余额远远低于理想的现金余额，则应积极筹措资金，以弥补现金的不足；如果预计的现金余额远远大于理想的现金余额，应积极组织还款或进行投资，以保持资金收支上的动态平衡，实现收支相抵，略有结余。

平衡原则也是企业财务管理的一项基本原则，财务管理的过程就是追求平衡的过程。在企业财务管理实践中，现金的收支计划、企业证券投资决策、企业筹资数量决策，都必须在这一原则指导下进行。

（三）比例原则

企业财务管理除对绝对量进行规划和控制外，还必须通过各因素之间的比例关系来发现管理中存在的问题，采取相应的措施，使有关比例趋于合理，这便是财务管理的比例原则。

比例原则是企业财务管理的一项重要原则，在企业财务管理实践中，财务分析中的比率分析、企业筹资中的资本结构决策、企业投资中的投资组合决策都必须贯彻这一原则。

（四）优化原则

企业财务管理过程是一个不断地进行分析、比较和选择，以实现最优的过程，这就是企业财务管理的优化原则。在企业财务管理中贯彻优化原则，主要包括如下三个方面内容：①多方案的最优选择问题；②最优总量的确定问题；③最优比例关系的确定问题。

优化原则是企业财务管理的重要原则，企业财务管理的过程就是优化过程。如果不需要优化，管理就失去了意义。

（五）发展原则

市场经济中竞争激烈，企业如果不持续发展，就无法保持竞争力。因此，发展原则要求企业财务管理人员始终以远大的战略眼光来组织和管理财务活动，不断推进企业在物质资产、无形资产和金融资产上的投资。无论是固定资产投资还是技术创新，无形资产如品牌和专利的积累，以及对金融工具的灵活运用，都是企业实现长期发展的必要条件。

（六）合规原则

企业的财务管理涉及资金流动、税务缴纳、资产管理等多个环节，任何环节不符合法律法规，都可能导致严重的法律后果。因此，合规原则是企业财务管理的基础和底线，它要求企业在所有财务活动中都必须遵循国家的法律法规和相关制度，并接受政府机关的检查和监督。

依法理财原则还要求财务管理人员具备较高的法律意识和素质，能够在复杂的法律环境中合理应对各类财务问题。例如，企业需要严格遵守税法，按时缴纳税款，避免税务风险；在财务报告和会计核算中，企业必须准确、真实地反映企业的财务状况，避免虚假报表。企业应当运用法律工具维护自身权益，比如在投资、融资和合同谈判中，利用法律手段规避风险，确保企业利益不受损害。

第四节　企业财务管理的环境

企业财务管理环境是指影响企业财务决策和运作的外部和内部因素的集合，这些因素会直接或间接地影响企业的财务活动、资金筹集、分配与使用等。企业在制定财务政策和实施财务管理时，必须考虑其所处的环境，以确保其财务策略的有效性和可行性。

一、企业财务管理环境的特点

企业财务管理环境的特点有以下几点。

首先，企业财务管理环境具有动态性。企业的内外部环境不断变化，如宏观经济的周期波动、货币政策的调整、市场竞争格局的变化、技术进步以及社会文化趋势的演变，都会影响企业的财务活动。企业财务管理者必须实时监控这些变化，及时调整资金分配、资本结构、投资和融资策略，以适应环境的动态变化，确保企业在激烈的市场竞争中保持财务稳健性。

其次，企业财务管理环境具有复杂性。影响企业财务管理活动的因素众多，这些因素之间又存在相互影响和制约的关系。这种复杂性要求企业财务管理者具备较强的综合分析能力和应变能力，能够在多变的环境中作出理性、稳健的财务决策。

再次，企业财务管理环境充满不确定性。尤其是在全球化、技术快速进步和市场竞争加剧的背景下，企业难以准确预测未来的市场走向、政策变化或经济波动。因此，企业财务管理决策经常面临风险与不确定性。这种不确定性要求企业加强风险管理，制定灵活的财务策略，确保企业在不确定的外部环境中能够灵活应对，避免重大财务损失。

最后，企业财务管理环境具有相对独立性。虽然企业财务管理活动受到各种因素的影响，但是企业也可以通过改变自身的策略和行为，对这些影响因素进行适应和应对，从而在一定程度上改变财务管理环境。

二、企业财务管理环境的分类

企业财务管理环境一般可以分为外部环境和内部环境两类。

（一）外部环境

1. 技术环境

技术环境主要包括企业所使用的财务管理技术、信息技术、生产技术等。技术环境的发展和变化，直接影响到企业财务管理的效率和效果。在现代社会，尤其是在数字化的背景下，财务管理技术发生了显著的变化，如财务自动化、财务信息系统等。这些技术使得企业能够更快速、更准确地进行财务报表的编制，更有效地进行财务数据的分析和利用，从而提高财务管理的效率。然而，技术环境的变化也对企业提出了新的挑战，如如何适应新的财务管理技术，如何保证财务信息系统的安全性，等等。

2. 经济环境

经济环境对企业财务管理的影响深远而显著。它是由多个经济因素和条件构成的，包括经济制度、经济政策、经济周期、经济结构和市场条件等。企业所处的经济制度，如社会主义市场经济，要求企业在法律法规的约束下自主经营，自负盈亏，这直接决定了企业的财务管理策略。经济政策，如财政政策和货币政策，会影响企业的经营环境，从而影响企业财务决策。经济周期的变动则会对企业的财务管理产生深远影响，企业需要依据经济周期的变动调整投资策略、产销结构和成本控制，以保持经营稳定。经济结构的变化，如科技行业的快速发展，要求企业加大科研投入，提升产品技术含量，以应对经济结构的调整。市场条件，包括市场需求、消费者行为和竞争对手策略，也会直接影响企业的财务管理。因此，对经济环境的深入研究和理解对作出正确的财务决策至关重要，它可以确保企业的稳定运行和持续发展。在复杂多变的经济环境中，企业财务人员需要不断提高自身的专业素质和业务能力，才能作出恰当的财务决策，确保企业财务的稳健与发展。

3. 金融环境

金融环境在企业财务管理中发挥着核心作用。特别是金融政策，如利率、贷款政策、货币政策等，这些政策对企业获取资金的便利性和资金成本产生直接影响，进而塑造企业的经营策略和投资决策。此外，金融环境中的利率水平、信贷条件、投资者风险偏好等因素会影响企业的资本成本，这决定了企业的融资策略，以获得最优的融资成本。再者，金融环境提供了丰富的投资机会，来自不同的金融市场、资产类别和投资项目，对于这些机会，企业需要具备准确的判断能力和科学的投资决策能力。因此，企业财务管理需要与时俱进，适应并利用金融环境的变化，以实现企业财务管理的目标和企业的持续发展。

4. 法律环境

法律环境由国家法律法规、政策导向以及相关的司法解释等构成，为企业运营提供规则和准则，明确企业的权利和义务，定义了企业的行为边界。这对于企业的财务决策、财务计划、财务控制等环节具有直接的影响。在法律环境的规定下，企业财务管理涉及的各个方面，从税务处理、财务报告的编制到投融资决策，都有明确的规则和要求，遵循这些规则是每一位企业财务管理者的必修课。不合规的操作可能给企业带来严重的经济损失，甚至可能面临法律的制裁。完善的法律环境也能为企业财务管理者提供清晰的操作指南，使其提升工作效率，并通过合理的法律手段保护企业的经济利益，实现财务管理的目标。法律环境并非一成不变，法律法规的更新和变化，要求企业财务管理者必须关注法律环境的动态，以便及时调整财务策略。这就要求企业财务管理者具备扎实的法律知识，以确保在复杂多变的法律环境中作出正确的决策，从而保障企业的稳定发展。

（二）内部环境

1. 企业组织形式

不同的企业组织形式，如个体工商户、合伙企业、有限责任公司和股份有限公司，其财务管理的结构、筹资方式、税务要求和法律责任等各不相同。个体工商户和合伙企业通常规模较小，资金来源主要依赖自有资本和有限的外部融资，这使得其财务管理较为简单，但风险分担和责任承担较重。而有限责任公司和股份有限公司具有更复杂的组织结构，财务管理专业化程度较高，能够通过股权融资和发行债券等多种方式筹集资金，财务风险分担更加明确。股份制公司因涉及股东和资本市场，其财务管理更加透明和严格，须遵守严格的法律法规与财务报告制度。因此，企业的组织形式决定了其财务管理的复杂性、法律框架和资本运作方式，是企业财务管理策略制定的重要依据。

2. 企业资产规模

企业资产规模是影响企业财务管理的重要因素。资产规模较大的企业通常拥有更多的固定资产和流动资产，其财务管理涉及的内容更加广泛和复杂。这些企业通常需要进行精细的资本配置和资金管理，以确保资产的有效利用和资本回报率的提升。大规模企业的财务管理包括对固定资产投资的管理、对存货及应收账款的控制，以及对流动性和短期资金需求的监控。此外，规模较大的企业通常拥有更多的融资渠道，这使其能够通过资本市场、银行贷款等方式进行筹资，其财务管理人员需要兼顾资本成本与资本结构的优化。而相对较小的企业，其财务管理相对简单，主要集中在流动资金的管理和短期资本的运作上。因此，企业资产规模影响财务管理的广度与深度，决定了企业财务决策的复杂性和资源分配的精细化程度。

3. 企业生产经营状况

企业的生产经营状况直接影响企业的现金流、成本结构和盈利能力。生产经营状况良好的企业，通常能够产生稳定的收入流，其财务管理重点在于优化资金利用效率、控制成本以及制定合理的利润分配策略。而生产经营不稳定或处于下滑阶段的企业，面临的财务挑战更加严峻，可能需要通过严控成本、加强资金周转、优化债务结构等方式保持财务稳健性。此外，生产经营状况还影响企业的融资能力和偿债能力。经营良好的企业更容易获得外部资金支持，融资成本相对较低，而经营状况不佳的企业则可能面临更高的融资难度和资金成本。因此，企业财务管理需要根据企业生产经营的具体情况，采取相应的策略，确保资金的合理配置和风险的有效控制。

4. 企业内部管理水平

企业内部管理水平是指企业内部各项管理制度的制定及执行情况。从企业财务管理来看，如果企业内部有着完备、健全的管理制度并能严格执行，意味着企业财务管理有着较好的基础，有章可循，企业财务管理工作起点较高，容易走上规范化的轨道并带来理想的理财效果。反之，企业内部管理制度不健全，或者即使有制度但没有严格执行，这必然给企业财务管理工作带来困难。在这种情况下，企业财务管理的标准不能脱离实际，不能过高过急，要有一个循序渐进，逐步完善、规范和提高的过程。

第三章

企业财务管理数字化变革概述

第一节　数字经济时代企业传统财务管理面临的挑战

一、数据信息孤岛

数据信息孤岛是指在企业的不同部门、系统或业务单元中，数据被孤立存储和处理，缺乏有效的共享和整合。企业各个部门在各自的系统中生成和管理数据，而这些数据没有被整合到统一的平台中，导致信息无法在整个企业范围内自由流动。这种现象不仅使得企业的整体运作效率降低，还影响了跨部门协作和全面的决策支持。

（一）数据信息孤岛的形成原因

数据信息孤岛的形成原因多种多样，主要可以归结为以下几个方面。

1. 部门间的沟通和协作不畅

企业各个部门通常都有独立的工作流程和目标，导致其在管理和使用数据时侧重于各自的需求，形成信息割裂的局面。每个部门生成的数据可能只服务于其自身的业务目标，而没有充分考虑其他部门的需求，结果造成了数据难以在企业内部流通，形成信息孤岛。

2. 传统信息系统的独立性

很多企业在过去的业务发展过程中引入了不同的信息系统，这些系统在设计时是为满足特定业务需求而开发的，各自独立运行。例如，财务部门、销售部门、生产部门等都可能使用不同的管理系统，这些系统之间缺乏数据接口和整合功能。由于系统之间没有统一的标准或互通机制，信息在不同系统之间的传递受到阻碍。

3. 数据标准和格式的不统一

各部门使用不同的数据标准和格式，也是信息孤岛形成的重要原因。

由于各个部门对数据有不同的定义和要求，即使尝试进行数据共享，也因为格式不兼容或解释不同而难以实现有效的集成。没有统一的数据标准意味着跨部门的数据交换成本很高，进一步加剧了信息的分散和孤立。

4．数据安全和权限控制

一些企业由于担心数据安全和隐私问题，会对某些部门或业务单元的数据访问权限进行严格控制。这种严格的权限管理虽然有助于保护敏感信息，但也可能阻碍部门之间的数据共享，导致信息流动不畅。此外，企业缺乏统一的数据安全管理策略，也会增加信息孤岛的产生。

5．缺乏统一的企业数据管理策略

在很多情况下，企业没有明确的统一数据管理策略来推动信息的整合和共享。各部门可能各自为政，在数据管理上各有一套标准和流程，而企业层面缺乏全局规划和协调，导致信息资源没有得到充分利用。没有有效的数据治理机制，企业的数据往往无法发挥应有的价值。

6．数据集成技术和工具不足

传统的企业管理系统在数据集成技术方面的局限性，也导致信息孤岛的形成。早期的网络基础设施可能缺乏数据集成和共享的能力，企业在没有更新或整合系统的情况下，难以实现跨系统的数据交换。即使在现代数字化环境下，数据集成仍需要复杂的技术支持（尤其在面对海量和多样化数据时）。

（二）数据信息孤岛对企业财务管理的影响

数据信息孤岛对企业财务管理的影响是多方面的，其主要弊端是直接削弱了企业财务管理的效率、准确性和决策支持能力。

1．财务数据不完整，影响决策准确性

数据信息孤岛导致企业财务部门无法获得企业全局的完整数据，特别是来自其他业务部门的重要财务相关信息，如销售数据、生产成本、库存数据等。这使得企业财务部门在编制预算、制定财务报表、进行资金管理和投资决策时，依赖的信息不全面，从而影响财务决策的准确性和有效性。企业财务管理的根本是基于精准的数据作出合理的分析和判断，如果财务信息孤立、片面，企业很难作出具有战略意义的决策。

2. 降低财务管理的效率

数据信息孤岛的存在，意味着企业财务管理人员需要耗费大量的时间和精力手动收集、整理来自不同部门或系统的数据。由于各部门系统之间缺乏集成和自动化的流程，企业财务人员可能不得不通过反复沟通、人工汇总的方式获取数据。这不仅耗时耗力，还增加了数据传递中的出错风险。此外，手动操作和重复劳动会严重降低企业财务管理的效率，使得财务人员无法将更多的时间用于高层次的分析和战略支持。

3. 影响财务报表的及时性和可靠性

信息孤岛使财务数据更新滞后，导致财务报表的编制延迟，影响其及时性。在快速变化的市场环境中，企业的财务管理需要快速响应变化，及时更新和生成财务报表，以便为决策提供准确的信息。而信息孤岛的存在往往导致企业财务部门获取其他部门数据的时间延长，从而使得财务报表的生成和审核流程滞后。此外，信息缺失可能导致财务报表的准确性和可靠性下降，影响投资者、管理层等利益相关者对企业财务状况的判断。

4. 增加财务风险和控制难度

由于各部门数据孤立，企业财务管理难以对企业整体资金流动、成本开支等进行全局监控，财务风险随之增加。例如，企业财务部门难以及时掌握供应链的资金流动状况，无法准确预测短期资金需求，导致资金链断裂的风险。此外，企业财务控制工作也受到影响，缺乏有效的数据流通使得企业财务管理难以实时监控资金的使用情况，无法及时发现异常或风险信号。长期来看，这会削弱企业财务部门的风险控制能力，增加企业财务危机的可能性。

5. 妨碍全面预算管理和战略规划

数据信息孤岛的存在，直接影响企业实施全面预算管理的效果。在全面预算管理过程中，各部门之间的数据共享和整合是制定合理预算的基础。信息孤岛阻碍了企业跨部门的数据协同，使得财务部门无法获取销售预测、市场分析、生产计划等关键信息，难以精准编制预算。同时，企业战略规划也受到影响，缺乏全方位的财务数据支持，企业的中长期战略可能失去可靠的财务依据，导致战略实施困难。

6.影响财务合规与审计

在信息孤岛的影响下，企业财务信息无法被充分共享与整合，使得企业财务合规工作和审计程序变得复杂。信息孤立使得审计人员难以迅速获取所需的各类数据，导致审计周期延长，审计结果的准确性也可能受到影响。此外，企业合规性管理也可能因数据获取不及时而受到影响，特别是在面对严格的监管环境时，企业可能难以及时提供合规所需的财务数据和报告，导致法律风险增加。

7.影响财务预测与分析能力

企业财务管理离不开对未来财务状况的预测与分析，数据信息孤岛的存在限制了财务部门获取来自市场、客户和供应链等多方面的数据，削弱了财务预测的准确性。尤其是在数字经济时代，大数据和分析工具的有效使用取决于数据的全面性和一致性。信息孤岛导致企业财务分析缺乏足够的基础数据支持，难以作出精确的预测，影响企业对未来资金需求、成本变动和收入预期的判断。

二、数据质量不高

高质量的数据是一切数据应用的前提，数据质量决定了数据分析的有效性。在财务管理领域，数据的准确性、时效性、一致性以及完整性等数据质量维度常因不能满足数据应用的要求和标准，而影响财务工作的推进效率和质量。

（一）数据质量不高的表现

1.数据准确性不足

数据准确性是保障数据质量的基础，直接影响企业财务管理的有效性和决策的科学性。影响数据准确性的因素有以下几种。

（1）数据录入错误

企业的传统财务管理中，数据录入往往依赖人工操作，这种方式极易导致输入错误。例如，在手动输入财务报表、发票信息、客户订单等过程中，一旦出现输入错误，可能导致后续的财务计算、报表编制和资金分配出现偏差。此外，企业多个部门各自维护自己的数据系统，手动输入的数据可能存在重复输入、疏漏或不一致的现象，这进一步加大了数据错误的风险。

（2）历史数据积累的错误

企业在长期运行过程中，积累了大量的历史数据，而这些历史数据有时包含了多年的错误或不准确信息。如果企业未能对这些历史数据进行及时的清理和更新，错误的信息将继续影响当前的财务管理和决策。例如，企业的应收账款数据可能未能及时更新，造成了财务管理中坏账、呆账未被准确识别，从而导致财务报表中的应收账款信息与实际情况不符。

（3）缺乏数据验证和审核机制

企业在数据管理中，往往缺乏严格的数据验证和审核机制，导致错误数据未能及时被发现和纠正。有效的数据管理流程应该包括多层次的数据验证和复核机制，以确保录入、存储和传输过程中数据的准确性。然而，在传统的企业财务管理中，很多企业未能建立这样的机制，导致错误数据在未被审核的情况下进入财务报表和决策流程，影响了企业的财务管理。

2．数据时效性差

数据时效性反映了数据从产生到被使用之间的时间间隔，以及在此期间数据是否依然具有有效性和参考价值。时效性好的数据意味着数据在最短的时间内被采集和处理，并能够快速应用于决策支持，帮助企业及时响应市场变化和运营需求。在企业财务管理中，数据的时效性直接关系到企业决策的科学性和有效性。数据时效性差的主要原因有以下几点。

（1）数据采集与传输延迟

硬件设备的老化、网络传输速度不够快，或者是数据收集系统之间的兼容性问题会造成数据在采集和传输过程中的延迟。尤其是在多部门、多地点的企业中，数据从源头采集到最终传输至管理会计系统，可能需要经历多个环节，每个环节的延迟都可能累积成较大的时间差，导致数据在最终使用时已不具备时效性。

（2）数据处理与分析周期过长

数据到达管理会计系统后，需要进行清洗、整合和分析等处理过程。如果处理过程过于复杂或耗时，数据的时效性会大大降低。处理周期长的原因包括数据量过大、数据处理工具或技术落后、管理会计人员的分析流程不够优化等。此外，在需要人工干预的环节上，如果缺乏足够的自动化支持，数据处理的速度会进一步降低。

（3）数据更新机制不完善

许多企业缺乏有效的数据更新机制，导致数据无法及时反映最新的业务状况。传统的数据管理模式下，数据更新频率较低，企业内部的管理会计系统依赖于过时的数据进行分析和决策。这种情况在一些数据源依赖手动输入或不定期更新的企业中尤为常见，导致最终的分析结果无法反映当前的实际业务情况。

（4）数据流通与共享机制缺失

在一些企业中，数据的流通与共享机制不完善，导致数据在各个部门或系统之间无法及时传递。即使某个部门生成了最新的业务数据，如果没有有效的共享机制，其他需要这些数据的部门可能仍然依赖于过时的信息来做决策。数据流通不畅导致的时效性差，直接影响了企业整体的运营效率和管理会计的决策支持能力。

（5）信息系统与管理流程的脱节

一方面，信息系统的升级可能滞后于管理需求的变化，导致数据在系统中停滞；另一方面，管理流程的变动未能及时在系统中得到反映，也会造成数据时效性的下降。在企业快速扩张或业务模式频繁调整的情况下，这种脱节现象更为明显。

（6）数据源的多样性与复杂性

现代企业的数据来源越来越多样化，既包括内部的生产经营数据，也包括外部的市场数据、社交媒体数据等。数据的多样性和复杂性增加了数据处理的难度，使企业难以在短时间内将不同来源的数据整合并应用于管理会计分析中，从而影响数据的时效性。

3．数据完整性欠缺

数据完整性指的是企业在管理和使用数据时，所有必需的数据应全面无缺失。然而，许多企业在数据管理中经常遇到数据完整性欠缺的问题，导致部分关键数据缺失或不完整，无法全面反映企业的财务和业务状况。造成数据完整性欠缺的主要原因如下。

（1）数据采集流程不完善

在企业的日常运营中，不同部门和业务单元负责采集不同类型的数据。如果数据采集流程不够完善，某些关键信息可能未被及时记录或完全收集，就可能导致数据不完整。例如，销售部门未能及时录入销售信息，或采购部门遗漏了某些采购订单的录入，都会导致财务系统中的数据不完整。

（2）手动录入或输入错误

数据录入过程中的人为错误或遗漏也是导致数据完整性欠缺的重要原因。在传统的企业财务管理中，手工操作频繁出现，财务人员或其他部门员工在输入数据时可能会因为疏忽而遗漏关键信息，导致财务数据不完整。

（3）系统集成和数据同步问题

企业中使用的多个系统之间的集成度不高，往往导致数据同步不及时或未能完全传输。这会使得某些系统的数据在财务系统中缺失。例如，企业的销售数据未及时从客户关系管理系统传输到财务系统，导致销售收入信息不完整。

4．数据可靠性不高

数据的可靠性是指数据在经过多次使用或处理后是否仍能保持其准确性和一致性。数据的可靠性低意味着数据在被多次使用或处理后，失去其原有的准确性和一致性。这种情况多发生在数据被反复加工后或传输过程中，如果没有可靠的版本控制和数据保护机制，数据的质量可能在使用过程中逐渐下降。例如，多次拷贝或导出的数据，可能因为格式转换或手动编辑而变得不一致，影响企业财务管理工作的效率和结果的可信度。

（二）数据质量不高对企业财务管理的影响

1. 影响企业财务决策的准确性

企业财务管理依赖于高质量的数据来作出精准的财务分析和决策。如果数据质量不高，决策基础就会失真，导致管理层在投资、预算编制、资金调度等方面作出错误的判断。例如，企业的成本、收入或市场数据存在不准确或不完整，管理层可能会高估企业的盈利能力或低估运营成本，进而导致不当的投资决策或资金分配失误。长此以往，这种不准确的决策将损害企业的整体财务表现和竞争力。

2. 增加财务风险和不确定性

数据质量不高直接增加了企业面临的财务风险。例如，财务数据不准确可能导致企业现金流预测失误，资金调度不当，造成资金链断裂的风险。此外，质量较差的数据可能隐藏企业潜在的财务危机，如应收账款数据不准确会使企业财务部门无法及时识别坏账风险，影响资金回笼，最终增加企业的财务风险和不确定性。

3. 妨碍预算编制与成本控制

企业在进行预算编制和成本控制时，依赖于准确和高质量的数据作为依据。如果数据质量不高，预算编制可能基于错误的信息，导致企业无法有效控制支出，或在某些重要的预算项目上分配不当，影响企业的资金使用效率。同时，数据错误也会导致企业的成本管理失去有效性，企业可能无法准确跟踪和控制生产成本或运营开支，进而影响利润空间。

4. 影响财务报表的可靠性

财务报表是反映企业财务状况和经营成果的核心工具。如果数据质量不高，财务报表中的信息将无法全面、真实地反映企业的实际财务情况。例如，销售收入、成本费用、负债等数据的不准确将导致利润表、资产负债表、现金流量表中的关键财务指标失真。投资者、债权人和其他利益相关者依赖于财务报表来作出投资和信贷决策，因此不可靠的财务报表将严重损害企业的外部信誉，甚至导致法律风险。

5. 影响财务管理合规性

企业的财务管理必须遵守各种法律法规，特别是在税务申报、审计合规等方面。如果数据质量不高，可能导致企业无法准确申报税务或提供准确的财务报告，进而违反财务法规，面临法律处罚。例如，不准确的收入数据可能导致企业税务申报不足，给企业带来额外的合规风险，甚至导致税务审计和罚款，损害企业的财务健康和声誉。

三、数据处理效率低下

在现代企业中，数据的流转速度和处理效率直接影响财务管理的反应速度和决策质量。随着数据量的爆炸性增长和业务的复杂化，传统的企业财务管理模式的局限性日益凸显，尤其在数据处理效率方面，存在着显著的瓶颈。

（一）数据处理效率低下的原因

1. 手动操作依赖性强

传统的财务管理流程往往依赖大量的手工操作，如数据录入、报表编制、对账等。这些手工操作不仅耗费时间，还容易出现人为错误，导致财务数据处理速度慢、准确性低。特别是在数据量较大时，手工操作更显得效率低下，无法满足企业快速决策的需求。

2. 系统集成不足

许多企业的财务系统和其他业务系统（如销售、采购、库存系统）之间缺乏良好的集成，导致数据无法在各个系统之间自动流转。这意味着财务部门需要从多个系统中手动提取数据，进行整合和处理，需耗费大量的时间和精力。系统之间的不集成性进一步拖慢了数据处理的效率，降低了财务工作的整体效果。

3. 数据量急剧增长

在数字经济时代，企业处理的数据量迅速增加，包括交易数据、客户数据、供应链数据等。传统的财务管理系统和方法无法快速处理这些大量、复杂的数据，导致数据处理速度大幅下降。例如，财务系统可能无法有效处理和分析来自多个来源的大数据，影响财务报表的编制速度和决策的及时性。

4．缺乏自动化工具

传统财务管理流程中缺乏现代化的自动化工具来提高数据处理效率。例如，企业未能充分利用自动化对账、智能财务报表生成、大数据分析等工具来加速数据处理过程。这种工具的缺乏使得财务人员必须依赖于手动数据分析和报表生成，进一步拖慢了财务管理的速度和准确性。

5．复杂的审批流程

财务管理中往往涉及多个层级的审批流程，包括预算审批、费用报销、资金拨付等。这些复杂的流程增加了数据处理的时间，因为每个流程的完成都需要相关人员的批准和复核。若企业的审批流程没有自动化，依赖于传统的人工签字和文件传递，则整个财务处理效率会大大降低，影响业务的顺畅运作。

（二）数据处理效率低下对企业财务管理的影响

1．延误财务决策

数据处理效率低下直接导致企业无法在需要的时间内获取准确的财务数据，影响了企业决策的及时性和有效性。例如，当企业需要迅速作出资金调配或投资决策时，数据处理的滞后可能导致管理层依赖过时的数据作出决策，进而影响企业的财务健康和市场竞争力。

2．增加运营成本

由于手工操作和复杂流程带来的低效处理，财务部门的工作负担加重，企业需要投入更多的人力和时间来完成数据处理工作。这不仅增加了企业的运营成本，还降低了企业财务管理的整体效率，使企业难以快速响应市场变化和内部需求。

3．财务与业务脱节

数据处理效率低下会导致财务部门无法及时获取其他业务部门的数据，影响财务与业务之间的协调。例如，财务部门可能无法及时了解销售部门的最新数据，影响企业对现金流的预测和管理。这种信息的不对称性会削弱企业内部跨部门的协作，降低企业整体运营效率。

4．影响战略执行

低效的数据处理会影响企业的财务战略执行。例如，在预算管理、投资规划、成本控制等方面，企业财务部门无法根据实时数据作出调整和优化，影响战略的落地与实施。这会削弱企业在市场中的应变能力，使其在竞争中处于不利地位。

四、决策支持能力不足

决策支持能力是指通过数据分析和解读，从大量复杂的数据信息中提炼出有价值的见解和趋势，进而支持企业决策和战略规划的能力。随着数据量的激增和数据来源的多样化，企业对财务管理的要求已经不再仅限于传统的财务报告和预算控制，而是要求其具备更高的决策支持能力，帮助企业在竞争激烈的市场中保持敏捷和前瞻性。

（一）决策支持能力不足的原因

在传统的企业财务管理实践中，决策支持能力不足通常由多种因素引起，主要包括以下几个方面。

1．数据分析工具和技术的落后

在传统的财务管理实践中，数据分析主要依赖于电子表格和简单的统计方法，这些工具虽然能够处理基本的财务数据，但在面对复杂和多样化的数据时，其能力显得不足。例如，传统的报表工具通常只提供静态的历史数据分析，无法实时反映市场变化和趋势，导致财务管理在进行前瞻性分析时受到限制。现代企业需要应对的是大数据环境下的复杂问题，这就要求财务管理部门引入先进的数据分析技术，如机器学习、自然语言处理和预测分析等，从海量数据中提炼出更深层次的洞察。然而，部分企业的财务管理部门未能及时采用这些先进工具，导致其决策支持能力不足。这种技术滞后可能源于企业对技术投资的保守态度，或者是财务管理部门与信息技术部门之间的协作不够紧密等。

2．数据科学与分析技能的缺乏

决策支持能力提升不仅依赖于工具，更依赖于企业财务管理人员的技能。传统的企业财务管理专业人员通常接受的是财务和会计方面的训练，对数据科学、机器学习、数据可视化等现代数据分析技术缺乏系统学习。因此他们在面对复杂的数据分析任务时，难以有效地运用先进的分析方法和工具，限制了决策支持能力的发挥。

3．数据文化意识的缺乏

在一些企业中，数据驱动决策的文化尚未完全建立，企业财务管理的工作往往停留在基础的财务报告和预算控制层面，缺乏深入的数据分析和决策支持。没有数据文化的支撑，企业财务管理人员也缺乏动力去提升自己的数据分析技能和工具应用能力，导致决策支持能力的提升受到限制。因此，企业需要推动数据驱动决策的文化建设，提高管理层和员工对数据的重视程度，促进企业财务管理在数据分析和决策方面的投入和发展。

4．数据处理和分析的自动化程度低

在部分企业中，数据处理和分析的自动化程度较低，财务管理人员需要花费大量时间和精力在数据整理、清洗和基础分析上，企业导致他们无法集中精力在更高层次的决策支持上。缺乏自动化支持的环境，限制了企业财务管理从数据中挖掘出深层次洞察的能力。

（二）决策支持能力不足的影响

在传统的企业财务管理中，决策支持能力不足对企业有以下影响。①决策支持的有效性降低，财务管理难以提供深度分析，导致企业决策缺乏前瞻性。②战略规划的前瞻性受限，无法全面洞察市场趋势，影响资源配置的精准性。③绩效管理的精准性下降，导致绩效评估片面，激励机制失效。④风险管理能力削弱，无法及时识别和应对潜在风险。⑤数据驱动创新受限，财务管理难以推动业务模式创新和流程优化，影响企业整体竞争力。

第二节　企业财务管理数字化变革的内外动因

　　传统的企业财务管理面临着数据信息孤岛、数据质量不高、数据处理效率低下以及决策支持能力不足等多重挑战。这些问题不仅限制了企业财务管理在企业决策、战略规划和风险管理中的作用，也削弱了企业的竞争力。要应对这些挑战，传统的企业财务管理必须向数字化转型。

一、外部因素驱动

（一）与数字经济时代接轨的需要

　　近年来，国家大力发展数字经济，促进数字经济与实体经济的深度融合发展。数字经济规模由 2012 年的 11.2 万亿元增长至 2023 年的 53.9 万亿元，11 年间规模扩张了 3.8 倍。2023 年，在党中央一系列政策利好刺激下，我国数字经济规模扩张稳步推进，较上年增长 3.7 万亿元，增幅扩张步入相对稳定区间。[①] 数字经济已经成为当前最具活力、最具创新力、辐射最广泛的经济形态。企业必须通过财务管理的数字化转型，来适应数字经济中的快速信息处理和资源整合需求。

（二）满足上级主管单位数字监管及治理的需要

　　近年来，国家积极推动数字化治理，拓展了多个重要领域的应用。例如，税务部门推出的电子发票和电子税票系统，极大简化了纳税流程，不仅提高了纳税的透明度和效率，还有效降低了企业的税务合规成本；中国

[①] 中国信息通信研究院. 中国数字经济发展研究报告（2024 年）[EB/OL].（2024-08-27）[2024-10-11].http://www.caict.ac.cn/kxyj/qwfb/bps/202408/P020240830315324580655.pdf.

人民银行试点的数字货币项目，进一步推动了货币流通的数字化进程，增强了金融系统的安全性和稳定性；财政部与国家档案局联合规范电子会计凭证的报销、入账和归档流程，确保了电子凭证的合法性和有效性。这一系列数字化技术和手段的推广与应用，为企业财务管理数字化奠定了坚实的基础。企业在与政府和监管机构的互动中，必须快速适应和响应数字监管的需求，调整内部管理流程和财务系统，以便更好地与国家推行的数字化治理体系接轨。

（三）技术革新与应用的加速

信息技术的快速发展是推动企业财务管理数字化变革的重要外部因素之一。随着大数据、人工智能、区块链、物联网等新技术的普及，财务管理领域的许多传统操作已经逐步实现了自动化和智能化。这些技术不仅提升了数据处理的效率和准确性，还改变了财务管理的工作模式，极大提升了财务管理的效率和价值。

二、内部发展需要

除了外部因素驱动外，企业财务数字化变革也是其内部发展的需要，主要体现在以下五方面，如图 3-1 所示。

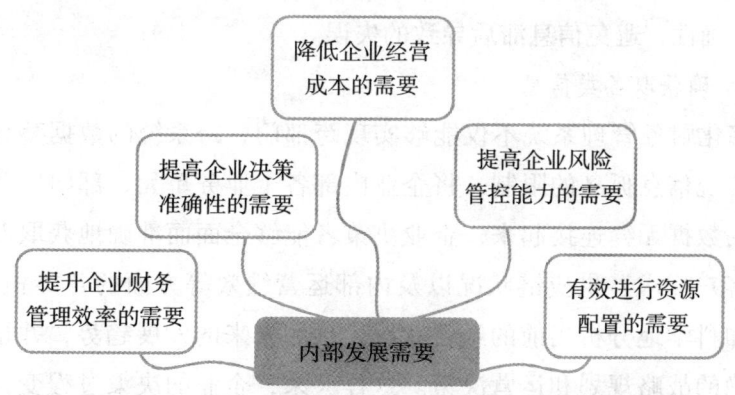

图 3-1　企业财务数字化变革是其内部发展的需要

（一）提升企业财务管理效率的需要

数字经济时代，信息技术飞速发展，数字化技术产业逐渐成熟，为企业信息化建设提供了强有力的技术支撑。当前，部分企业通过运用信息化技术带来了财务管理效率的提升，如企业通过实施银企直联技术，减少资金管理多节点切换带来的时间消耗，同时减少人工操作产生的不稳定失误，提升资金管理效率；企业可以通过财务机器人实施自动对账和自动生成财务报表，减少人工操作带来的错漏，优化流程，提升管理效率。信息技术的发展推动了企业财务管理对数字化技术的应用，进一步推动企业财务管理数字标准化的建立，优化企业业务流程，提高业财融合的程度，提升企业财务管理信息质量，因此企业实施财务管理数字化转型是企业提升财务管理工作效率的需要。

（二）提高企业决策准确性的需要

1. 获得实时性财务数据

与传统财务管理模式下数据获取滞后、信息不完整的问题相比，数字化财务管理系统确保了管理层能够随时获得最新、最全面的财务数据。这种实时性对于企业的资金管理、成本控制和风险预测具有重要意义，使得管理者在进行战略决策时，能够基于最新的信息迅速作出反应，从而提高决策的准确性，避免信息滞后导致的失误。

2. 准确获取各类信息

数字化财务管理系统不仅能够实现跨部门、跨系统的数据整合，还能够打破传统信息孤岛的限制，将企业内部各个业务单元、部门以及外部合作伙伴的数据无缝连接起来，企业决策者能够全面而准确地获取涉及市场动态、客户需求、供应链状况以及内部运营绩效等方面的各类相关信息，从而更加科学地分析当前的经营状况，预测未来的发展趋势，并据此制定更加精确的战略规划和运营决策。这样一来，企业的决策过程变得更加可靠，有效避免了因信息不对称或数据滞后导致的决策失误，从而显著提高了决策的准确性，增强了企业在复杂多变的市场环境中的竞争力。

3. 识别和过滤冗余信息

通过大数据分析、人工智能和机器学习等技术，数字化财务管理系统能够有效地识别和过滤冗余信息。大数据分析技术通过对海量数据的聚合和整理，能够从中提取出具有关键意义的模式和趋势。在这一过程中，数字化财务管理系统会根据设定的参数和指标，筛选出与企业决策高度相关的数据，同时识别出那些不符合分析要求或对决策贡献有限的信息，并将其自动过滤掉。人工智能技术进一步增强了这一过程的智能化水平，通过自学习算法，财务管理系统可以不断优化数据筛选标准，基于历史分析结果和实时反馈，动态调整数据的筛选策略。机器学习则在此基础上，通过对数据的深度学习，识别出数据间的潜在关联和复杂关系，特别是在应对数据噪声和异常值时，机器学习算法能够通过模式识别和异常检测技术，有效剔除无关或有误导性的信息，从而大大提高数据的纯净度和准确性。最终，数字化财务管理系统能够自动、高效地过滤掉冗余信息，使决策者能够获得最具战略意义的核心数据，从而作出更加精准和有依据的决策。

4. 加强风险管理

企业在决策时需要同时考虑潜在的风险，而数字化财务管理系统能够通过自动化的监控与预警功能，帮助企业在风险管理方面作出更及时和准确的判断。数字化财务管理系统可以实时监控企业的资金流动、债务状况、应收账款、库存管理等多个财务指标，当某些关键数据偏离正常范围时，系统能够自动发出警报提醒管理层注意。这种实时预警机制使得企业能够迅速发现潜在问题并提前采取行动，从而避免决策失误带来的风险。通过精准的风险识别和控制，企业能够更加稳健地制定发展战略和投资决策。

5. 洞察市场趋势

数字化财务管理系统引入了智能预测和优化模型，利用丰富的历史数据和实时信息进行高级分析，能识别出潜在的市场趋势和变化，为企业提供前瞻性的洞察。通过机器学习算法和大数据分析技术，数字化财务管理系统能够不断学习和更新模型，使其在面对复杂和多变的市场环境时，依然能够提供精准的预测。这种基于数据的预测模型不仅能够揭示市场和运营的未来动态，还可以模拟不同情景下的可能结果，帮助企业在决策时考虑到更多的变量和风险因素，从而制定出更加全面和科学的战略规划。比如，在面对市场需求的波动时，数字化财务管理系统可以通过分析过往的销售数据、市场趋势以及外部环境变化，预测未来可能的销售趋势，并建议相应的库存和生产调整方案。这种预测能力大大增强了企业对未来不确定性的应对能力，使企业能够提前准备、快速响应，而不再依赖于事后反应。

（三）降低企业经营成本的需要

任何经济主体的每一步发展都会面临不同代价的成本，如何在保证经营过程和产出的前提下尽量降低经营成本直接关系到一个经济主体能否持续稳定发展。企业财务管理的数字化转型在降低企业经营成本方面作出了重要贡献，主要体现在以下几方面。

1．降低人力资源成本

传统的企业财务管理工作往往需要大量的人力投入来进行数据录入、账务处理、报表生成等烦琐的基础工作。这些工作虽然必不可少，但也带来了相应的高昂人力成本。随着数字化技术的引入，许多重复性、机械化的任务逐渐被自动化技术所取代，企业能够裁减大量冗余人员。虽然在短期内可能会导致部分会计人员失业，造成一定的社会和企业内部冲击。然而，从长远来看，数字化财务管理的普及促进了会计人员知识体系、技能结构和工作性质的转型，使得日后企业的会计工作人员"少而精"，大大降低了人力资源成本。

2．降低实物物资的耗费和财产管理成本

传统的企业财务管理工作往往依赖大量纸质文件和实物资产来完成会计记录、报表生成和财产管理等工作，需要较高的纸张、打印、存储和物资管理费用。通过数字化转型，企业能够将绝大部分的基础财务管理工作和部分高级财务分析与决策转移到线上平台进行，大幅减少了企业对物理空间和实物资源的需求。比如，企业可以通过云计算平台存储和管理所有的会计数据和文件，避免了传统档案管理中的大量耗材支出。数字化财务管理系统还能够通过自动化资产跟踪和管理功能，精确监控企业的固定资

产使用情况，减少资产流失和不必要的维修、更换成本。

3．降低库存成本

数字化财务管理系统为企业供应链管理提供了强大的数据支持和分析工具，使企业能够更精准地预测市场需求和供应链动态，从而有效减少库存积压。在传统的供应链管理模式下，企业通常依赖于经验和历史数据进行库存管理和供应链规划，这种方式容易导致库存过剩或不足，进而增加了仓储成本。通过数字化财务管理系统，企业可以实时监控库存水平、订单状态和市场需求变化，利用大数据分析和预测模型，精准地调整采购和生产计划，提高库存与市场需求匹配度。这种动态的库存管理方式减少了过剩库存所带来的仓储和资金占用成本。

4．智能预算与成本控制

数字化财务管理系统通过智能化的预算管理系统，可以为企业提供更加科学、灵活的成本控制方案。传统的预算管理通常需要人工编制和调整，耗时耗力，且难以动态反映企业实际的运营状况。数字化预算管理工具则能够根据实时的运营数据和财务状况，自动生成和调整预算，确保企业在不同时期都能精准掌控各项支出。通过智能预算系统，企业能够更好地预测未来的资金需求和成本变化，及时发现不必要的支出，并采取相应措施进行控制，从而有效降低经营成本。

（四）提高企业风险管控能力的需要

任何企业的生存发展都不是一帆风顺的，多方面因素的影响会给企业带来各种风险，一旦这些风险不能被及时发现或合理评估以致未作出及时、正确的应对措施，当这些风险真正发生时，必然会给企业带来不同程度的损失。因此，降低风险事件发生的概率及减少风险事件发生时带来的损失一直都是企业管理的重要工作。

在传统的企业财务管理体系下，对风险事件的识别、分析采取的规避或处理方法及事后的反馈主要取决于管理者的直觉和经验，而过于依赖主观判断本身就具有相当大的风险性。数字化财务管理系统可以从以下三方面提高企业风险管理能力。

1．事前预防阶段

在此阶段，数字化财务管理系统能够建立不同类型的风险评估模型，通过对企业内部交易信息和外部环境的大数据进行分析和评估，帮助企业识别潜在的风险。基于历史数据和实时信息，数字化财务管理系统可以对企业业务、财务、税务等领域的潜在风险进行全面评估。例如，数字化财务管理系统可以自动识别和分类各种收款方式，如预收款销售、分期收款销售、赊销、托收承付销售、委托代销等，并对其收款周期、坏账率等关键信息进行分析。这些评估结果能够帮助企业管理层作出更合理的销售方式选择，减少坏账损失，降低财务和税务方面的风险。通过事前风险识别和预警机制，数字化财务管理系统还可以结合外部市场环境的变化，及时预测可能影响企业经营的外部风险因素，如宏观经济波动、政策变动等。通过这种预防性风险管控措施，企业可以在问题发生之前采取有效的应对策略，降低风险对企业的潜在影响。

2．事中控制阶段

在此阶段，数字化财务管理系统能够通过实时数据监控和自动化风险管理工具，为企业提供精准的风险等级评估，帮助管理层及时采取相应的应对措施。数字化财务管理系统可以对存货发出、客户签收情况等进行自动校验，结合客户的信用评级、销售额、宏观经济形势等信息，通过模型公式推算违约风险或坏账率。这种实时监控和风险等级划分能够让企业及时关注到潜在的高风险客户或业务流程，避免风险扩散。数字化财务管理系统通过事中控制，能够帮助企业识别风险事件的严重程度，并推荐匹配的处理措施。例如，针对可能发生的客户违约或资金流断裂风险，数字化财务管理系统可以建议企业提前采取措施，如调整销售策略、加强应收账款管理或预留足够的流动资金，以应对突发情况。这种事中控制措施有助于将风险事件可能造成的损失降到最低，甚至能够避免重大损失的发生。

3．事后反馈阶段

在此阶段，数字化财务管理系统通过建立多种风险线索分析模型，增强了企业对风险线索的挖掘和分析能力。企业在风险事件发生后，可以通过数字化财务管理系统深入挖掘隐藏的风险线索，分析事件发生的原因、影响范围以及未来可能发生的类似风险。数字化财务管理系统通过自动记录和分析过往的风险事件，能够提供更加详尽的风险审计报告，帮助管理层总结经验教训，优化风险管理策略。同时，数字化财务管理系统的反馈机制能够提升企业风险发现的敏锐度和风险分析的准确性，帮助企业改进风险管理流程。数字化财务管理系统通过对历史数据的回顾和事件的深度分析，能够识别出常规风险控制措施的不足之处，帮助企业不断调整和优化风险防控策略，以提高未来对类似风险的应对能力。这种事后反馈机制确保企业能够在风险发生后及时作出总结和改进，进一步完善企业的整体风险管理体系。

（五）有效进行资源配置的需要

如何做到资源利用效率的最大化一直都是企业运营过程中困扰管理者的难题之一，资源所有者与使用者之间的信任问题，资源配置的标准、效率、效果的检验等，都是企业管理活动中令人头疼的事情。在传统的企业财务管理体系中，为解决上述问题，一般做法是通过签订契约合同来保障信任，通过既定模型来选择资源投放对象，通过编制预算来提高资源配置效率，通过"以收定支"来评价资源配置效果。而在数字化财务管理体系中，企业能实现更为有效的资源配置方式。

1. 完善资源投放安排

在企业的发展过程中，合理的资源投放是决定其竞争力和可持续发展能力的关键因素。传统上，企业在资源配置上往往依赖于管理者的经验判断或基于既定模型的计算。然而，这两种方式都存在局限性。管理者的经验和直觉虽然在特定情境下有效，但在市场环境快速变化的今天，这种主观性较强的判断往往不够准确，容易导致资源配置的偏差。传统的资源配置模型通常基于历史数据和稳定市场环境的假设，难以应对当前复杂且动态的市场环境，容易增加资源投放的不确定性和风险。

引入数字化财务管理系统可以有效解决这些问题。首先，数字化财务管理系统基于企业的战略目标，通过大数据和智能分析工具，能够从庞大的市场数据中挖掘出与企业战略定位高度匹配的潜在投资机会。这种数据驱动的分析显著减少了传统依赖经验判断的主观偏差，确保投资决策更加科学和精准。企业可以通过数字化财务管理系统获取更加客观的市场洞察，提升资源投放的合理性和准确性。其次，数字化财务管理系统采用层次化的资源配置方式，将资源的投放与企业战略目标紧密结合。具体而言，数字化财务管理系统将企业的核心战略视为资源配置的中心，通过预算管理和资源投放的辐射效应，将资源逐层分配到各个项目中。资源投放的优先级根据项目与企业战略的关联度而定，战略核心项目获得更多的资源支持，而与战略核心关联较弱的项目则相应减少资源投入。这种分层次的资源配置方式不仅降低了企业的投资风险，还确保了资源能够集中投放在最重要、最有价值的项目上，最大化资源的利用效益。

2. 加强资源配置和经营结果的相关性分析

在传统的投资结果分析中，企业往往简单地根据是否达到既定目标或是否超出预期收益来评判投资的成功与否。这种方法虽然提供了一个直接的评判标准，但忽视了投资过程中的成本和代价，无法全面衡量投资的实际效益。例如，企业可能实现了短期目标，但在资源浪费或高成本投入的情况下，整体投资的长期效益可能并不如预期。虽然现金流量法、投资回报率法等多种分析方法各有优点，但它们的局限性使得企业难以全面、客观地评估投资的真实绩效，进而影响资源配置的优化。

数字化财务管理系统通过引入智能分析工具和高级建模技术，为资源配置与经营结果之间的相关性分析提供了全新的解决方案。该系统能够将每一项投资的资源投入与其实际的经营结果进行数据化处理，并利用量化模型来建立投入与产出之间的关联指数。这种关联分析能够为企业提供更加细致、动态的反馈，揭示资源投放的效率及其对经营成果的真实影响。具体来说，数字化财务管理系统会对不同资源投入对经营结果的影响强度进行分析，量化出投入和产出之间的动态关系。例如，数字化财务管理系统可以评估销售团队增加的投入是否带来显著的销售增长，或者新增生产设备对生产效率的提升幅度。这种关联指数有助于企业了解资源配置的效率和效益，能够更加精准地评估每一项投资的实际回报和成本效益。通过这种数据驱动的相关性分析，企业可以在评价投资绩效时不再单单依赖于简单的目标达成与否，而是可以更全面地分析投入成本与产出效益的对比。这种方法显著提高了投资结果分析的科学性和客观性，为资源配置的优化提供了有力支持。企业可以根据这些分析结果，动态调整资源配置策略，确保资源的投入与回报相匹配，从而实现资源配置效率的最大化，提升整体经营效益和市场竞争力。

第三节　企业财务管理数字化变革的目标与原则

一、企业财务管理数字化变革的目标

企业财务管理数字化变革的目标有以下五方面，如图 3-2 所示。

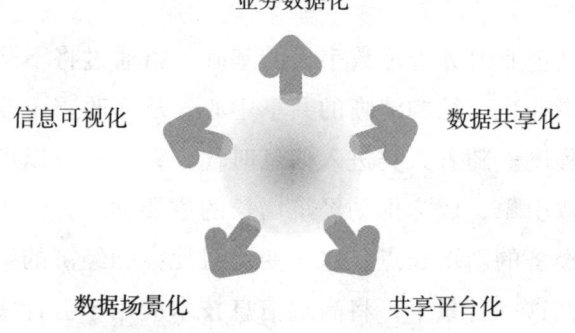

业务数据化

信息可视化　　　数据共享化

数据场景化　　　共享平台化

图 3-2　企业财务管理数字化变革的目标

（一）业务数据化

企业财务管理数字化指企业利用云计算、大数据等技术在财务领域重塑财务组合和业务流程，是企业实现智能财务所不可缺少的前提条件，而数据作为一种对客观世界认识的数字记录形式，已经由传统的"信息资源"和静态的数据库，一跃成为与劳动、资本、土地、技术等传统生产要素并驾齐驱的新型生产要素，是企业决策管理的重点对象。

站在企业未来发展的角度，应将业务流程进一步规范化，数字研究成果进一步时代化，循序渐进地完成数据的交换与存储、采集与加工的标准化，以及业财数据的全面信息化。其具体措施包括：强化数据资产管理、提升数据服务能力，以优化数字体系建设，整合项目流程信息、交流沟通财务信息、共享数据信息资源，追求数据信息与实践应用的深度整合、全面契合。企业的财会负责单位应结合数字化转型手段，将业务流程与组织架构进行整体改进，并且将这种改进融入企业持续不断的动态提升进度中。另外，企业财务管理自有其不可代替的模式和特征，应在尊重这种模式和特征的基础上，帮助企业纯粹的手工业务记账，并达成电子记账的业务信息化，同时实现"业财一体化"管理下的业财融合，借助智能互联云端升级提升智能财务管理水平。以上对企业财务管理的智能创新，旨在提高项目运营效率，凸显企业关键优势，管控财务管理成本。

（二）数据共享化

财务共享是企业财务管理数字化的基础，指通过将不同部门的财务职能集中到一个专业化、结构清晰的共享中心，从而改善企业财务管理的精细化和标准化程度。随着人类进入信息时代，数字经济以产业数字化和数字产业化作为双引擎，成为推动经济增长的主要动力，催生了许多新业务模式，并成为经济的新增长点。这一变化对社会和经济的整体变革产生了深远的影响。在这一背景下，将高端信息技术应用于会计实务，不仅为各行业注入了新的活力，也推动了财务共享的进一步发展。

通过构建大数据资源共享平台，企业能够逐步实现从内部到外部的数字共享技术升级与对接，形成覆盖多个领域和维度的共享体系。这样的体系不仅促进了企业内部业务与财务的深度融合，还提升了企业整体数据管理的效率。在数字经济时代的大背景下，企业数字化转型无法避开"业财一体化"这一核心体系。"业财一体化"能够帮助企业财务部门整合数据、提升数据资源的使用效率，同时拓宽数据收集的渠道，覆盖从数据和实物的采集、展示到加工的各个环节，进而全面覆盖管理层级和业务系统。相比传统企业资源计划（Enterprise Resource Planning，ERP）模式下的会计核算系统，这种模式更加动态灵活，有效压缩了企业的财务管理成本，同时确保了对企业财务数据和资金流的实时监控。

此外，借助云计算技术，财务共享平台可以实现数据价值链的重构。通过这一平台，企业能够将会计与管理会计的信息整合在一起，优化管理手段与控制职能，确保财务核算标准化、财务工作流程化。企业通过将高度重复性的工作集中于财务共享中心，不仅能有效控制会计成本，还能大幅提高财务信息化水平和财务共享管理水平。财务共享化的实现，最终将有助于企业更好地管理和利用数据资源，提升财务工作的自动化和智能化程度，为企业的整体运营提供更强有力的数据支持和财务保障。

（三）共享平台化

共享平台化是企业财务管理数字化转型的核心环节，作为财务共享的出发点，它涉及财务数据的整理、分析和应用，将企业的财务管理提升至一个新的水平。

共享平台化需要以财务共享框架下的共享目标为依据，研究和建立数据中台，构建平台信息系统。这需要规划程式化的信息技术体系，将分散在各个业务部门的财务信息集中，通过标准化、自动化和智能化的方式进行处理和分析。这一过程涉及财务部门的组织形式和会计核算方式的改变，同时需要通过共享模式上的升级来深化财务管理流程的智能化程度。

共享平台化不仅可以帮助企业实现"业财一体化"的管理目标，更能发掘企业决策与会计预测之间的整合潜力。这需要通过动态优化来挖掘隐藏的项目信息，探索数字价值，整合原有的结构化数据环境为更便于分析、预测和决策的财务数据库。同时，需要将业务终端作为起点，开发健全的智能财务管理信息软件，对企业业务中的全部数据进行整体把握。

在完成信息财务管理共享平台的构建后，企业应关注平台功能模块的改进和反馈机制的升级。在对财务数据信息的解析过程中，会存在一定的风险，因此企业需要配备科学合理的财务反馈机制，以便对财务数据、财务报表等进行检视，形成动态双向的反馈机制。此外，利用云计算和大数据信息技术，企业可以加强信息化平台的模块融合，拓宽共享平台在空间与时间上的辐射范围。在确保财务数据真实性和准确性的同时，还需要兼顾企业财务管理的及时性，形成对数据的实时传递和实时监管。

（四）数据场景化

在企业财务管理数字化转型的过程中，数据场景化是一个至关重要的目标。财务人员不仅需要按常规完成财务目标，还需要解决与数据相关的语义不一致、需求指标模糊等问题，以确保管理层能够获得准确的报表支持，促进企业决策。通过财务与业务的深度融合，数据场景化能够明确数据来源，统一数据语义，提升数据共享效率，进而为企业的管理和决策提供强有力的支持。

数据场景化的核心是将企业的业务数据和财务数据整合，并根据业务需求构建标准化的业财数据资源目录。这个资源目录基于日常业务数据的收集和分类，将企业的各类业务具象化为特定的场景，进而建立数据与场景之间的映射关系。这一映射关系不仅有助于实现企业不同场景、需求信息和资源目录的切换，还能够链接数据资源目录与业财融合的核心本体，使得管理会计和财务信息化应用场景能够在云端顺利落地，真正实现数据场景化的目标。

在数据场景化的基础上，企业能够根据财务共享框架设计便于管理层使用的大数据应用场景。这些场景化的设计不仅适用于企业的日常决策需求，还能够覆盖全业务、全流程的多个场景，从而提高企业整体的运营效率。例如，企业可以通过移动互联网应用开发，广泛应用场景化数据处理的成果，将数据场景化理念渗透到企业的各个业务模块之中。这不仅使得管理层在作出决策时能够给予清晰、统一的数据支持，还提升了企业在不同业务场景中的灵活性和应对能力。

数据场景化的目标，最终是通过将数据与业务实际相结合，解决传统财务管理中的数据孤岛问题，推动企业从静态的数据处理转向动态、灵活的场景化应用。这种场景化不仅提升了企业的财务管理效率，还使得企业能够通过大数据驱动的财务场景，获得更具前瞻性和时效性的管理和决策支持。这种深度的数字化转型，使得企业能够在全业务范围内实现数据的智能化、场景化应用，进一步提升企业在快速变化的市场中的竞争力。

（五）信息可视化

信息可视化指通过直观的图形、表格等方式，将复杂、抽象的财务数据清晰地展现在信息平台上。信息可视化管理的目的是通过图形学的交互技术和立体图形等可视化原理，将庞杂的财务数据转换为更加形象的、易于理解的模块，使得数据的展示更加直观，帮助企业高层管理者快速把握财务状况，辅助决策过程。

在实现信息可视化的过程中，技术手段起着至关重要的作用。通过基于视觉显示原理的信息可视化技术，企业能够改进财务数据的展现效果，将原本复杂的数字信息转化为易于识别和分析的图形化模块。例如，通过三维图像、交互式图表等手段，企业可以更直观地查看财务数据之间的联系，理解企业各部门、各项目的运营状况和财务健康度。这种场景共享和交互处理的可视化效果，能够显著提高数据解读的效率，使得财务分析过程更加高效、透明。

信息可视化不仅是对数据的呈现，更要服务于企业的不同层级和管理目标。在具体的应用场景中，信息可视化需要反映出不同层级的价值目标和管理需求。例如，企业的高层管理者可能需要看到企业整体的财务健康状况和风险预警信号，而各部门经理则需要关注更细化的业务运营数据。这种基于具体层级需求的信息可视化应用，可以形成一个全方位的价值链管控体系，将平面的数据展现转变为立体化的、多维度的分析工具，帮助企业各层级的管理者更好地掌握关键信息。

除了技术层面的提升，企业还应注重建立完善的数据专业化目标，以支持信息可视化的有效运行。通过构建企业内部的运营监控和风险预警体系，企业可以实现资产管理和财务风险的可视化。例如，财务人员可以通过图表和仪表盘，实时监控企业的现金流、应收账款、库存周转等核心财务指标，帮助管理者及时发现潜在风险，作出快速调整。此外，企业需要提升财务人员的综合素质，使其具备更强的数据分析和信息可视化应用能力，从而实现运营监控可视化、资产管理可视化和数据认知可视化的多重目标。

二、企业财务管理数字化变革的原则

在推动企业财务管理数字化变革的过程中，遵循科学合理的原则是确保变革顺利推进并取得实效的关键。以下是企业在实施财务管理数字化转型过程中应遵循的几个核心原则，如图 3-3 所示。

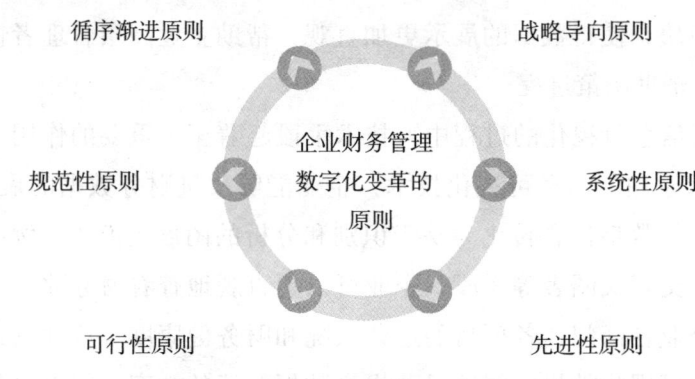

图 3-3 企业财务管理数字化变革的原则

（一）战略导向原则

企业财务管理数字化变革必须与企业的整体战略目标紧密结合。企业财务管理的数字化不仅是技术的革新，更是支持企业长期战略发展和经营目标的手段。因此，在进行企业财务管理数字化转型时应始终围绕企业的核心战略展开。企业需要确保财务管理数字化能够支持企业战略决策，提升财务管理与业务发展的协同效应，实现业务与财务的深度融合。只有当财务数字化与企业战略高度一致时，才能为企业创造真正的价值。

（二）系统性原则

系统性原则是指在进行企业财务管理数字化变革的过程中，应全面考虑企业的内外部环境、财务管理需求和信息技术等各个方面的要素，以全局观和系统观来进行统筹规划和设计，确保数字化变革工作的连贯性和一致性。

系统性原则的实质是全面观,即在设计和实施企业财务管理数字化变革时,不仅要关注各个具体业务环节的转型,也要关注各业务环节之间的关系和整体的业务流程,使其在组织架构、业务流程、信息系统等方面形成有机整体。只有如此,才能避免企业在部门之间、业务环节之间出现信息孤岛,实现信息资源的共享和流动,提高企业的运营效率和管理效率。

系统性原则的另一个重要方面是把握企业的内外部环境。企业的内部环境包括企业文化、组织结构、人力资源、财务状况等,这些因素都将影响到企业财务管理数字化转型的具体方式和步骤。企业的外部环境包括市场环境、竞争环境、法律法规环境、技术环境等,这些因素将影响到企业财务管理数字化转型的方向和深度。因此,在进行企业财务管理数字化变革时,应充分考虑这些内外部环境因素,制定出符合企业实际情况的策略和方案。

此外,系统性原则还要求企业在进行财务管理数字化变革时,要充分考虑信息技术的发展动态和趋势,确保企业的财务信息系统的先进性和适用性。信息技术是企业财务管理数字化变革的重要工具,只有选择和使用合适的信息技术,才能充分发挥信息技术的作用,提高企业财务管理的效率和效果。

(三)先进性原则

先进性原则强调的是引入和应用最新的理念、技术和方法,以提高企业财务管理的效率和效果,满足企业发展的需要。企业财务管理的数字化变革不仅要适应现在,更要面向未来,企业需要以开放的态度接纳新的事物,积极引入和应用新的技术和理念,打破传统,开拓创新,以此推动财务管理的升级和转型。

在当今信息化、数字化的时代背景下,先进性原则首先体现在技术层面。这意味着企业需要引入和应用最新的技术,如人工智能、大数据、云计算、区块链等,把这些新技术融入财务管理的各个环节,以提高工作效率,提升决策质量,降低运营成本。其次,先进性原则还体现在理念和方法上。随着社会经济的发展,企业管理的理念和方法也在不断变化和发展。

在财务管理的数字化变革中，企业需要引入和应用新的理念和方法，如精益管理、敏捷管理、用户中心设计等，以提升企业的竞争力。

（四）可行性原则

可行性原则强调企业财务管理变革应与企业的实际情况相适应，且方案的设计和执行应考虑到实际操作的复杂性和可行性。

可行性原则主张企业财务管理数字化变革的步骤和方法应基于现实情况进行规划和设计。这并不意味着抑制创新或降低标准，而是要在明确企业的实际需求，理解业务流程，评估现有资源和能力的基础上，进行适度而有效的创新。这就要求企业在规划和设计变革方案时，不能脱离实际，而应深入了解业务流程，理解企业文化，评估资源和能力，以确保企业财务管理的数字化变革方案的实施既能实现预期的效果，又能顺利进行，不会因为现实条件的限制而无法推进。

此外，可行性原则还要求在企业财务管理的数字化变革过程中，要尽可能降低对企业运营的影响。企业财务管理的数字化变革是一项复杂的工程，它涉及企业的各个环节，对企业的运营有着深远的影响。因此，企业在进行财务管理的数字化变革时，需要在保证业务连续性的前提下，逐步推进，防止因为转型而影响到企业的正常运营。

可行性原则不仅是一种实践观念，更是一种理性思考。它要求企业管理者在进行财务管理的数字化变革时，不能只考虑理想状态，而要深入了解企业的实际情况，设计出既能实现预期效果，又能在实际操作中顺利执行的方案。这种基于现实考虑的方案，更能满足企业的实际需求，更有可能成功地实现财务管理的数字化转型。

为了实现可行性原则，企业可能需要在规划和设计阶段投入更多的时间和资源，进行更深入的研究和讨论。但是，这种投入是值得的，因为它可以确保企业财务管理的数字化变革能够顺利进行，实现预期的效果，推动企业的发展。

（五）规范性原则

在企业财务管理运作规程方面，规范化原则具体体现为工作流程、职责划分、管理规程的规范化。规范化确保了财务信息的准确性和一致性，也为内部审计和外部审查提供了可靠依据。工作流程的标准化有助于减少误差和遗漏，因为每一个步骤都有明确的操作指导和验收标准。职责的明确划分避免了工作重复和责任模糊，提高了整体运作效率。管理规程的规范化则为财务人员提供了明确的操作指南和行为准则，使其在面对复杂多变的财务问题时，能够更快地作出正确和合规的决策。

在数字技术应用方面，规范化原则主要体现为技术标准、技术流程、技术质量的规范化。这一方面确保了企业在引入和应用新技术时，能够遵循行业最佳实践和国际标准，从而减少因技术不成熟或不兼容而导致的风险和损失。技术标准的规范化不仅有助于内部系统的高效运作，也为企业与外部系统和平台的对接提供了便利。技术流程的规范化确保了从需求分析、系统设计到实施和维护，每一个环节都能得到有效管理和质量控制。而技术质量的规范化则意味着所有的硬件、软件和算法都需要经过严格的测试和验证，以满足企业对数据准确性、系统稳定性和安全性的高标准要求。这样的全方位规范化，不仅提高了数字技术的可靠性和效率，也为企业在更广泛的业务和市场环境中实现持续和高质量的发展提供了有力支持。

（六）循序渐进原则

循序渐进原则在企业财务管理数字化的实施中起到关键作用。这一原则意味着企业应在可控的范围内，逐步推动财务管理数字化的各个环节，以确保整体目标的实现。不求一步到位，而是通过阶段性的实施和优化，不断地调整和完善。这样做有多重优势。例如，通过分阶段推进，企业能更有效地管理和控制成本，避免因过度投资而导致的资源浪费。同时，这种渐进式的方法也为数据收集和分析提供了足够的时间，使企业能根据实际运行情况，及时进行必要的调整和优化。循序渐进原则还有助于提升员工对数字技术的接受度。通过逐步推行，员工能有足够的时间适应新技术，掌握必要的操作技能，从而减少因突然变革而产生的抵触和困扰。此外，这种渐进式的推进方式还有助于企业更好地应对外部环境的变化。因为财务管理数字化并非一成不变，而是需要不断地根据市场需求、法律法规和技术发展进行更新和升级。因此，循序渐进的原则不仅确保了项目的顺利实施，还为企业的持续发展和竞争力提升奠定了坚实的基础。

第四章

财务管理数字化变革中的技术应用

第一节　财务机器人

一、财务机器人概述

（一）财务机器人的概念

机器人流程自动化（Robotic Process Automation，RPA）技术是指通过使用用户界面层中的技术，执行基于一定规则的可重复任务的软件解决方案，是数字化的支持性智能软件，也被称为数字化劳动力。[①]

RPA 技术具有以下特点。

第一，机器处理。RPA 技术通过预先编写的脚本完成重复、机械式的操作，代替人工执行任务。这意味着 RPA 能够在 7×24 小时内连续工作，不受人类工作时间和疲劳的限制，极大地提高了工作效率。

第二，基于明确规则。RPA 技术的应用需要明确、可数字化的操作规则。开发 RPA 时，必须基于固定的流程和明确的触发条件来编写脚本。因此，RPA 最适合用于规则明确、操作重复的任务，如数据输入、财务核算等。

第三，模拟用户操作与交互。RPA 能够模拟用户的手工操作，如复制、粘贴、鼠标点击、键盘输入等。RPA 通过记录用户在界面上的操作并将其转换为自动化脚本，使得其可以重复执行这些任务。

财务机器人是 RPA 技术在财务领域的具体应用，它针对财务的业务内容和流程特点，以自动化替代财务手工操作，辅助财务人员完成交易量大、重复性高、易于标准化的基础业务。企业可以将财务机器人视为组织中的

[①] 刘赛，刘小海. 智能时代财务管理转型研究 [M]. 长春：吉林人民出版社，2020：167.

虚拟劳动力，对于财务工作中基于明确规则的可重复性工作流程，财务机器人是能够在特定流程节点代替传统人工操作和判断的财务自动化应用。

（二）财务机器人的功能

基于 RPA 的技术特点，可进一步将财务机器人的功能划分为五大类，即：数据检索与记录、图像识别与处理、平台上传与下载、数据加工与分析、信息监控与产出（图 4-1）。在实际应用中，财务机器人往往承载多种功能的组合，从而实现某一流程节点的自动化。

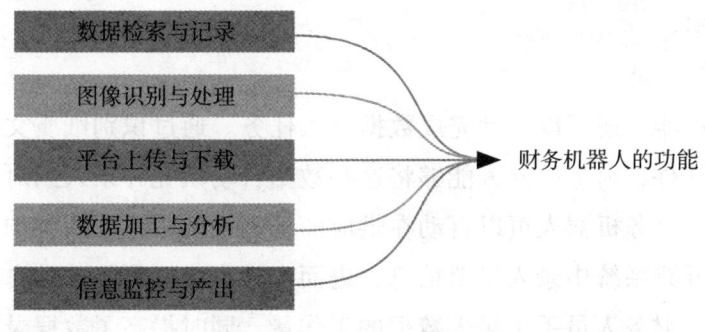

图 4-1　财务机器人的功能

1. 数据检索与记录

数据检索与记录是财务机器人最基础的功能，具体指通过记录传统模式下财务人员的手工操作，设置计算机规则进行模拟，从而使财务机器人执行数据检索、数据迁移、数据录入的动作。

（1）数据检索

财务机器人通过预设的规则，自动执行数据检索操作，代替人工手动访问内部和外部的安全站点，从中提取并存储相关信息。例如，财务人员需要定期从企业内部系统或外部数据源获取财务报表、市场数据等信息，财务机器人可以通过模拟手工检索操作，根据指定的关键字段自动完成这些任务。与传统的编程方式相比，财务机器人在页面元素获取的灵活性上具有显著优势，即便页面结构发生部分修改，财务机器人仍然能够顺利完成任务，而不需要进行复杂的系统调整。这不仅提高了系统适应性，还显著节约了维护成本。

（2）数据迁移

在处理跨系统的结构化数据时，财务机器人能够自动执行数据采集、逻辑转换和数据迁移的任务，并对数据的完整性和准确性进行测试和校对。财务机器人不仅可以执行一对一的系统数据迁移，还能够适应更复杂的一对多、多对一或多对多的跨系统数据迁移场景。例如，企业在进行跨部门或跨平台的数据整合时，财务机器人可以自动将数据从一个系统迁移到另一个系统，或同时迁移到多个系统中。其高度的灵活性使得它能够处理数据或流程的变更，确保数据迁移的准确性和一致性，降低人工操作中的错误率和成本。

（3）数据录入

财务机器人还可以自动完成数据录入任务。通过识别纸质文件信息或接收电子文件，财务机器人能够将这些数据自动填充并录入到对应的系统中。例如，财务机器人可以自动在供应商管理系统中设立和维护供应商数据，或在开票系统中录入发票信息，进而实现自主开票。此类自动化操作大大减少了财务人员手工录入数据的工作量，同时提高了数据录入的效率和准确性。此外，财务机器人还能够将原始文件归档，进一步提升了信息管理的规范性。

2. 图像识别与处理

财务机器人依托人工智能和光学字符识别等技术，能够自动识别、提取和处理各类图像信息。

（1）图像识别

财务机器人能够将纸质文件、手写文档、发票、收据等图像数据转换为机器可读的文本格式。例如，企业在处理大量纸质发票时，财务机器人可以通过图像识别技术自动提取发票上的关键数据，如发票号、日期、金额、供应商信息等，并将这些信息自动录入系统，免去了手工录入的烦琐步骤。

（2）图像处理

通过图像预处理技术，财务机器人可以对图片进行优化处理，如纠正图片倾斜、清除噪声、增强对比度等，从而提高图像识别的准确性。这对于低质量的扫描件或拍摄角度不佳的图片尤为重要。此外，财务机器人还可以将不同格式的文档和图片自动转换为标准化格式，便于后续的数据管理和归档。例如，将扫描的发票或合同从不可编辑的格式转换为可编辑的文本文件，或者将不同文件合并为一个标准格式的档案进行统一管理。

3．平台上传与下载

财务机器人的平台上传与下载功能指其通过自动化技术在不同系统之间实现数据的流通和文件的传递。该功能的核心在于通过财务机器人自动登录不同的内部或外部系统，按照预设路径完成数据的上传与下载操作，从而确保数据的同步和文件的本地化存储。

（1）平台上传

在企业财务管理中，不同系统之间通常需要进行数据和文件的传递。当系统之间的数据接口尚未打通，或者存在技术障碍导致数据无法直接融通时，平台上传成为一种常见的解决方案。财务机器人通过自动模拟人工操作，能够登录多个系统平台，按照预设路径批量上传数据或文件到指定的系统或模块中。例如，在客户关系管理系统中，财务机器人可以自动登录系统，选择并上传客户信息主文件，更新客户数据。通过这一自动化流程，企业不再需要人工手动进行数据同步，减少了错误的发生，同时提升了工作效率。财务机器人可以自动执行重复性的上传操作，无论是文件更新还是数据同步，都能在短时间内高效完成。

（2）平台下载

财务机器人的平台下载功能可以满足基于不同系统间的数据同步需求或文件本地化存储的需要。财务机器人可以按照预先设定的规则，自动登录多个异构系统，下载指定的数据或文件，并将这些文件按预定的路径存储在本地系统中。例如，在银行对账过程中，财务机器人可以自动登录银行系统，下载账户清单，生成对账单，并将其存储在合适的文件夹中，供后续财务人员进行审核和核对。同时，财务机器人还能自动收取并下载邮件中的附件文件，或者从各类业务平台下载合同、发票等文件，并根据业务需求对其进行进一步处理。

4．数据加工与分析

财务机器人的数据加工与分析功能指财务机器人在获取、检索或下载数据信息的基础上，进一步对数据进行检查、筛选、计算、整理和校验。该功能通过自动化的处理方式，提升了数据管理的效率和精度，并使财务人员能够专注于更具战略意义的任务。

（1）数据检查

财务机器人可以自动审查获取到的原始数据的准确性和完整性。通过自动化检查，财务机器人能够识别数据中的异常并发出预警信号，从而确保数据的质量。例如，财务机器人可以对来自不同数据源的财务信息进行核对，快速发现数据之间的差异，并根据设定的规则处理异常情况。这一功能确保了企业在数据处理中能及时发现问题，减少错误带来的风险。

（2）数据筛选

财务机器人能够根据预先设定的筛选条件，自动过滤数据，确保只有符合条件的数据进入下一步处理。例如，在多指标的财务报表中，财务机器人可以自动筛选出核心指标和需要进一步计算的基础数据，从而极大地提高数据处理的效率和精准度。

（3）数据计算

在数据筛选完成后，财务机器人还能够按照既定规则执行自动化数据计算。无论是简单的加减运算，还是更复杂的业务规则计算，财务机器人都能够根据企业的个性化管理需求自动生成计算结果。例如，企业可以利用财务机器人对销售数据进行处理，根据特定的佣金规则计算销售佣金。这种自动化计算功能能够显著减少财务人员的手动计算工作，提升计算效率，并保证结果的准确性和一致性。

（4）数据整理

财务机器人可以处理从多个系统中提取的结构化或非结构化数据，将其整理并转换为符合标准的输出格式。例如，财务机器人可以从不同财务系统和报表中提取数据，并根据企业的报告模板自动整理输出成规范化的文件。这种全流程的自动化处理方式，不仅提升了数据管理的效率，还保证了输出文件的一致性和合规性。

（5）数据校验

数据校验功能使财务机器人能够对不同来源的数据进行匹配验证，确保数据的一致性和准确性。通过对照预先设置的映射规则，财务机器人能够自动识别数据中的差异，并生成相应的报告。例如，在对账过程中，财务机器人可以自动核对财务系统中的账户余额，对未成功对账的情况进行分析，并生成对账失败报告。通过这些自动化校验功能，企业能够更快、更准确地发现并解决数据中的错误和问题，避免手动对账中可能发生的遗漏和失误。

5．信息监控与产出

财务机器人的信息监控与产出功能指财务机器人通过模拟人类的判断和操作，自动推进财务流程的执行，包括工作流分配、标准报告生成、基于规则的决策以及自动信息通知。这些功能能够显著提升企业财务管理的自动化水平，使得复杂的财务工作流程得以高效执行，减少人为干预和错误的发生。

（1）工作流程分配

财务机器人能够根据预设的工作流程自动分配任务，并处理工作交接，推动工作流的顺利进行。例如，当系统生成对账失败的报告时，财务机器人会依据预定的对账处理流程，自动发送通知邮件给相关负责人员，提醒其审核并批复。这种自动化工作流分配功能可以确保任务按时分配并有效推进，减少人工操作的延迟和错误，使得财务流程更加高效和透明。

（2）标准报告出具

财务机器人具备从多个内部和外部数据源获取信息的能力，并且能够根据企业预设的报告模板生成标准化的报告。财务机器人能够将数据和文字自动整合，生成如预测数据与实际数据对比的报告、监管报告等。财务机器人通过自动填充标准日记账分录或创建复杂报告中规范化的部分，能够大大减少财务人员在报告生成上的工作量，并确保输出结果符合企业的规范和要求。

（3）基于明确规则决策

财务机器人可以基于企业设定的规则进行自动化的分析、预测和决策。这些规则驱动的操作使得财务机器人能够根据过去的数据和市场信息进行自动化预测，或者基于历史信用记录执行信用审批流程。此外，财务机器人还能够根据事先制定的标准，自动处理常规的费用支出或其他财务操作。这种自动化决策机制确保了流程的标准化和一致性，减少了人为干预带来的变异风险，并加快了日常财务决策的速度。

（4）自动信息通知

在财务流程中，当需要通知员工、财务人员、供应商或客户时，财务机器人可以自动生成并发送通知。例如，当机器人检测到员工借款逾期未还时，它能够自动生成并发送提醒邮件给相关员工。这种自动信息推送功能不仅能够确保信息传递的及时性，还减少了人工监督和跟进的工作负担。此外，机器人可以根据关键信息自动生成通知指令，实现对财务流程中重要节点的自动跟催和提醒，提升企业财务管理的响应效率。

二、财务机器人的适用标准

（一）简单重复操作

财务机器人在处理简单重复操作的环节中具有显著优势，能够大幅降低人工操作的成本，并提升工作效率与准确性。通过将这些机械化的任务交由机器人处理，企业能够优化资源配置，并减少人工错误的发生。适用于财务机器人的操作通常具备以下两大特点。

1. 流程固定且规则明确

在财务工作中，有些操作流程具有高度的稳定性和明确的规则要求，只需按照既定的步骤进行执行。这类工作通常无须复杂的决策判断，而是依赖于机械的按钮点击或常规的操作步骤。财务机器人能够完美模拟这些操作，实现全流程自动化。比如，月度结算、凭证结转、资产折旧的自动计算等常见的任务都可以通过预设的规则由财务机器人自动完成。这种固定流程的操作为财务机器人提供了应用的空间，不仅减少了人工介入，还使得这些任务的处理更加快速和精确。

2. 高重复性且附加值较低

企业中存在大量的重复性工作，这类任务虽然必不可少，但其创造的附加值较低，长期占用大量的人力资源。在财务管理中，这些重复操作往往枯燥、单调，并且不需要高级的专业技能。对于企业来说，对这些岗位人员的投入与效益不成正比，增加了管理成本；对于财务人员来说，长期从事重复性工作不仅无法提高自身能力，且工作吸引力较弱，导致岗位流动性大。此类重复性高、附加值低的工作环节适合由财务机器人接管，企业财务人员可以将精力集中在更具创造性和战略性的工作上，提升其专业价值。

（二）量大易错业务

财务机器人的引入需要考虑开发周期和投资成本，因而其应用必须具备合理的投资回报。业务量大且容易出错的场景适合采用财务机器人。此类任务通常涉及大量的数据计算、整合和验证，人工处理不仅需要大量的人力资源，还容易发生错误。而财务机器人通过自动化批量处理，能够显著提高工作效率和数据准确性。例如，系统主数据的维护、跨系统的数据核对和发票登记等，都是典型的高工作量且易出错的任务。财务机器人在这些环节的应用能够减少人员投入、降低成本，同时减少人为操作导致的失误，确保数据处理的精确性和一致性。

（三）7×24小时工作模式

财务机器人具备不间断的工作能力，特别适合应对企业中需要7×24小时运行的高强度任务。在财务人员的工作时间有限且业务需求不断增大的情况下，人工操作难以满足繁忙的工作量，容易导致工作积压和效率低下。例如，在处理庞大的银行回单匹配、发票认证等工作时，人工操作无法快速完成，而财务机器人可以持续运行，全天候高效处理这些任务。财务机器人在应对突发的工作高峰期时，表现尤其突出，能够以比人工操作更快的速度和更高的容错能力完成任务，帮助企业在关键时刻保持高效运转。

（四）多个异构系统的兼容处理

企业通常使用多个不同系统来处理财务数据，这些系统彼此不一定兼容，增加了数据交互和处理的复杂性。财务机器人能够跨越这些异构系统，通过模拟人工操作，实现数据的自动化流转和处理。无须对现有系统架构进行更改，财务机器人可以自动登录不同的系统，完成数据采集、迁移、录入、校验等工作，确保不同系统之间的数据交互顺畅进行。随着业务规模的扩大和系统的增多，财务机器人可以迅速适应新的数据流转需求，通过最小的调整来部署新的任务，显著提高企业的灵活性和响应速度。

三、财务机器人的应用场景

企业财务工作中很多流程都符合财务机器人的适用标准，下面简要介绍财务机器人在企业费用报销、采购到付款、总账到报表、税务管理等几类典型流程上的应用。

（一）费用报销

1. 报销单据接收

费用报销的第一步是报销单据的处理，尤其是发票。传统的纸质发票在邮寄、录入和报销过程中容易出现遗失、损坏或造假等问题。财务机器人的出现和应用克服了发票运作中存在的上述问题，企业的相关财务人员可以将企业内各部门及个人提交的各类单据和发票统一收集起来，由财务机器人扫描所有单据和发票并进行自动识别，再经过分类汇总及分发传递等流程完成前期工作，最后财务机器人发票信息自动生成报销单据，与此同时，相关报销员工应登录企业内部报销平台，选择自己提交的报销信息，并进一步提出报账申请。

2. 费用报销智能审核

在报销单据提交后，财务机器人可以参与到费用报销的智能审核环节。企业财务共享服务中心通常会对报销单据的真实性、准确性进行稽查。稽查时会自动汇总财务共享中心的收支数据库和企业财务系统中的相关数据信息，进行数据一致性核对。核对无误后，报销单据将进入财务部门等待进一步处理。借助大数据技术，财务系统能够自动生成记账凭证，而财务机器人则负责对这些凭证进行审核。在审核之前，技术人员需在费用报销系统中预先嵌入经过讨论和验证的审核规则。财务机器人根据设定的规则和逻辑，对报销标准进行检查，并验证发票的真实性、是否重复以及预算是否符合要求。审核完成后，财务机器人会详细记录审核结果，并及时向相关部门反馈审核信息。

3. 自动付款

审核通过的报销单据将自动生成付款单，财务机器人会根据生成的付款单，依照预设的付款规则自动生成支付指令。这些指令在系统内传送给资金结算部门，核算人员审核确认付款信息无误后，资金结算部门根据信用期限排序，按顺序实时执行付款通知。在没有银企直联的情况下，财务机器人可以根据支付指令自动填写并确认付款信息，并通过网上银行进行支付。

4. 财务处理及报告

在付款操作完成后，报销申请人可通过自己选择的结算方式确认收款，财务机器人则自动生成相应的付款凭证，并完成过账操作。此时，财务机器人进一步生成财务报告并提交给企业管理层审阅，这一步骤标志着整个费用报销流程的完成。

（二）采购到付款

实现从供应商管理、供应商对账，到发票处理及付款整个过程的无缝衔接是采购到付款流程的重点，其中财务机器人适用的子流程如下。

1. 请款单处理

在采购流程完成后，财务机器人开始参与到请款单的处理环节。首先，企业内的采购需求人员完成采购申请，并由业务和采购部门审核签字，随后由经理进行二次审核。经过采购预算和供应商选择后，最终制定采购预算表。此时，经理需要对预算表进行偏差审核，若存在偏差，相关人员需进行进一步讨论并修正。采购部门在得到批准后，与供应商签订合同并生成采购订单。

在收货完成后，采购部门根据合同和订单信息生成请款单。此时，财务机器人对请款单信息进行扫描和识别，并自动与系统中的入库单、发票和订单信息进行核对，确保各项信息的一致性。核对完成后，财务机器人将付款信息录入 ERP 系统，并自动生成付款凭证，完成付款记账准备工作。

2．采购付款

财务机器人在采购付款环节中，通过自动化技术实现了 7×24 小时不间断的付款处理。企业的应付款数量庞大，人工处理常常耗时长，且容易错过信用期的关键时间点，而财务机器人能够根据付款的优先级，按照信用期限先后顺序自动提交付款申请。在此过程中，财务机器人会自动核查付款单中的付款户名、金额、账号等信息，确保其与发票和凭证中的信息一致。核查无误后，财务机器人将付款指令提交到网上银行或其他付款系统，并自动执行资金支付操作。

3．供应商对账

在供应商对账环节，财务机器人通过自动化技术高效管理与供应商的对账过程。技术人员在系统中预先设定对账的触发时间，财务机器人按照此时间节点自动启动对账程序。采购管理系统中的供应商信息，如企业代码、采购数据等，均由财务机器人通过数据爬虫技术自动采集并整理。当产品入库后，财务机器人会提醒供应商进行对账。

供应商收到对账请求后，将相关采购信息反馈给企业，财务机器人会自动启动对账外挂程序，逐一核对系统中的退货明细、订单、入库单等数据与供应商提供的对账明细（如供货产品、金融数据、单价、数量、规格等）。如果发现差异，系统会自动弹出不匹配项，并及时通知业务部门与供应商进行自查和修正。待数据完全一致后，财务机器人结束对账工作，并提示供应商开具正式发票。

（三）总账到报表

总账到报表流程中关账、标准记账分录处理、关联交易处理、单体报表及合并报表的出具等工作可借助财务机器人完成，具体流程如下。

1．关账

关账是每月财务处理的关键步骤，财务机器人可以在期末自动完成关账工作。在关账之前，财务机器人首先对企业的各类账目进行检查，包括存货确认、应付款项对账、应收账款对账、销售收入确认、银行对账以及现金盘点等各项内容。在此过程中，财务机器人依托自动化检查请求，对发现的异常情况进行记录并交由人工进一步核实。当所有账目核查无误后，财务机器人会将详细账目的数据自动转入总账。财务机器人还会执行一系列数据一致性核验，包括试算平衡表与总账、明细账的核对，确保数据的一致性。若有差异，财务机器人会即时反馈给相关人员进行人工查验。关账工作在所有关键科目的数据核查完毕且无预警项的情况下顺利结束，确保账期准确关闭。

2．标准记账分录处理

财务机器人能够定期自动处理标准记账分录，并执行账务的结转操作。通过这一自动化功能，机器人能够确保财务分录的定期记录和结转的准确性和及时性，从而减少人工操作的负担，同时降低手工录入错误的风险。此功能自动化执行了原本需要耗费大量时间的定期处理工作，可以帮助财务人员将精力集中于更复杂的业务上。

3．关联交易处理

关联交易是集团企业中子公司之间的常见交易，手动处理关联交易容易出现数据遗漏或计算失误。财务机器人通过自动收集和处理子公司之间的交易信息，确保关联交易的处理能够精准高效地完成。财务机器人不仅可以根据设定规则自动生成关联交易分录，还能确保关联交易数据与其他财务信息的一致性。

4．单体报表出具

财务机器人会根据既定的模板，自动处理数据的合并和抵消操作，并通过系统进行数据的导出和处理。此外，财务机器人还可以自动发送数据催收邮件，确保报表生成所需的相关数据按时收集到位。最终，机器人能够高效生成标准化的单体报表，减少财务人员手动编制报表的工作量，并确保报表的一致性和合规性。

5. 合并报表出具

在合并报表的出具环节，财务机器人能够发挥关键作用。首先，财务机器人自动导出汇率数据和当月的境内外合并数据，并依据既定规则完成期末余额的计算。其次，机器人将自动催收子公司报送的数据，并按照抵销规则生成合并抵销分录。最后，财务机器人将所有数据汇总并生成当月的合并报表。

（四）税务管理

1. 纳税申报准备

在期末，财务机器人自动登录企业的财务系统，按照税务主体批量导出税务申报所需的基础数据，避免了人工在数据导出中的延迟和错误。

2. 税务数据获取与维护

财务机器人根据事先维护好的企业基础信息，自动生成纳税申报表的底稿。通过对企业的基本税务信息进行自动化管理，财务机器人能够确保申报表中的信息准确无误，并减少人为数据维护的错误。

3. 涉税数据核对与校验

在核对税务数据环节，财务机器人依照设定好的规则，自动识别并调整税务差异项。通过预置的校验公式，财务机器人能够对报表数据进行自动化校验，确保数据的准确性和一致性。

4. 纳税申报

财务机器人根据事先设定的逻辑，从工作底稿中自动生成纳税申报表。财务机器人还可以通过与税务局端系统的接口，自动将生成的申报表填写至税务局的在线系统中。

5. 涉税账务处理与提醒

在纳税和缴税完成后，财务机器人能够自动生成税务分录，并处理递延所得税、资产或负债的计算。财务机器人会自动将这些信息录入系统，并完成账务处理。在处理完成后，财务机器人还会通过邮件提醒相关责任人，以确保税务处理过程透明，责任清晰。

6．增值税发票开具

基于企业待开票的相关信息，财务机器人可以操作专用的开票软件，自动开具增值税普通发票和增值税专用发票。通过机器人操作，发票的开具过程变得更加高效，减少了人工操作中的误差，并提高了开票效率。

7．发票验真

在发票验真环节，财务机器人通过票面信息的自动校验功能，可以快速确认发票的真伪。此外，财务机器人能够将增值税发票提交至国家税务总局的查验平台进行进一步验证和认证，记录反馈的结果。

四、财务机器人的应用策略

（一）加强日常维护

财务机器人依赖于精确的指令和规则来执行自动化的核算编码和分录编制工作，加强对财务机器人的日常维护不仅能够防止其发生突发故障，还能提高其数据录入的准确性，持续降低人力成本。为了保障财务机器人的持续稳定运行，企业必须从技术、人员、流程三个方面对其进行全面的维护。

1．技术维护

技术层面的维护是确保财务机器人长期高效运行的基础。一方面，企业要加强对财务机器人的软件设施维护。确保财务机器人接收到正确的指令时，其数据录入的准确率可以达到100%。然而，如果财务机器人在运行过程中接收到错误的指令，其自动化操作将可能导致严重的后果，甚至影响整个企业的财务数据准确性。因此，定期检查和维护软件设施，以确保所有指令的正确性和及时调整，能够有效避免这种情况发生。另一方面，企业要加强对财务机器人的硬件设施维护。财务机器人长期不间断的工作也可能加速硬件的老化，进而影响软件的正常运行。因此，为了保障财务机器人的长期稳定运行，企业需要制订硬件维护计划，及时检测和更换计算机硬件，确保财务机器人的可持续运行。

2. 人员维护

为了有效执行维护工作，企业需要组建跨部门的维护团队。信息技术部门负责技术方面的日常维护，如系统监控、故障排查和软件更新，确保财务机器人系统的技术基础稳定。财务部门则负责业务流程的优化和反馈，确保财务机器人的运作符合企业的财务需求。财务部门与信息技术部门需要保持定期沟通，确保业务需求与技术解决方案的同步。通过这一协作，企业能够快速解决日常运行中出现的技术问题，并及时调整财务机器人的操作规则，以适应业务变化。

3. 流程维护

为了确保维护工作有序进行，企业要建立并完善"软件工具维护日志"，记录每一次维护操作的详细信息，包括问题描述、调整措施和修复结果。日志记录能够为财务机器人未来的维护工作提供参考，帮助企业追踪问题的历史，并分析潜在的风险趋势。

（二）收集运营阶段的反馈

随着大数据、人工智能和移动互联等技术的不断进步，财务机器人也必须不断调整和改进，以适应新的业务需求和技术发展。因此，企业需要建立反馈机制，及时对机器人进行优化和改进，以提升其运营效率和适应性。

1. 业务人员的反馈

业务人员是直接使用财务机器人的群体，其对业务流程和战略目标的变动有最直接的感受。随着企业战略的调整或业务扩展，相关流程也会随之变化，财务机器人必须相应调整以满足新需求。业务人员需要关注这些变化对财务处理流程的影响（特别是当法律法规发生变化时）。通过详细记录这些变化的具体情况，业务人员能够为财务机器人的调整提供重要依据，确保其在不同的运营环境中仍能高效运行。

2. 信息技术人员的反馈

信息技术人员在维护和监控财务机器人系统的正常运行中扮演着重要角色。他们需要及时向企业相关部门报告软件工具的局限性，特别是当财务机器人的系统功能无法满足实际业务需求时，信息技术人员应及时反馈并要求相关部门进行调整和优化。通过不断监测和反馈软件工具的使用情况，信息技术人员可以从技术角度发现并解决潜在问题，确保财务机器人在日常运营中保持高效、稳定地运行，避免系统局限性带来的运营障碍。

3. 管理层的反馈

企业管理者在反馈机制中起到关键的组织和决策作用。管理层应带头建立并完善问题反馈机制，确保所有运营阶段中发现的问题能够及时得到解决。通过设立"运营阶段问题日志"，管理层可以系统地记录来自业务人员和信息技术人员的反馈意见。所有反馈问题在经过项目负责人的初步复核后，由管理层组织讨论，评估问题的严重性和紧急性，并作出决策，确保财务机器人的持续改进和优化。

（三）根据反馈调整财务机器人配置

企业内传统的业务流程在财务机器人的顺利运行下可以实现以机器人流程自动化技术为基础的业务流程方向转型升级，为了使其更加符合企业实际情况及更具智能化，应树立对财务机器人持续改进的意识，在完善"运营阶段问题日志"的基础上，不断调整财务机器人的相关配置，实现业务流程的优化升级；信息技术层面的问题则可通过调整集成、系统及数据等架构来实现；业务层面的问题优化可借助调整业务架构的方式来实现。

第二节　OCR 技术

一、OCR 技术概述

（一）OCR 技术的概念

OCR（Optical Character Recognition，光学字符识别）技术是一种通过扫描设备或图像处理技术，自动识别印刷体、手写体或其他文本图像中的字符，并将其转换为机器可读文本的技术。OCR 技术能够快速识别和处理各种格式的文档，如纸质发票、手写表单、PDF 文件等，并将这些文档内容数字化，方便后续的存储、编辑和管理。

（二）OCR 技术的基本原理

OCR 技术的核心原理是通过图像处理、模式识别和人工智能等技术，将图像中的文字信息提取出来。其基本流程可分为以下几个步骤。

1. 图像获取

图像获取是指使用扫描仪、摄像设备或其他数字化工具获取文档的图像。这些图像可以是印刷文本、手写文本或混合内容。

2. 图像预处理

在图像识别之前，OCR 系统需要对获取的图像进行预处理，主要包括去除噪声、调整对比度、倾斜矫正等步骤，以便提高识别的准确性。常见的图像预处理技术包括二值化、去噪和边缘检测。

3. 字符分割

预处理后的图像需要进行字符分割，即将文档中的字符逐个分离。字符分割有助于 OCR 系统准确地识别每个字符，避免字符间的重叠或模糊。

4. 特征提取与匹配

经过字符分割后的图像，通过模式识别技术提取字符的形状、线条、轮廓等特征。系统将这些特征与已有的字符库进行匹配，识别出对应的字符。

5. 后处理

完成字符识别后，OCR 系统还需要进行后处理，包括纠正识别错误、语法和语言的校对等，以确保生成的文本准确无误。

OCR 技术通过这一系列的流程，将纸质文档或图像文件转化为可以被编辑和检索的数字化文本，使得传统的手工录入流程得以自动化，极大提升了工作效率。

（三）OCR技术的发展历程

OCR技术的发展经历了数十年的演变，从最初的简单字符识别到如今的智能化、实时化处理，经历了几个重要的发展阶段。

1. 早期阶段（20世纪50年代至70年代）

OCR技术的起源可以追溯到20世纪50年代。在这一时期，OCR技术的研究集中于识别印刷字体，最初的OCR技术被应用于为盲人设计的阅读设备，能够将书面文本转换为语音输出或盲文显示。20世纪70年代，OCR技术开始商业化应用，主要用于银行、邮政等特定行业。早期的OCR技术大多只能识别特定的字体（如等宽字体），且识别的准确性和适用性较为有限。

2. 技术突破阶段（20世纪80年代至90年代）

随着计算机技术的进步，OCR技术进入了一个快速发展的时期。通过将模式识别与计算机视觉结合，OCR技术开始具备更强的识别能力。20世纪80年代，OCR技术实现了对多种字体的识别，并能够处理更多的文档类型。商业化OCR软件开始进入市场。20世纪90年代，OCR技术迎来了重要的进展，能够识别手写字符和多语言文本。此时，OCR技术逐渐应用于企业中，以提高数据输入的自动化程度。这一阶段，OCR技术逐渐被应用于企业、政府等组织，因其提升了文档处理的效率，而被广泛应用于金融、出版、法律等领域。

3. 智能化发展阶段（21世纪初）

进入21世纪，随着人工智能和大数据技术的快速发展，OCR技术迈入了智能化阶段。传统的模式匹配方法逐渐被机器学习和神经网络所取代，使OCR技术具备更强的自学习能力和识别准确性。OCR技术开始引入基于统计和机器学习的识别算法，使其能够适应不同的字符集和字体，处理非标准化文档。深度学习和卷积神经网络的发展进一步推动了OCR的精确度和多样性。这使得OCR技术不仅限于印刷文本的识别，还可以识别多种语言、多种格式的文本，广泛应用于企业文档处理、法律文书、财务管理、医疗档案等场景。目前，OCR技术能够自动识别文档类型并根据内容生成结构化数据，结合自然语言处理技术，还可以进一步理解文本的上下文含义，进行语义分析。随着计算能力的提升，OCR技术已经能够在实时场景下处理大量文档和图像，实现实时识别和反馈，比如手机摄像头扫描文本、物流快递的实时追踪等。

二、OCR技术在财务管理中的应用

OCR技术在企业财务管理中广泛应用，通过自动化识别和处理各类文档，大幅提高了数据录入的效率和准确性。以下是OCR技术在企业财务管理中的具体应用场景。

（一）发票自动化处理

发票的处理在企业财务管理中占据了重要地位，尤其是在企业日常业务中处理大量发票时，手动录入数据不仅效率低，而且容易出错。一方面，OCR技术通过自动识别发票上的关键字段，如发票号码、日期、金额、税率等，可以将这些数据快速、准确地提取并录入到财务系统中；另一方面，OCR技术还可以将处理过的发票数字化存档，便于企业后续的检索与审计。

（二）报销单据识别与录入

在企业财务管理中，处理报销单据通常需要手动录入员工提交的发票、收据等票据，这一过程费时且易出错。OCR技术能够自动识别各种报销单据中的信息，并将这些数据直接录入企业的报销系统，有以下优点。

1. 简化流程

OCR技术可以自动读取报销单上的项目、金额、发票号码等信息，将数据精确录入到相应的系统字段中。

2. 自动验证

OCR技术还能够自动检查报销金额和项目是否符合企业的报销政策，降低不合规报销的可能性。

3．支持多种格式

OCR 技术可以处理纸质票据、电子收据等多种格式的单据，降低了票据类型带来的复杂性。

（三）银行对账单的自动化录入

银行对账是企业财务管理中的一个重要环节，尤其是在处理大量账户的银行对账单时，手工录入数据容易出现差错且耗时。OCR 技术能够快速扫描对账单中的内容，自动提取相关的账户信息、交易记录等，并将这些数据自动导入到财务系统中，具有以下优点。

1．快速对账

OCR 技术能够自动提取对账单中的每笔交易，自动与企业内部的财务记录进行核对，大幅缩短对账时间。

2．减少人工干预

通过自动化录入和核对，减少了人工在大量交易数据中的手动操作，降低了出现错误的概率。

3．实时监控

OCR 技术还能结合银行实时数据，帮助企业实时监控账户动态，及时发现异常交易。

（四）合同及财务文件的数字化

企业在财务管理中需要处理大量的合同、发票、收据、审计报告等纸质文件，手动管理这些文件既费时又容易导致重要信息丢失。OCR 技术通过将这些文件数字化，实现文件信息的快速提取和分类管理。

1．提取关键信息

OCR 能够从财务合同、审计报告等文档中提取出关键信息，如合同金额、签署日期、条款等，方便后续的管理和审计。

2．优化文档管理

通过 OCR 技术，企业可以轻松存储和检索历史财务文件，提升文档管理的效率和准确性。

3．识别财务风险

OCR 技术可以自动审查合同中的条款或财务信息，帮助企业识别潜在的财务风险，确保合规操作。

（五）资产管理与固定资产盘点

OCR 技术可以帮助企业进行资产管理，尤其是在固定资产的盘点和追踪过程中，OCR 技术可以自动化地识别资产标签和条码，并将这些信息与财务系统中记录的资产数据进行核对。

1．自动识别资产标签

通过 OCR 技术扫描固定资产上的标签，快速提取出设备编号、购入日期、价值等关键信息，自动录入资产管理系统。

2．高效盘点

OCR 技术可以帮助企业快速核对资产账目，减少手动盘点的错误和时间消耗。通过与资产数据库的对比，企业可以实时跟踪固定资产的变动，确保资产管理的准确性。

3．资产报告生成

OCR 技术能够自动生成资产报表，帮助企业进行资产分析和管理，尤其在年度审计和财务报告过程中能够显著提高效率。

（六）审计与合规管理

OCR 技术在财务审计和合规管理方面的应用，也为企业的财务流程带来了显著提升。通过自动化处理和数字化归档，OCR 技术能够帮助企业快速整理和分析大量财务文件，确保合规性。

1．提升审计效率

OCR 技术可以将纸质审计报告、银行对账单、合同等资料快速转换为电子格式，便于审计人员查阅和分析，提升审计工作效率。

2．规避潜在风险

OCR 技术自动识别和提取文档中的关键条款和信息，帮助企业快速审查合同、发票等文件是否符合法律法规要求，并且能够及时发现潜在的合规风险。

3.方便审计监管

OCR 技术可以帮助企业实现长期的财务文档存档，通过数字化管理系统，财务文档可以快速检索和调阅，大大方便了审计追溯和监管要求。

（七）多语言文档处理

随着全球化业务的扩展，企业需要处理多语言财务文档。OCR 技术能够自动识别多种语言的文本，并将其转换为财务系统所需的格式。

1.多语言发票处理

OCR 技术能够识别并提取来自不同国家和地区的发票信息，支持多语言文本的自动化处理和翻译，简化跨国公司处理国际业务中的财务记录工作。

2.全球业务统一管理

OCR 技术通过统一的多语言支持，能够帮助企业实现全球财务流程的标准化和自动化管理，减少因语言差异带来的沟通障碍。

（八）实时财务监控与报告

OCR 技术能够帮助企业进行实时的财务数据监控，实时掌握财务状况，并自动生成报告。这一功能对于大规模企业和金融机构尤为重要。

1.实时数据提取

通过 OCR 技术自动提取最新的财务数据（如银行对账单、收入报告等），系统能够实现实时更新财务信息，并根据最新数据生成报告。

2.自动报告生成

OCR 技术可以自动生成财务报表，减少手动报告编制的时间和工作量，确保管理层能够及时获取最新的财务信息，从而能够支持决策制定。

（九）审计与税务申报自动化

OCR 技术可以自动化处理大量的税务表单和申报材料，简化企业的税务合规操作。

1．税务表单识别

OCR 技术可以快速扫描和处理各类税务表单，自动提取关键信息并录入到税务系统中，减少手工输入的错误，提高企业税务申报的准确性和效率。

2．审计资料归档

OCR 技术通过将纸质审计资料转化为电子档案，简化了审计资料的存储与检索过程，有助于提升企业财务合规性与透明度。

三、OCR 技术的应用策略

为了最大化发挥 OCR 技术在财务管理中的作用，企业需要从技术、业务、管理多个层面制定全面的应用策略。

（一）选择合适的 OCR 系统

不同的 OCR 系统具有不同的功能和优势，有的 OCR 系统擅长识别复杂的表单结构，有的则适合多语言环境。企业在实施 OCR 技术时应根据自身业务需求选择合适的系统，具体要考虑以下两点。

1．技术适配性

在选择 OCR 系统时，企业需评估其技术适配性，确保 OCR 系统能够处理企业面临的多种文档类型和格式。

2．集成能力

企业需要确保 OCR 系统能够与现有的财务管理软件、ERP 系统或其他业务系统进行无缝集成。系统的兼容性和集成能力将直接影响 OCR 技术应用的效率和可扩展性。

（二）业务流程的优化与自动化

OCR 技术在财务管理中的有效应用需要对现有的业务流程进行优化和自动化设计。企业在实施 OCR 技术时，必须首先评估哪些财务流程适合自动化处理，并明确需要改进的环节。具体可以从以下两点入手。

1．高效益应用场景

企业应优先应用 OCR 技术于高频次、重复性高的流程中，如发票的批量处理、对账单的自动化录入等。这些流程的自动化能够显著减少人工操作的时间和错误。

2．设计自动化工作流

通过将 OCR 技术与企业的 ERP 系统和财务管理系统集成，设计自动化的工作流，确保 OCR 技术识别到的关键数据能够无缝输入到企业系统中，完成后续的账务处理或报表生成工作。

（三）建立数据校验与质量控制机制

OCR 技术虽然能够大大提高数据录入的效率，但依然存在识别错误的可能性（特别是在处理手写文档或低质量扫描件时）。因此，企业需要建立数据校验和质量控制机制，确保 OCR 识别后的数据准确无误。

1．建立自动校验机制

企业应通过设定自动校验规则，确保 OCR 技术识别到的数据能够与原始记录进行比对。例如，发票金额、日期、供应商信息等数据可以自动与合同或采购订单进行核对，及时发现并纠正错误。

2．进行人工干预与复核

在关键财务流程中，企业应设置人工复核机制。对于 OCR 技术标记为不确定或异常的数据，财务人员可以介入进行检查和修正，确保最终录入系统的数据准确无误。

（四）持续的技术优化与员工培训

OCR 技术本身具有很大的扩展和优化空间，企业应定期对系统进行升级和优化，以提升识别精度和处理速度。同时，随着 OCR 技术的深入应用，企业应对相关员工进行持续的培训，使其能够更好地使用 OCR 技术，并对识别过程中出现的问题进行处理。

1．技术升级与优化

OCR 技术发展迅速，企业应与技术提供商保持紧密合作，定期升级

OCR 技术，以确保其能够适应不断变化的业务需求。最新的 OCR 技术版本往往具备更好的识别精度，特别是在处理手写文本和复杂表单时。

2. 员工技能提升

为了确保 OCR 技术平台的高效运行，企业应定期为员工提供培训，使其熟悉 OCR 的操作流程、常见问题的处理方法，并掌握优化系统配置的方法和工作流程。

（五）数据安全与合规管理

OCR 技术在处理财务文件和敏感信息时，数据的安全性和合规性尤为重要。企业在实施 OCR 技术时，必须确保数据处理符合相关的法律法规，并采取措施防止数据泄露。

1. 强化数据加密与隐私保护

OCR 技术在处理财务文档时，涉及企业的财务数据和机密信息，因此应确保数据传输和存储过程中的加密措施，防止未经授权的访问。

2. 加强合规性审查

企业应确保 OCR 技术和数据处理流程符合当地法律法规的要求，尤其是在跨国公司中，不同地区可能有不同的数据保护和财务合规要求。

（六）反馈与持续改进机制

OCR 技术的应用效果需要通过实际操作反馈不断改进和优化。企业应建立反馈机制，定期评估 OCR 技术的应用效果，并根据反馈对流程、系统配置进行调整。

1. 性能监控与反馈收集

通过监控 OCR 技术在财务流程中的表现，企业可以发现识别错误、流程瓶颈等问题。通过定期收集用户反馈，企业可以及时发现系统中的不足之处，进行修正和优化。

2. 持续优化

企业应根据反馈结果不断优化 OCR 系统的配置和工作流程。通过调整平台参数、优化识别规则或更新 OCR 版本，企业可以持续提升 OCR 技术的应用效果。

第三节　电子影像及电子档案

一、电子影像系统

（一）电子影像系统的概念与作用

电子影像系统是一种将纸质凭证、合同、报销单据等实物文档，通过扫描或拍摄等方式转换为电子格式存储和管理的系统。它将财务工作中涉及的各类凭证、合同、报表等文件数字化，形成可检索、可存档的电子影像档案，实现实物单据的数字化管理和实时处理。具体来说，电子影像系统具有以下作用。

1. 文件数字化管理

电子影像系统将企业日常运营中的纸质凭证、报销单据、合同等，通过影像技术转换为电子文件，减少了传统纸质文件的管理和存储负担。

2. 凭证与合同的电子化存档

电子影像系统能够将各类凭证、合同等档案进行电子化存档，方便日后随时检索和查阅，提升了档案管理的效率，并确保数据的长期安全性和完整性。

3. 数据快速检索与共享

通过电子影像系统，用户可以根据关键词、日期、编号等信息快速检索相关的电子档案。系统支持跨部门的数据共享，提升了信息传递的效率。

4. 自动化处理与流程优化

电子影像系统与企业的财务核算、预算管理、结算等系统相结合，能够实现自动化的凭证录入、审核和归档等操作，优化财务工作流程，减少手动输入的工作量和出错风险。

5．实时追踪与审计支持

电子影像系统为审计、合规管理提供实时追踪功能，自动生成审计记录和日志，帮助企业快速追溯财务凭证、核对历史数据，并简化审计流程。

（二）电子影像系统的功能模块

电子影像系统一般包括四个主要功能模块：影像采集模块、影像传输模块、影像处理模块和影像查询模块，如图4-2所示。

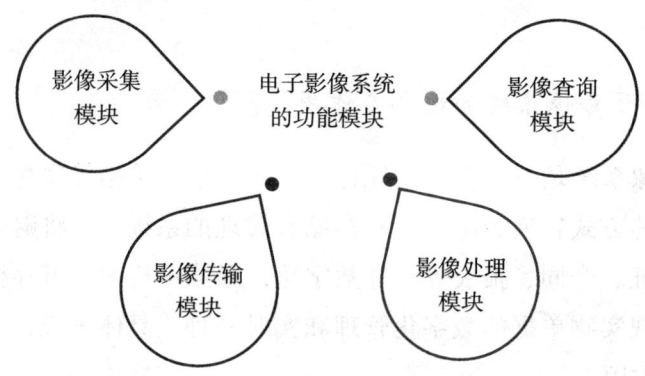

图4-2　电子影像系统的功能模块

1．影像采集模块

影像采集功能模块是电子影像系统的核心部分，它负责将纸质文档、凭证等通过扫描设备转换为电子影像，并为后续的图像处理、存储和业务应用奠定基础。影像采集模块具有以下功能。

（1）影像扫描

影像扫描是影像采集的第一步，主要通过扫描设备和影像系统的集成，实现纸质文件的数字化转换。在扫描过程中，系统能够对影像进行二次优化处理，确保图像清晰度和压缩比的平衡。具体而言，影像扫描可以采用定制或通用模式，适应不同型号的扫描仪。对于同一型号的扫描仪，定制的扫描程序能够更好地集成并优化扫描流程，而通用模式则为设备多样性提供了更高的兼容性。

（2）条码识别

条码识别是确保每个影像文件具备唯一标识的关键环节。电子影像系统按照预先设定的国际通用条形码规则生成唯一的条码，用于标识影像文件。这一条码不仅用于区分每一份票据，还能将影像文件与其他外部业务系统（如财务报销系统）进行关联，从而实现数据的自动化管理和共享。通过条码的定位，系统能够高效、准确地处理各类凭证影像，并为后续的查询与数据处理提供索引。

（3）条码分组

在文档扫描过程中，系统会自动识别文档中的条形码，并将每个条形码及其关联的图像作为一个独立的凭证组进行管理。当新条形码被识别时，系统自动生成新的票据组，确保不同票据的有效区分。自动分组功能大幅提升了文档处理的效率。对于无法自动分组的情况，操作人员可以通过系统提供的编辑功能进行手动调整，包括合并、拆分和删除分组等操作，确保影像分类的准确性。

（4）智能图像处理

智能图像处理能够优化图像质量并进行各类智能操作。操作员可以通过系统实现图像的旋转、纠偏、去除黑边、自动方向校正和影像压缩等功能，保证采集到的影像在质量上的一致性和清晰度。此外，系统集成了智能 OCR 技术和版面分析功能，能够自动识别增值税发票等复杂文档的关键要素信息。这一功能不仅提升了图像的处理效率，还减少了人工输入的错误，为企业的数据利用和业务处理提供了高效支持。

2. 影像传输模块

影像传输模块是电子影像系统的重要组成部分，它负责将采集到的影像文件从扫描端传输到服务器，同时确保数据传输的安全性和完整性。

（1）影像上传

影像上传功能是影像传输模块的核心功能，提供即时上传和定时上传两种模式，满足不同的业务需求和网络条件。

即时上传是指在影像文件完成分组后，数据立即被自动上传到服务器。这种方式能够实现实时传输，保证影像数据快速存储和处理，适合对时效性要求较高的业务流程。定时上传则允许用户预先设定上传的时间和文件数量，从而避开网络高峰期进行数据传输，确保网络资源得到更合理的分配。此模式对网络的负载平衡尤为有利，特别是在大批量文件上传时，可以避免影响其他网络应用的正常运行。

影像文件的大小对上传效率具有显著影响。系统通过高效的图像压缩技术，能够将 A4 纸张的文件压缩到 50kb 以下，从而提高上传速度，优化用户的图像浏览体验。在文件上传完毕后，服务器会自动进行数据的完整性校验，确保上传文件没有丢失或损坏。

（2）影像安全

在影像传输过程中，数据的安全性是企业高度关注的内容。影像安全功能确保影像数据在传输中的保密性和安全性。

在扫描端提交影像文件后，系统会自动读取已配置的扫描点信息，连接到指定的服务器站点，整个过程无须人工干预。这种自动化的操作方式，不仅提高了传输效率，还减少了人为操作可能带来的错误。此外，为了保障传输过程中的数据安全，影像文件在传输时采用加密技术，防止在网络传输过程中受到外部攻击或数据泄露。加密传输不仅保护了影像文件的内容完整性，还提高了企业影像数据的整体安全性，特别是在处理涉及敏感财务凭证或合同文件时尤为重要。

3. 影像处理模块

影像处理模块是电子影像系统中一个关键的业务支持模块，它不仅提升了系统的实用性和智能化水平，还为业务流程提供了更多的增值服务。通过影像审核和影像退回及修正功能，影像处理模块确保了影像数据的准确性和业务流程的顺畅进行，使得电子影像系统从一个简单的采集和传输平台转变为核心的业务系统。

（1）影像审核

影像审核用于验证影像数据的准确性和完整性。系统提供了两种审核模式：影像流程内审核和影像调阅审核。

①影像流程内审核。影像系统允许在业务流程内增加影像审核环节，审核人员可根据业务类型决定是否对影像进行审查。例如，某些高风险或

复杂的业务类型可能需要审核人员对影像单据进行仔细检查，以确保其符合业务要求。系统能够灵活地设置不同业务场景下的审核条件，提升审核的精确性。

②影像调阅审核。影像系统通过接口与其他业务系统（如网上报账系统）集成，提供影像调阅功能。审核人员可以直接从相关业务系统中调取影像进行审查，无须切换系统界面，提升了审核效率。如果影像存在问题，审核人员可在调阅页面内进行驳回操作，并限定可以编辑和修改的影像页码范围，确保问题修正的针对性和可控性。

（2）影像退回及修正

影像退回及修正功能旨在解决影像质量问题，使得不符合要求的影像能够被及时修改和替换，确保数据的完整性和准确性。

①影像退回操作。在影像查阅过程中，如果审核人员发现影像存在缺陷或需要修改，可以直接在影像页面上发起退回操作。退回时，审核人员可以对具体问题进行说明，提示扫描员进行必要的影像修正。这样，影像中的问题可以快速反馈至操作端，有效缩短问题识别与解决的时间。

②影像修正操作。扫描员根据审核人员的反馈对影像进行修正，常见的操作包括补扫、重扫或替换影像等。修正后的影像会再次上传到服务器，系统提供二次审阅视图，供审核人员快速查看并确认修正后的影像是否符合要求。这一过程确保了影像质量的持续提升，并能够追溯每次影像修改的历史记录，便于质量控制。

4. 影像查询模块

影像查询模块是电子影像系统的重要组成部分，负责提供影像的检索、调用、数据统计分析和操作日志的查询功能。通过该模块，用户能够高效地管理和查阅存储在系统中的影像数据，并确保所有操作过程的可追溯性。

（1）影像调阅

影像调阅功能使得用户可以方便地查阅和调用系统中存储的影像数据。

影像调阅支持多种检索条件，用户可以根据影像条码索引、注释、扫描日期、扫描区域以及扫描员等信息进行检索。这种灵活的检索机制不仅可以提高查询的准确性，还能够适应不同业务需求的快速调阅。

影像调阅功能通过设置不同的用户角色权限来确保信息安全。不同的用户根据其角色和权限，能够访问与其相关的影像数据，而无法查询非授权的影像文件，从而保证系统的安全性和隐私保护。

（2）考核统计

影像查询模块还提供了强大的考核统计功能，能够对系统中的业务量和处理效率进行统计分析。

①通过对影像扫描业务量的统计，系统可以评估各类单据的扫描数量，并根据此数据进行工作量的考核和分配。这种统计功能可以帮助管理层更好地了解系统的整体工作负荷，合理安排资源。

②系统能够记录并分析影像处理时间、审核时间等关键信息，通过这些统计，管理层可以评估处理效率并进行优化。同时，这种统计信息对考核绩效、业务调整和流程优化提供了有力的数据支撑。

（3）影像日志

影像查询模块通过日志记录功能，实现了对系统所有重要操作的监控和追溯。每一次影像的操作都被记录在系统日志中，形成了完整的操作痕迹。

①系统自动记录所有用户登录、操作行为、影像评价等信息。管理员可以通过日志查询菜单获取用户登录日志、操作日志和系统故障日志等内容。这种可追溯的记录为系统管理提供了强大的安全保障，确保任何异常操作或问题都可以被追踪和纠正。

②影像查询模块还会记录影像评价的相关日志，帮助管理人员了解影像的审核和处理情况，确保影像数据的质量能够持续得到监控和改进。

（三）电子影像系统的实施意义

电子影像系统在企业财务管理数字化发展中发挥着关键作用，通过将传统的纸质单据电子化和实现高效的影像管理，电子影像系统为企业带来了多方面的价值和提升。

1. 实现单据电子化流转

电子影像系统使企业能够将实物报账单据数字化，将报账单与会计凭证进行高效匹配。这种电子化的单据流转方式大大提高了财务处理的效率，消除了人工操作中的不便。通过构建灵活、可扩展的影像系统，企业能够提升财务管理水平，减少纸质单据在各部门间的流转时间，实现财务处理的自动化和标准化。

2．解决异地实物单据传递问题

传统的企业单据管理，特别是异地处理的票据，往往需要经过多次实物流转，如归集、邮寄、接收等，这不仅影响业务处理的时效性，还增加了票据丢失的风险。通过电子影像系统，票据在业务发生地直接扫描，实物单据的传递被电子影像替代，显著提高了单据传递的安全性和时效性。同时，电子影像文件可以通过系统自动推送至各相关处理人员和单位，从而降低邮寄成本，并简化异地票据的处理流程。

3．提高信息传递效率

电子影像系统通过实现全流程的电子化审批，大幅提升了信息的传递速度。各审批环节的责任人无须再查阅实物单据，而是直接通过电子影像系统核对报账信息，显著缩短了审批时间，提升了整体效率。此外，影像文件可以被多个业务处理人员同时调用，支持并行操作，使得信息的传递和处理更加高效。多部门、多人员在同一份影像基础上进行处理的能力，进一步提高了企业的工作效率和响应速度。

4．提高档案管理水平

电子影像系统使得企业的档案管理更加规范和高效。通过该系统，财务人员可以轻松追踪单据的处理状态，并且影像文件可以定期打印、归档，方便管理和后续查阅，这不仅提高了档案管理的效率，还增强了档案管理的规范性和可追溯性。同时，系统的高效归档功能使会计档案资料的管理更加便捷，提升了档案管理的整体水平。

5．提供统一的影像平台

电子影像系统通过统一的接口向外部系统提供影像调阅服务。对于企业而言，单据调阅是经常发生的业务，尤其是在面对内外部审计、税务检查等需求时，电子影像系统大大简化了调阅过程。没有该系统时，原始单据的查阅往往涉及邮寄和实物调档，而影像系统的实施使查阅人员可以通过高效的检索功能，快速找到所需的影像资料。这不仅方便了财务部门，其他业务人员和管理层也能够即时查询相关的业务单据信息，提升了整个企业的信息查询和管理能力。

二、电子档案系统

（一）电子档案系统的概念

电子档案指各类电子形式的会计凭证，包括电子发票、财政电子票据、电子客票、电子行程单、电子海关专用缴款书、银行电子回单等电子会计凭证。电子档案系统应用于档案收集、处理、存储、查询等档案管理活动的数字化、电子化、网络化，它是基于计算机网络数据库技术以及多媒体技术的发展而产生的新型档案管理系统。[①]

（二）电子档案系统的功能

1. 档案收集

档案收集是电子档案系统的核心功能之一，负责接收和整合来自各业务系统、立档单位产生的电子文件及相关元数据，同时对传统载体的纸质档案进行数字化处理。该功能不仅自动获取业务流程中生成的电子档案，还确保这些档案的准确分类与及时归档，支持元数据管理，使档案信息具备可追溯性和有效性。此外，档案收集功能通过数字化技术对重要的历史文件、合同、凭证等传统档案进行扫描和数字化转化，使纸质档案能够在电子环境中得到保存、检索和管理。这一过程要求高度的精确性和规范性，确保数字档案与原始文件的一致性，并为后续的档案管理和查询奠定基础。通过收集功能，企业能够全面实现电子化档案管理，避免档案遗失或信息不对称问题，并为档案的长期保存提供技术支持。同时，系统可灵活处理

---

① 孙美娇,潘成. 财务共享平台模式建设与管理研究[M]. 哈尔滨:哈尔滨工程大学出版社, 2023: 161.

多种格式的电子档案，适应不同业务部门的需求，为整个档案管理流程打下坚实基础。

2．档案归档

档案归档主要用于将企业生成的电子记账凭证与内、外部原始凭证的影像文件进行匹配和管理，最终形成完整的财务档案。通过该功能，纸质档案和电子档案可以有效统一，大幅减少企业对纸质凭证的依赖，避免纸质档案因翻阅、复印、扫描等操作而损坏。

（1）凭证匹配

凭证匹配功能的核心是通过系统将电子会计凭证与纸质实物档案以及电子报账单进行关联，形成完整的财务档案。系统在报账单生成时赋予每一份凭证唯一的单据号，同时对实物档案的票据号和扫描后的索引号进行关联。通过这种自动化的编号匹配机制，电子会计凭证能够与实际的原始单据实现一一对应，确保财务档案的完整性。这个过程减少了人工匹配的错误，提高了档案管理的精确性和可追溯性。

（2）凭证打印

为了提高凭证打印的效率，电子档案系统为用户提供了多种灵活的打印选项。用户可以选择按纸质报账单顺序打印凭证，方便匹配和粘贴；也可以自定义打印顺序，满足个性化需求。此外，系统支持已打印和未打印凭证的管理，防止重复打印，并可关联报账单进行整体打印。这种优化的打印功能提高了凭证处理的效率，减少了重复操作。

（3）凭证分册

电子档案系统通过自动化的分册功能，将会计凭证按编号顺序自动排序，确保凭证号的连续性和完整性。系统根据凭证的数量，自动生成分册档案，同时提供缺号分析功能，自动提示负责的财务人员补充缺失的凭证。纸质档案的手动分册也遵循相同的规则，保证电子与纸质档案的一致性。这种分册管理功能减少了人工操作中的错误，确保档案的完整性。

（4）凭证入柜

在凭证分册完成后，系统会根据企业的存储规则，将分册的凭证合并至相应的凭证盒，并记录其存储位置。凭证入柜的路径、存放柜号和具体位置等信息都会自动记录在系统中，方便档案管理人员和使用者通过系统快速查找和定位原始档案。这种自动化的入柜管理提高了实物档案的管理效率，并确保实物凭证在未来的调阅和归档操作中更易查找。

3. 档案查询借阅

（1）档案查询

档案查询功能提供了强大的信息检索和追溯能力，使用户能够在系统内高效地查找相关的财务档案和记录。用户可以通过系统追溯从明细账到会计凭证、应付票据、报账信息及原始单据等财务信息，这极大地方便了数据查询和业务核对。系统不仅支持查询不同法人主体和账簿的信息，还可以根据档案类别、累计册数和实物存储地点等条件进行分类查询，帮助管理人员全面掌握电子档案的状态。同时，系统能够生成多维度的档案管理报表，为企业提供清晰的档案管理视图，这有助于决策层更好地了解档案管理的整体情况。

（2）档案借阅

档案借阅功能简化了企业内部档案借阅的操作流程。用户可以通过系统发起借阅申请，电子档案借阅成为主流操作，纸质档案借阅则作为辅助选项。系统自动生成借阅审批流程，相关审批人能够在线审核借阅申请，简化了传统纸质审批流程的烦琐步骤。借阅过程包括借阅申请的发起、电子审批、档案归还、借阅催还及续借申请等环节。申请人可根据需要提出续借申请，而系统则会在借阅时间临近时自动发出催还提醒，帮助确保档案的及时归还。这种流程的自动化管理，不仅提升了档案调阅的效率，还强化了借阅管理的规范性和透明度。

4. 档案管理

档案管理涵盖了对电子及纸质档案的入库、出库、归还和盘点等操作。该功能通过精确定位每一份纸质档案的库存状态和具体存放位置，使档案管理人员和使用者能够方便地调阅和查找所需档案。系统支持条码技术的应用，对纸质档案的出入库和流通过程进行监控，确保档案的实际物理状态与电子系统中的记录保持一致。这种精确的库房管理大幅提升了档案管理的效率和准确性，有效避免了档案丢失、错位等问题。同时，系统还可以记录档案的出入库时间、责任人等信息，形成完整的档案流转记录，进一步保障档案的安全性和可追溯性。通过这一功能，企业不仅能够更加高效地管理实物档案，还能够实现电子档案与纸质档案的统一管理，提升整体档案管理水平和资源利用率。

第四节　数据可视化技术

一、数据可视化技术概述

（一）数据可视化的概念

数据可视化技术是将复杂的数据信息通过图表、图形、地图等视觉形式呈现的一种技术手段。它通过将抽象的、庞大的数据转化为直观易懂的视觉形式，帮助用户更快、更清晰地理解和分析数据，支持决策过程。数据可视化不仅包含简单的图表展示，还包括动态、交互式的可视化工具，能够实时显示数据变化情况。

（二）数据可视化的核心技术

1. 数据图形化处理技术

数据图形化处理技术是数据可视化的基础，它将原始的数据信息转化为易于理解的视觉形式，如图表、图形、地图等。其主要功能在于将复杂的数字和文字数据通过视觉手段进行有效的呈现和简化，使数据的趋势、关系和异常更为直观。数据图形化处理涉及以下几个关键技术。

（1）图形化编码

数据图形化处理通过颜色、形状、线条、位置等视觉元素来编码数据。例如，使用不同颜色区分数据类别，使用线条展示时间趋势，或者用气泡大小代表数值量级。这些图形化编码能够让数据的关键属性和趋势更加明显。

（2）图像处理与渲染

数据图形化处理技术还包括高效的图像渲染和优化技术，该技术能够确保复杂数据集能够快速转换为图形并呈现给用户。在大数据处理的场景下，渲染技术必须具备处理大规模数据的能力，同时保持图表的清晰度和可读性。

2．数据分析与呈现工具

数据分析与呈现工具是数据可视化技术的重要支撑，主要用于对数据进行深度分析并将分析结果以可视化形式展示。这些工具使用户能够快速发现数据中的规律和趋势，从而作出更明智的决策。以下是一些常见的数据分析与呈现工具。

（1）Power BI

Power BI 是一款常用的商业智能工具，专门用于数据的收集、分析和可视化。它提供了多种内置的图表类型、仪表盘，并支持与多种数据源（如 SQL 数据库、Excel、云端平台）集成，能够生成动态、交互式的可视化报告。Power BI 还支持高级数据分析功能，如数据建模和预测分析。

（2）Tableau

Tableau 是另一个强大的数据可视化工具，因其简便的操作和丰富的可视化选项而受到广泛欢迎。Tableau 支持用户从各种数据源获取数据，并通过拖拽的方式轻松生成复杂的可视化图表。其交互式仪表盘和强大的数据处理能力让用户能够实时分析数据变化。

（3）Excel 与 Python

Excel 是传统的数据分析工具，虽然功能较为基础，但仍然是许多企业进行简单数据可视化的首选工具。Python 则是更为高级的数据分析工具，常用的数据科学库使用户能够对数据进行深度分析和高度自定义的可视化展示。

3．可视化的交互技术

可视化的交互技术是现代数据可视化技术中的重要部分，它让用户能够通过与图表进行交互来更深入地探索数据和获取信息。这种技术通过用户的操作，如点击、缩放、拖拽，动态改变图表显示的内容和视角，以满足更复杂的分析需求。

（1）动态可视化

交互技术允许用户实时查看数据变化。通过交互式的动态图表，用户可以根据数据的不同维度查看不同的分析结果。例如，点击某个年份可以查看该年的财务数据，或通过拖拽时间轴查看一段时间内的趋势变化。这种动态展现方式有助于用户更灵活地分析数据变化。

（2）过滤与钻取

通过交互技术，用户可以对大规模数据进行过滤，查看特定数据集的细节。例如，用户可以通过选择不同的数据维度、类别或区域，实时更新图表内容，过滤掉不相关的数据。钻取功能允许用户从总体数据中深入到子集，查看更具体的信息。比如，从公司整体销售数据钻取到具体的产品销售情况。

（3）实时数据更新

一些高级的交互式可视化工具支持实时数据流的更新。用户可以在图表中实时看到数据的变化，并据此调整分析策略。例如，财务部门可以通过动态仪表盘实时监控企业的现金流、库存水平等关键信息，迅速响应业务需求。

二、数据可视化技术在财务管理中的应用

数据可视化技术在企业财务管理中具有广泛的应用，通过直观的图表展示，财务数据能够被快速理解和分析。

（一）财务报表的可视化展示

财务报表传统上以文字和数字表格形式呈现，较为枯燥且不易快速发现趋势和异常。数据可视化技术将财务报表转化为动态、图形化的可视化展示，使其更易于理解和分析。

1. 动态图表展示

动态图表通过折线图、柱状图等形式，可以动态展示企业的收入、支

出、利润等关键财务指标。用户能够在图表中清楚地看到财务数据的时间趋势，识别收入增长、成本变化及利润率的变化情况。

2．财务健康一览表

企业可以使用仪表盘或雷达图等展示企业关键财务健康指标（如盈利能力、资产负债比例等），为管理层提供直观的财务健康状况一览。同时，企业可以设置关键财务目标的可视化追踪，实时监测目标达成情况。

3．对比分析

通过数据可视化，财务报表中的不同类别或时间段的指标可以轻松实现对比。例如，使用并排柱状图或饼图对比不同业务部门的收入贡献，或者使用堆叠图比较不同季度的成本结构变化。

（二）预算与成本分析的可视化

预算与成本控制是企业财务管理中的重要环节，数据可视化技术在预算执行的跟踪与成本结构分析中具有极大优势。

1．预算执行情况跟踪

通过数据可视化，企业可以实时展示预算的执行情况。例如，可以通过使用进度条或环形图来显示实际支出与预算之间的差距，帮助管理层监控预算执行的合规性和效率。管理者可以一眼看出哪些部门超支或哪些项目未按预算推进，从而作出及时调整。

2．成本结构分析

通过饼图、堆积图等图形，企业能够清晰地看到成本的构成与分布。比如，某个项目或部门的材料成本、人工成本和其他费用可以分别用不同颜色呈现在同一图表中，便于识别成本占比最大或增长最快的部分，帮助企业优化成本控制。

3．敏感性分析

在预算制定和调整过程中，数据可视化可以辅助进行敏感性分析，使用动态模拟工具展现不同假设条件下成本的变化情况。例如，通过滑块调整原材料价格的波动范围，实时查看对项目总成本的影响。

（三）现金流与资产负债情况的可视化

现金流与资产负债表能够反映企业财务状况，数据可视化技术可以使这些关键财务信息变得更直观，帮助企业管理层更快作出决策。

1．现金流可视化

流动性图表或资金水流图可以形象地展示企业现金流入与流出的趋势，帮助财务管理者迅速了解企业的资金状况。比如，可以通过使用时间序列折线图展示每日、每月或季度的现金流变化，及时发现资金紧张或资金过剩的时段。

2．应收应付可视化

应收账款和应付账款的变化可以通过堆叠柱状图或线图展示，清楚反映企业的付款周期和应收账款的周转情况。管理层可以通过这些图表实时监控应收款项的回收进度，以及应付款项是否按期履行，避免现金流断裂风险。

3．资产负债可视化

资产负债表的数据可通过柱状图、饼图等图形展示，帮助企业管理层更直观地分析资产负债的结构和变化。例如，可以使用不同颜色和高度的柱状图显示短期和长期资产与负债的比例变化，实时监测企业的财务风险，确保企业资产结构的稳定和负债管理的合理性。

（四）审计与合规数据的可视化

审计与合规是确保企业财务数据准确性和合法性的关键，数据可视化技术为这些复杂数据提供了有效的展示方式，提升了企业合规监控的效率。

1．审计跟踪图表

通过流程图和时间轴图表，数据可视化可以清晰呈现审计的过程和结果，显示审计中发现的异常点或违规行为。审计人员可以使用这些图表对财务操作中的问题进行可视化追踪，从而快速找到问题环节，提升审计效率。

2．合规性监控

企业的合规数据（如税务申报、内部控制等）可以通过雷达图、热力图等展示，帮助管理层快速评估企业在各个合规领域的表现。例如，税务合规的各项指标可以通过雷达图进行分析，如果某一项表现偏低，图表会清楚地显示出合规薄弱环节。

3．风险评估与预警

通过可视化技术，企业可以实现对审计和合规风险的提前预警。例如，通过仪表盘展示实时的财务合规状况，如果某些指标超出预设的合规标准，系统会自动用颜色变化或标记方式进行高亮，提醒管理层及时采取应对措施。

三、财务数据可视化的主要步骤

虽然数据可视化的步骤因项目和需求而异，但通常包括以下几个步骤：确定目标、选择合适的图表类型、设计可视化、交互和分享、迭代和改进等，如图 3-7 所示。

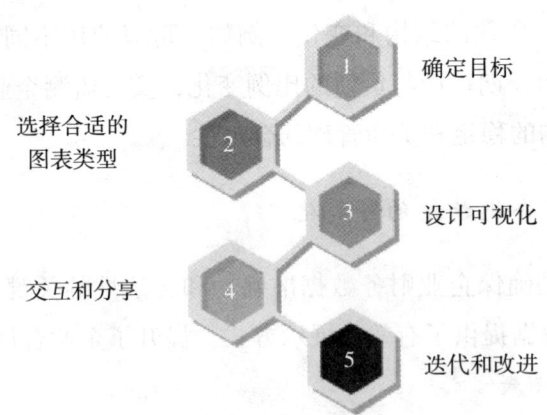

图 4-3　财务数据可视化的主要步骤

（一）确定目标

确定目标是数据可视化的首要步骤，因为只有明确了目标，才能进行有针对性的数据分析和设计。目标的确定关乎数据的选择、信息的展现和视觉效果的设计等一系列后续步骤。这需要明确两个核心问题的答案：首先，数据可视化需要解答什么样的问题或表达什么样的信息？可能是关于业务的洞察，比如销售趋势、市场占有率或者客户行为等；也可能是关于数据本身的特性，比如数据的分布、关系或者模式等。其次，数据可视化的受众是谁？理解受众的背景和需求，有助于选择合适的信息、设计合适的视觉效果，以及提供合适的交互方式，使得受众能够更好地理解和使用数据可视化。

（二）选择合适的图表类型

不同的图表类型适合表示不同的数据类型和信息。因此，需要根据数据的特性和目标的需求，选择最能表达信息的图表类型。比如，如果要展示一组数据的分布，可以选择直方图或者箱线图；如果要比较多组数据，可以选择条形图或者饼图；如果要展示数据的关系，可以选择散点图或者气泡图；如果要展示数据随时间的变化，可以选择折线图或者面积图。此外，还需要考虑图表的可读性和美观性。一个好的图表不仅能准确地表达信息，而且能吸引人的注意，使得人们愿意去理解和探索它所展示的数据。

（三）设计可视化

设计可视化是将选定的图表类型转化为实际的可视化图形的过程。在设计阶段，需要考虑以下几个方面。

1. 数据映射

确定数据的映射关系，并将数据的维度、值、关系等映射到图形的位置、大小、颜色、形状等视觉属性上。数据映射的选择可以大大影响到可视化的信息表达效果。比如，位置和大小是最直观的视觉属性，适合表示强烈的对比和关系；颜色和形状则更适合表示类别和属性。数据映射需要结合数据的特性和目标的需求，选择最有效的视觉属性。

2. 视觉编码

视觉编码是将数据转化为视觉元素的过程。在进行视觉编码时，要考虑如何使用色彩、形状、大小等视觉元素，以及如何结合这些元素，来恰当地表达数据和信息。例如，色彩可以用来表示数据的类别，形状可以用来表示数据的属性，大小可以用来表示数据的数量。此外，还需要考虑如何结合这些元素来表达数据的关系和模式。

3. 布局和组织

布局和组织是设计可视化中的一个重要环节。好的布局和组织可以帮助用户更好地理解和使用数据可视化。布局是指如何将各个视觉元素放置在图表中的位置，如哪些元素应该放在中心，哪些元素应该放在边缘。组织是指如何将各个视觉元素按照某种逻辑关系进行组合，如哪些元素应该放在一起，哪些元素应该分开。布局和组织需要结合数据的关系和用户的视觉习惯，创建出清晰和有序的可视化设计。

4. 风格和主题

风格和主题是设计可视化中的点睛之笔。好的风格和主题不仅能增强可视化设计的美观性，也能增强可视化设计的易读性和吸引力。风格是指可视化设计的整体外观，包括颜色方案、字体、线条样式等。主题是指可视化设计的背景和情境，可以是具体的场景，也可以是抽象的概念。风格和主题需要根据数据的特性和目标的需求，选择最能表达信息和吸引注意的风格和主题。

（四）交互和分享

交互和分享是将数据可视化的成果与世界连接的重要桥梁。交互元素的添加，使得数据可视化不是单向的信息展示，而是可以引导用户深入探索，发掘数据背后更深层次的含义。利用筛选器、滚动条、鼠标悬停提示等交互方式，用户可根据自己的兴趣和需求进行数据的深入探索，尽可能挖掘出数据的潜在价值和意义。这种交互性不仅提升了用户的参与感，更大大增强了数据分析的准确性和深度。而分享，是将个体的洞见和理解推广到更广阔的人群。通过将可视化结果嵌入到网页、报告或演示文稿中，分析结果和洞察可以轻松地传递给其他人，实现知识和信息的交流和传播，提升团队的协作效率和决策效力。

（五）迭代和改进

任何一个设计都不可能一蹴而就，都需要经过反复试错和改进，才能接近理想的状态。在设计数据可视化时，也需要不断收集用户的反馈，对设计进行评估和修正。有时可能需要改变视觉编码的方式，有时可能需要调整布局和组织的结构，有时可能需要增强交互的体验。每一次的迭代都是对设计的一次深化和提炼，都能让数据可视化更加贴近用户的需求，更好地表达数据的信息。因此，只有不断迭代和改进，数据可视化才能不断进化，不断创新。

第五章

财务共享中心的智能化升级

第一节 财务共享中心概述

一、财务共享中心的概念与特点

（一）财务共享中心的概念

20世纪80年代，共享服务首先在美国的福特公司开始实施，之后的1993年Gunn Partners公司的几位创始人首次确定了共享服务这一创新管理思想。共享服务的出现和发展源于信息网络技术的推动，它是一种创新的运营管理模式。与以往传统的管理模式不同的是，它更加注重以顾客需求为导向，所提供的专业化共享服务以市场价格和服务水平协议为基准，将过去企业内部各业务单元分散的、重复性较高的业务整合到共享中心集中处理，旨在达到整合资源、降低成本的同时，使各业务单元集中精力和资源专注于核心业务，达到提高效率、保证客户满意的效果。

随着共享服务这一创新管理理念的提出，越来越多的企业开始重视并采用这一模式。企业规模的不断扩展，导致每个分（子）公司都需要配备相应的财务、采购和人力资源等职能人员。然而，地区和公司之间的差异，各分（子）公司的流程和标准常常不同，导致业务量分布不均。对于整个集团来说，这种模式既浪费了大量资源，又降低了整体的运营效率。因此，共享服务成为现代企业在优化业务流程、标准化操作、提升服务质量、降低成本以及提高运营效率方面的重要竞争策略。

财务共享是共享服务理念在财务管理领域中的具体应用与推广，代表了一种全新的财务管理方式。简而言之，财务共享将企业内部各组织或部门的财务职能和流程进行整合，并集中到一个独立或半独立的部门或组织中处理。通过这一模式，集团公司能够为其内部客户提供更加专业和高效的财务服务，同时降低整体财务管理的成本，并创造额外的利润增长点。该独立或半独立的机构即为财务共享服务中心（Financial Shared Services Centre，FSSC），也称财务共享中心。

财务共享中心具备独立的组织结构和管理体系，为企业提供标准化的财务服务。这种共享主要包括四个方面。

（1）人员共享

人员共享将各级机构的财务服务中心的人员资源集中起来，通过流程化和标准化的工作方式，统一处理一些重复性的工作。这样做的好处是，可以让企业的财务人员更专注于自身的核心业务，同时提高整体工作效率。

（2）信息共享

信息共享则是让集团内部的员工可以在授权范围内，获取和共享财务服务中心的财务数据。这样做能够提高数据的透明度，有助于企业内部各部门之间的协同工作，也为企业决策提供了更准确的数据支持。

（3）运营共享

运营共享的基本理念是通过集中的运营和资金管理，来降低企业的融资成本，提高投资回报。这是一个利用经济规模效应，优化资源配置，提高运营效率的重要手段。

（4）管理共享

管理共享意味着由财务共享中心统一管理企业会计工作，使会计信息更加规范和标准化，能为企业提供更准确的会计资料。这样做不仅能提高企业的管理效率，还可以帮助企业更好地满足各种监管要求，降低企业运营风险。

（二）财务共享中心的特点

财务共享中心具有以下特点，如图5-1所示。

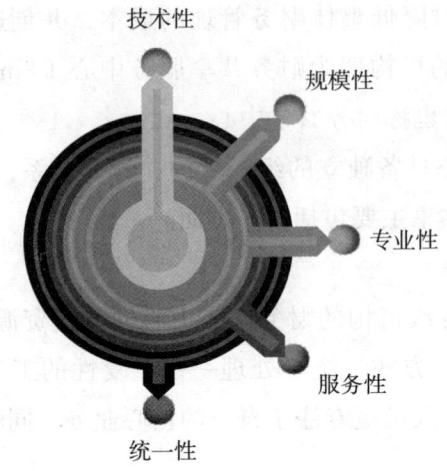

图 5-1　财务共享中心的特点

1. 技术性

财务共享中心高度依赖于先进的信息通信技术和软件系统，体现了其显著的技术性特点。现代财务管理的数字化转型离不开大数据、云计算等信息技术的支撑，财务共享中心正是利用这些技术手段，将分散的财务职能整合到一个平台进行统一处理。通过自动化、智能化的财务系统，财务共享中心能够提高数据处理的准确性与效率，降低人工操作的错误率，同时实现实时数据共享与远程协同操作，从而大幅提升企业的财务管理能力和反应速度。

2. 规模性

财务共享中心通过整合集团内各分（子）公司的财务活动，建立规模化的处理模式，充分体现了其规模性特点。企业内部不同部门和分（子）公司的业务活动往往存在协调性差、流程分散等问题，导致资源浪费和效率低下。财务共享中心通过集中化管理，将这些分散的业务流程进行统一处理，形成规模经济。规模化运作不仅提高了企业的资源利用效率，还有效降低了企业的运营成本，特别是在处理大量重复性任务时，规模化运作可以使企业显著提升效率并降低交易成本。

3．专业性

财务共享中心作为一个独立的业务单元，依靠专业化的团队和技术，展现出其强大的专业性。财务共享中心的工作人员通常具备较高的专业胜任能力，能够为企业内部客户提供精确、快速和专业的财务服务。通过这一集中化的管理模式，企业不仅能够实现财务操作的标准化和高效化，还能通过专业的财务管理服务提高企业整体的经济价值，助力企业实现价值创造。同时，财务共享中心能够引入先进的财务管理理念和工具，进一步提升企业的财务管理水平和竞争力。

4．服务性

财务共享中心的核心目标是为集团内部的客户提供高质量的服务，这体现了其服务性特点。财务共享中心根据客户的不同需求，灵活地提供定制化的财务解决方案，并且其运作模式以提高客户满意度为宗旨。财务共享中心通过建立服务水平协议，以透明、明确的标准向客户提供服务，确保服务的质量与效率。同时，它作为一个独立的服务提供者，根据协议向内部客户收取服务费用，这种模式不仅有助于提升服务的专业化水平，还推动了企业内部各部门的协同发展。

5．统一性

财务共享中心通过在集团内部建立统一的操作流程和标准，体现了其统一性特点。企业通过财务共享中心，能够实现财务管理的标准化和流程的一致性，避免因各分（子）公司之间标准不同、流程分散而导致的低效与资源浪费。统一的财务管理模式不仅提升了企业业务处理的效率，也为企业在扩展规模时提供了更有力的支持。

二、财务共享中心的运营模式

财务共享中心在不同的企业环境下可以采用多种运营模式，主要包括集中式管理模式、分布式管理模式以及混合式管理模式。每种模式都有其特点和适用场景，企业可根据自身需求选择适合的模式。

（一）集中式管理模式

集中式管理模式是财务共享中心最为常见的运营模式，其核心特点是将企业所有的财务职能集中到一个中心进行统一管理。在这一模式下，财务共享中心通常位于企业总部或某个特定的地理位置，负责处理所有分（子）公司和业务部门的财务事务。通过将财务工作集中处理，企业能够实现流程的标准化和统一化，减少重复劳动，提高财务处理的效率和质量。

集中式管理模式具有以下优点。①标准化与一致性。集中管理模式使得企业的财务流程、政策和标准能够在所有业务单元中得到一致性执行，减少了流程中的差异化和不一致性，提高了整体管理效率。②成本效益。集中式管理模式通过规模化运作和资源共享，有效降低了企业的财务管理成本，减少了人力和技术资源的重复投入。③高效决策支持。由于所有财务数据都在一个中心集中处理，企业管理层可以快速获取全局性的财务信息，支持高效的决策制定。

当然，集中式管理模式也具有一定局限性，主要体现在以下两方面。①灵活性不足。集中的管理方式可能会导致企业在应对某些地方性业务需求时缺乏灵活性，难以及时处理地区差异化的事务。②沟通成本高。由于财务共享中心集中在一个地点，远离其他业务单元，跨部门沟通和协同的成本可能较高（尤其是在需要快速响应和本地化决策的情况下）。

（二）分布式管理模式

分布式管理模式是在多个地区或业务单元设立若干财务共享中心，每个财务共享中心负责处理特定区域或业务的财务事务。与集中式模式不同，分布式管理模式将企业财务管理职能分散到多个共享中心，增强了地方单位的自主性和灵活性。

分布式管理模式的优势主要有以下几点。①灵活性强。由于分布式管理模式在不同区域设立财务共享中心，能够更好地适应地方性的需求，处理区域特有的财务事务。企业可以根据每个业务单元的实际情况，灵活调整财务流程和资源分配。②响应速度快。在分布式管理模式下，各财务共享中心能够就近服务业务单元，减少了沟通和审批流程的时间，提升了响应速度，尤其是在应对突发事件和地方政策变动时更加有效。③地域支持。当企业的业务分布在多个国家或地区时，分布式管理模式能够更好地应对不同地区的财务管理要求，确保符合当地法规和文化。

分布式管理模式同样存在一些不足之处，主要表现为以下几点。①标准化困难。由于各个财务共享中心负责不同的区域和业务，可能会出现标准化执行不一致的情况，影响企业整体财务流程的规范性。②成本较高。虽然分布式管理模式提升了灵活性，但由于多个共享中心的存在，管理成本和技术支持成本相对集中式管理模式较高，资源共享的效率也可能有所降低。

（三）混合式管理模式

混合式管理模式将集中式和分布式管理模式的优势结合起来，灵活应对企业的多样化需求。在这一模式下，企业通常在总部设立一个中央财务共享中心，负责统一管理和标准化的财务流程，同时在不同的区域或业务单元设立若干分支财务共享中心，处理本地化和特殊的财务事务。

混合式管理模式的优势主要有以下几点。①兼顾标准化与灵活性。混合式管理模式通过在总部集中管理核心财务职能（如核算、预算管理等），确保财务流程的标准化和一致性。同时，通过区域财务共享中心提供本地化支持，满足地方或业务部门的特定需求，实现了标准化与灵活性的平衡。②更强的应变能力。混合式管理模式不仅能够提供快速的区域响应，还能通过集中管理获取全局性的财务数据，为企业管理层提供全面的决策支持。区域财务共享中心能够处理地方性事务，而中央财务共享中心可以处理战略性和高层次的事务。③资源优化。企业可以根据业务规模和地域分布灵活配置资源，既能通过集中化管理降低成本，又能在必要时通过分布式中心应对区域需求，提升资源利用率。

混合式管理模式面临的主要挑战有以下几点。①协调与管理复杂性。混合式管理模式的管理结构较为复杂，企业需要协调好中央财务共享中心和地方财务共享中心之间的关系，确保信息流通顺畅，避免因职责不清导致的效率低下或流程中断。②技术和系统整合。由于中央和地方财务共享中心需要协同工作，企业必须确保其财务信息系统和技术平台的高度集成，确保数据在不同层级和不同地区的财务共享中心之间能够实时同步和无缝流通。

三、财务共享中心的发展阶段

财务共享中心的发展大致可以分为三个阶段，如图 5-2 所示。

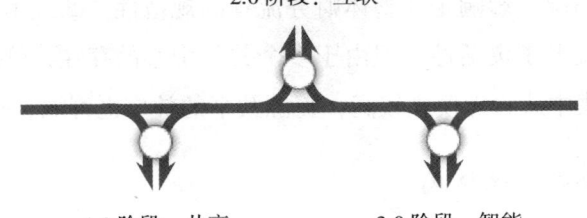

图 5-2　财务共享中心的发展阶段

（一）1.0 阶段：共享

财务共享 1.0 阶段是财务共享发展的起步阶段，该阶段的财务共享模式主要围绕"降本增效"的目标展开，核心在于"共享"，即通过集中管理来提升企业财务流程的效率和准确性，同时减轻企业各分（子）公司或部门的财务压力。

在 1.0 阶段，财务共享的主要任务是将标准化的、重复性的财务工作进行集约化处理。通过建立一个财务共享中心，将集团内部如核算、资金管理、应收应付、合同管理、报表生成等财务职能集中在一个平台上，达到财务集中管理的目的。这种集中处理的模式，既能满足集团的统一管控需求，又能有效提升工作效率，并使分（子）公司腾出更多精力专注于核心业务。同时，随着信息技术的不断进步，企业通过引入电子影像系统、电子报账平台等技术手段，使财务共享中心能够逐步覆盖到更多的财务模块，实现财务流程的标准化和自动化。

然而，财务共享 1.0 阶段的局限性也较为明显。虽然它通过流程的集中管理和优化，提高了财务工作的效率，但并没有从根本上减少财务人员的工作量，尤其是在核算层面。这一阶段的财务共享模式，实际上只是将传统财务工作从分散处理改为集中处理，依然依赖于较多的人工操作，且工作主要围绕"核算共享、报销共享和资金共享"模式进行操作。财务共享中心在这一阶段，主要集中于财务交易的层面，而没有深入到企业的其他业务环节或更高层次的战略财务管理。

此外，1.0 阶段的财务共享中心虽然在财务工作中引入了一定的技术支持，如信息化平台和流程自动化工具，但仍然主要局限于交易处理，尚未实现财务与业务的深度融合。这一阶段的财务共享中心只是承担了财务流程的集中处理功能，但企业的采购、商旅等其他业务环节依然与财务环节相对独立，未能实现系统的全面打通。因此，尽管财务共享中心在 1.0 阶段通过标准化和集中化实现了一定的效率提升和成本控制，但其对企业整体运营的支持有限。

（二）2.0 阶段：互联

在财务共享 2.0 阶段，企业的财务共享模式实现了跨部门、跨系统的深度整合，其核心在于"互联"。相比 1.0 阶段的财务集中处理，财务共享 2.0 阶段不仅重塑了财务管理模式，还通过打通业务、财务和税务系统，带来了更加高效、精细化的财务运作。

财务共享 2.0 阶段通过与采购系统、商旅系统、供应商平台及标准电商平台等外部资源的互联，优化和重构了企业的采购流程。企业建立了内部商城，员工和部门可以直接通过共享系统进行申请、审批、采购和支付的全流程管理，形成了一个闭环的采购交易系统。这种流程优化极大地减少了对手工操作的需求，提升了企业采购效率，并确保了从申请到支付的所有环节都能够自动化处理和实时监控。企业不再需要处理大量的手工报销和零散的发票核算，从而大幅降低了财务团队的工作负担。

在税务管理方面，财务共享 2.0 阶段打通了企业财务系统与政府税务平台的连接，实现了财务和税务工作的自动化协同。企业通过引入 OCR 技术、财务机器人等数字化工具，能够自动读取和比对税务数据，与税控系统进行集成和信息校验。这种智能化的税务管理流程不仅提升了企业的税务处理效率，还使得企业能够更准确地进行税务筹划和合规管理，减少了人工操作中的错误，降低了税务风险。

在财务共享2.0阶段，企业实现了业务与财务的深度融合。管理模式的优化和技术条件的成熟，使得越来越多的业务环节被纳入财务共享系统进行统一管理。财务不再是单纯的数据处理部门，而是成了与业务密切协同的战略伙伴。例如，通过统一结算系统，企业员工不再需要垫付资金，大幅减少了手工报销的工作量。随着财务共享中心的深入应用，财务工作量明显减少，财务人员从处理零散发票、记账和支付等繁杂事务中解放出来，能够更加专注于分析和支持业务决策。

2.0阶段的财务共享中心掌握着集团内部各单位的交易数据和信息，从源头上统一了企业的财务数据流。通过这种集中的数据管理模式，企业不仅提高了财务数据的准确性和一致性，还能够为管理层提供更多维度的业务数据支持，助力更科学的管理决策。例如，通过整合业务信息和财务信息，企业可以获得更全面的经营数据，帮助高层决策者更好地理解业务绩效和财务状况之间的关联。

财务共享2.0阶段还推动了财务共享的附加价值开发。随着财务共享中心的进一步发展，一些企业开始将共享服务从财务领域延伸到更多的业务领域。比如，通过打通业务与财务核算的壁垒，财务共享中心可以支持资产管理、工程分包和合同管理等更广泛的业务场景。通过这种扩展，财务共享中心逐渐从单纯的财务集中处理平台，发展成为企业更广泛的共享服务平台，助力企业提升整体管理效率，并为未来的智能化升级奠定基础。

（三）3.0阶段：智能

财务共享3.0阶段依托先进的信息技术，如大数据、人工智能、云计算和物联网，全面覆盖企业前后台部门的运营和数据管理，构建智能共享服务、智能管理会计和智能数据分析平台，其核心特点是"智能"。

在这一阶段，财务共享不再仅仅是对流程的集中管理，而是成为企业数据共享的基石。随着大数据、人工智能、移动互联、云计算等新技术的深度渗透，领先企业逐渐构建起了智能财务共享中心。这种智能化财务共享中心为企业提供了强大的数据支持，使其能够实时掌握各类财务和业务信息，并为管理决策提供全面、准确、系统的支持。财务共享 3.0 阶段不仅实现了财务工作的智能化，还推动了整个企业管理模式的升级。

智能财务共享中心已经覆盖了企业绝大多数业务系统，能够为不同的分（子）公司提供随时可调用的业务支持。随着企业规模的扩展，越来越多的业务交易通过财务共享中心进行处理，这不仅产生了大量的实时数据，也使财务共享中心成为集团级的数据中心。通过集成核算数据、预算数据、资金数据、资产数据、成本数据以及外部标杆数据，3.0 阶段的财务共享中心为企业提供了更加精细和高效的数据处理能力。这些实时数据为数据建模、分析以及业务调整提供了可靠的依据，使企业能够作出更具战略意义的决策。

在智能化的推动下，财务共享中心搭载了多项人工智能技术，如财务机器人、自然语言处理、机器学习等。这些技术的应用大幅提高了企业财务处理的自动化水平，使得传统财务工作如数据核算、报表生成、预算管理等得以实现无人化操作。例如，智能财务机器人能够自动化处理海量数据，对账、审计等复杂财务流程变得更加高效和精准；而通过人工智能算法进行的财务预测和数据分析，使企业的决策支持体系更加智能化、数据驱动化。这些智能化技术不仅提升了用户的体验，还显著减少了人工操作中的错误和时间成本，推动了财务共享中心的整体效率和智能化程度。

3.0 阶段的财务共享中心还使得企业财务共享服务从支持性的业务工具演变为战略性的数据支撑平台。在这一阶段，财务共享中心通过数据整合和智能分析，为管理层提供了强大的决策支持能力。企业可以通过财务共享中心实时掌握各类财务与业务数据，进行深度分析和建模，从而为未来的业务调整和发展方向提供科学的依据。财务共享中心不仅整合了内部数据，还可以引入外部标杆数据，帮助企业进行横向对比和行业分析，确保企业在市场中的竞争优势。

第二节　数字技术对财务共享中心的影响

大数据、人工智能、移动互联网、云计算和物联网等数字技术的快速发展，促使企业越来越重视数据的采集、应用和分析，并将数据作为企业的核心资产。财务共享中心也积极尝试使用新技术、新方法，更加智能地收集、加工和分析数据，实现企业财务管理的数字化转型，推动财务共享中心的智能化升级。

一、大数据对财务共享中心的影响

数字经济时代，数据的价值被不断挖掘，数据成为企业一种重要的商业资本。企业财务共享中心会产生并积累大量的财务数据，这些财务数据是企业进行分析、处理、决策的重要信息来源。大数据对财务共享中心的影响如下。

（一）提升数据处理与分析能力

大数据技术显著提升了财务共享中心的数据处理能力，使其能够有效应对海量的财务数据。传统的财务管理方式依赖手工处理和静态报告，难以快速分析复杂的财务信息。而大数据技术通过集成、存储和处理结构化与非结构化数据，能够实时收集和分析来自不同系统的财务数据。这种技术不仅加速了数据处理过程，还提高了数据的准确性和全面性，使得企业能够通过财务共享中心更快地获取高质量的财务报告和分析结果，从而支持企业管理层的快速决策。

（二）增强财务决策支持

大数据技术为财务共享中心提供了更强大的决策支持能力。通过对多维度数据的深入挖掘和分析，财务共享中心能够发现隐藏的财务趋势和潜在风险，帮助企业更好地把握市场变化。例如，大数据分析可以对企业的收入、成本、现金流等关键指标进行全面监控，提前识别可能的财务风险，并提出相应的应对措施。此外，基于大数据技术的预测分析功能，使企业能够对未来的市场趋势和财务状况作出更加准确的预判，从而进行更加科学的预算管理和资源配置。

（三）推动财务流程优化与创新

通过数据驱动的分析，企业财务共享中心能够识别财务流程中的低效环节，进而进行改进和优化。大数据的应用还促进了财务流程的自动化和智能化，减少了人工操作和重复性工作，使财务人员能够专注于更高价值的分析和决策工作。此外，大数据技术支持企业开发新的财务应用场景，如实时监控资金流动、智能合规审计等，推动财务管理创新，为企业创造更多的价值。

二、人工智能对财务共享中心的影响

（一）实现数据收集、处理与分析的自动化

人工智能作为一门通过计算机模拟人类思维过程和智能行为的技术，具备感知、学习和自主决策的能力，已广泛应用于多个领域。在财务管理方面，人工智能能够自动选择会计要素、整理和分析财务数据，并评估成本和费用的合理性，实现在财务共享中心的主要工作流程中全面的自动化操作。

作为一种虚拟的计算机系统，人工智能不受地域限制，企业在各地的分支机构可以借助它来简化财务人员的工作流程。人工智能系统能够自动识别、收集和分析非结构化、半结构化以及结构化数据，并实时共享财务信息。这为企业提供了基于数据分析的经营决策支持，使其能够作出准确的预测并抓住市场机遇。与传统的预测方法相比，人工智能在财务管理中的应用更具全面性，能够从多维度收集信息，并从多个层面深入分析与企

业经营相关的财务数据。这使得财务工作从以往单纯的数据记录转向更具深度的分析与决策支持。

随着人工智能技术的不断发展，财务共享中心将不再局限于简单的数据整合与核算工作。它将发挥更大的作用，支持企业的战略规划、资源优化、资本运营、税务规划和风险控制等关键领域，从而帮助企业更好地实现价值创造。这一转变使财务共享中心从事务性操作向支持企业战略发展的重要平台迈进，为未来的财务管理模式带来革命性的变化。

（二）促进业财一体化

通过人工智能的运用，财务与业务的数据壁垒被打破，实现了信息流的无缝衔接和高效整合。人工智能能够自动处理大量业务数据，并将这些数据实时转化为财务数据，支持财务共享中心快速生成准确的财务报告。与此同时，人工智能技术能够对业务流程中的财务数据进行智能分析，提供更深入的业务洞察，帮助企业发现潜藏在财务数据背后的业务机会和风险，从而推动更加精准的决策制定。随着业务数据和财务数据的深度融合，企业管理层能够通过财务共享中心实时掌握业务运营状况，企业财务管理从以往的被动记录转变为主动分析与战略支持。最终，人工智能助推了"业财一体化"的全面实现，为企业在复杂的市场环境中提供了强大的竞争力。

三、移动互联网对财务共享中心的影响

（一）提升财务工作效率与灵活性

移动互联网的应用使得财务共享中心的工作不再局限于固定地点，财务人员可以通过移动设备随时随地访问财务系统和处理业务。这种灵活的工作模式极大地提升了企业财务工作的效率，尤其是在跨地域企业中，财务人员能够快速响应分支机构的财务需求，实时处理报销、审批、资金管理等事务。移动互联网的高效传输能力也加快了财务信息的流转速度，缩

短了财务工作的处理时间，提高了财务共享中心的运作效率。

（二）增强财务数据的实时性与透明度

借助移动互联网，财务数据可以实现实时更新和共享。企业管理层和财务人员能够通过移动设备实时查看财务数据和报表，及时掌握企业的财务状况。这种实时性大幅提升了财务共享中心的数据透明度，企业管理层可以依据最新的财务信息进行快速决策。同时，移动互联网的可视化功能使得财务信息的展示更加直观，财务报告和分析结果可以以图表等形式实时呈现，有助于企业的资金管理、预算控制和战略调整。

（三）促进财务工作的协同

通过移动应用程序，企业内部各部门能够通过移动平台实现无缝协作，财务人员、业务部门和管理层可以在线进行交流与协作，优化了财务共享中心与其他业务部门的沟通效率。这种移动互联网驱动的协同模式不仅减少了人工干预，还降低了流程中的延误和错误率，提升了企业整体的运营效率。

四、云计算对财务共享中心的影响

（一）提升灵活性与可扩展性

云计算使得财务共享中心可以灵活地应对企业的业务变化和扩展需求。通过云平台，企业不再依赖于昂贵的本地服务器和硬件设施，可以根据业务增长灵活地扩展或缩减所需的计算资源。财务共享中心的"云化"实现了全球范围内的财务信息实时共享和处理，使企业能够随时随地进行财务操作与管理。这种灵活性不仅提升了财务运营的效率，还减少了企业在信息技术基础设施上的投入。此外，云计算平台具备高度的可扩展性，能够根据业务需求快速扩展财务共享服务，为企业的跨区域扩展提供强有力的技术支持。

（二）优化财务数据管理与实时处理能力

云计算平台使财务共享中心的数据管理更加高效、集成和安全。借助云计算，企业能够将分散的财务数据统一存储和管理在云端，从而消除了传统分散数据管理带来的不一致和安全隐患。通过云平台的实时同步功能，财务共享中心可以实现财务数据的实时处理与更新，确保企业管理层可以在需要时获得最新的财务信息进行决策。同时，云平台能够集成多维度的数据来源，并结合大数据和人工智能技术，实现智能化的财务数据分析和预测，为企业提供更强的数据洞察能力和决策支持。

（三）增强协同与服务效率

云计算技术通过统一的平台，打通了企业内外部的协作流程，极大地提高了财务共享中心的协同效率。财务人员和其他业务部门可以通过云平台无缝共享财务数据，实现信息实时交互和协同工作，减少了由信息延迟和部门隔离带来的沟通成本。与此同时，云平台能够支持企业开展多地域、多分支机构的财务集中管理，使不同地区的分（子）公司能够通过云端平台共享财务资源，实现全球范围内的高效协同。云计算还使得财务服务的标准化与自动化水平大幅提升，借助云端平台的自动化流程，财务共享中心能够快速响应各类业务需求，提高财务服务的整体效率。

五、物联网对财务共享中心的影响

（一）提升财务数据的实时性与精准性

物联网通过连接智能设备、传感器和系统，使财务共享中心能够实时收集与监控企业的各类运营数据。这种实时数据流的获取极大地提高了财务数据的准确性和及时性。例如，库存管理、资产监控、物流跟踪等数据都可以通过物联网设备实现实时更新，财务共享中心能够直接接收这些数据并自动进行记录和分析。这不仅降低了手工录入数据的错误风险，还为企业提供了实时的财务信息，使管理层能够迅速获取最新的财务状况和经营数据，为决策提供支持。

（二）增强财务流程的自动化与效率

物联网设备能够与财务共享中心的系统直接对接，实现财务数据的自动采集和处理。通过物联网，企业的设备、机器、车辆等关键资产可以自动生成并传输财务相关数据，如设备运行成本、维护费用、生产数据等，这些数据可用于自动生成财务报表、资产管理记录和其他财务报告。物联网推动了财务流程的自动化，简化了数据的收集、整理和分析流程，提高了财务共享中心的工作效率。同时，自动化的财务流程减少了人工干预，降低了人工操作中的错误率，进一步提升了财务处理的精准性。

（三）提高风险管理与监控能力

物联网技术通过实时监控企业的资产和资源流动，显著提高了财务共享中心的风险管理能力。物联网设备能够监测企业的生产设备、库存状态、物流运输等环节的状况，及时发现潜在的运营风险。财务共享中心可以通过这些实时数据对企业的资金流、资产使用效率和供应链风险进行动态监控，预防财务异常或潜在风险。同时，物联网的数据可以帮助企业识别不合理的资源使用情况或异常的成本波动，使得企业财务管理能够及时调整策略，降低经营中的财务风险。

第三节　智能财务共享中心的建设

一、智能财务共享中心建设的基本原则

智能财务共享中心的建设是企业集中化、精益化管理在财务领域的重要举措，代表着企业财务管理模式的重大变革。因此，在建设智能财务共

享中心的过程中遵循以下基本原则至关重要，具体如图 5-3 所示。

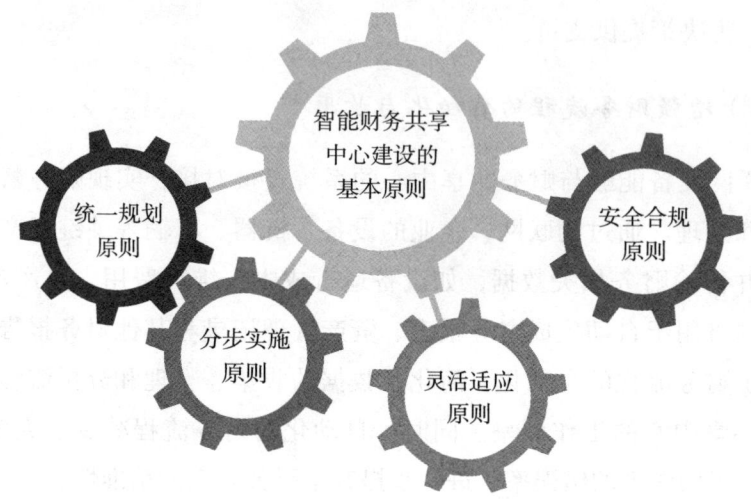

图 5-3　智能财务共享中心建设的基本原则

（一）统一规划原则

在建设初期，必须进行全面的顶层设计，使企业各级管理者充分了解智能财务共享中心的职能与定位。这种统一规划不仅有助于各方对智能财务共享中心的建设达成共识，还能有效协调各方利益，减少变革过程中可能遇到的阻力。此外，提升员工对变革的接受度和参与度也是关键，通过明确变革的方向和目标，可以确保智能财务共享中心从一开始就具备良好的实施环境，从而为后续的顺利运行奠定基础。

（二）分步实施原则

智能财务共享中心的建设需要基于企业现有的管理水平和信息化基础，而不是在短期内完成的。在推进过程中，分步实施是确保项目成功的关键。企业应首先评估自身管理和信息化的现状，有计划地解决系统"孤岛"问题。通过分阶段的实施，可以逐步实现业务与财务的系统集成与数据共享，确保数据的完整性和一致性。同时，企业需要搭建"业财一体化"的管理平台，优化业财处理流程，明确智能财务共享中心的业务范围与流程，逐步提升财务共享的管理水平和工作效率。这样的分步推进不仅可以降低实施风险，还可以为企业的数字化转型奠定稳固的基础。

（三）灵活适应原则

在技术、市场、法规不断演变的背景下，智能财务共享中心需要具备足够的灵活性和扩展性，以便在未来能够根据业务需求的变化进行及时的调整和升级。因此，在设计智能财务共享中心时，企业必须确保系统架构的开放性和兼容性，使其能够轻松整合新技术，并适应未来的业务流程变革和财务需求。这种灵活性确保了财务共享中心在企业发展过程中具备长久的生命力。

（四）安全合规原则

在智能财务共享中心中，海量的财务数据和业务数据的集中管理使得数据安全成为一个极为重要的考量。因此，必须严格遵循安全合规原则，确保财务数据的安全性、保密性和完整性。企业应采取多层次的安全措施，如数据加密、身份验证、访问控制等，以防止数据泄露、篡改和滥用。此外，智能财务共享中心的建设还应符合国家及行业相关法规要求，确保数据处理和财务流程的合规性。这样不仅能够保护企业的信息资产，还能够为企业的长期合规运营提供有力保障。

二、智能财务共享中心建设的基本流程

（一）启动与调研阶段

1. 定义与启动

智能财务共享中心建设的第一步是明确项目的目标和范围。企业需要成立专门的项目团队，确定智能财务共享中心的建设方向、实施范围及预期效果。明确智能财务共享中心的定位与职能，界定其业务覆盖范围、服务对象以及对企业整体财务管理的影响。通过定义与启动环节，确保企

业各级管理层和相关部门对项目的理解统一，达成共识，为后续工作做好铺垫。

2．现状调研分析

在启动后，企业需要对现有的财务流程、系统架构、管理模式以及信息化现状进行深入调研。通过对企业现有财务管理模式的分析，识别出存在的痛点和改进空间，梳理业务流程中的瓶颈问题。调研还需要涵盖企业的信息系统基础，包括 ERP 系统、财务系统等现有工具的集成度与兼容性。调研分析的结果将为规划与设计阶段提供基础数据和改进方向，确保智能财务共享中心能够满足企业的实际需求。

（二）规划与设计

1．整体规划

在进行现状调研后，企业需要制定智能财务共享中心的整体规划，明确其长远发展目标及实施路径。整体规划应涵盖智能财务共享中心的业务流程标准化、信息化建设路线以及技术架构等方面，确保智能财务共享中心能够实现高效运作并支持企业未来的业务扩展。该阶段还需明确智能财务共享中心与业务部门、管理层之间的协同关系，确保共享服务能够覆盖企业的各个业务单元，实现资源的集中管理与高效利用。

2．详细方案设计

在整体规划的基础上，进一步进行详细方案设计。这包括智能财务共享中心的具体业务流程设计、系统集成方案、数据架构规划等内容。详细设计方案应明确如何通过智能化技术实现业务流程的自动化与智能化。同时，应细化系统实施的时间表、资源分配方案和风险管理措施，确保实施方案的可操作性和可扩展性。

（三）实施与运营

1．实施部署

实施部署阶段是智能财务共享中心建设的核心。企业需要按照设计方案进行财务系统的搭建与集成，包括财务数据的迁移、系统功能的配置、业务流程的调整等。在部署过程中，需要确保各业务单元与智能财务共享中心的顺利衔接，确保新系统能够与现有业务流程无缝集成。在实施过程中，企业应分阶段推进，逐步扩大智能财务共享中心的服务范围，确保业务连续性。

2. 规范运营

智能财务共享中心正式上线后，企业需建立健全的运营管理体系，确保智能财务共享中心的规范化运营。通过流程标准化、系统化的运营管理，确保智能财务共享服务的高效性与稳定性。同时，企业应制定财务共享服务标准，明确服务质量要求与责任机制，保障服务的透明性与一致性。此外，还需要加强财务人员与业务人员的培训，确保他们能够熟练掌握新系统与新流程。

3. 持续优化

智能财务共享中心在运营过程中，需要通过持续监控与反馈机制，不断优化系统功能与业务流程。企业应收集用户反馈，定期进行系统性能评估，发现问题并及时调整。同时，随着技术的发展，企业还应逐步引入新的智能技术，如机器学习、大数据分析等，不断提升智能财务共享中心的智能化水平。持续优化的过程有助于企业保持竞争力，并确保智能财务共享中心能够适应企业未来的发展需求。

三、智能财务共享中心建设方案设计

（一）战略定位

战略定位是智能财务共享中心未来发展的方向指引，明确未来的工作目标，以及为实现目标而采取的行动。建设智能财务共享中心时，需要在充分了解企业整体发展战略目标和方向的基础上，结合企业的实际经营情况，明确智能财务共享中心的战略定位。笔者认为，可将智能财务共享服务中心的战略定位划分为会计服务、风险控制、价值创造三个部分。

由于企业发展是一个渐进的过程，企业对智能财务共享服务中心的需求也是动态变化的，所以在各个阶段，企业对会计服务、风险控制和价值定位的各项功能定位的权重是有所不同。例如，在智能财务共享服务中心建设初期，功能定位主要是会计服务，包括财务会计、管理会计两方面的功能建设，通过流程管理的规范，以及流程处理的自动化、智能化，进而提高企业的风险管控能力；随着智能会计服务功能的建设完善，企业可能对风险控制的需求加强，期望能够采用一些智能技术降低多种风险，并实现部分的决策支持功能；在智能财务共享服务中心各方面的基础功能建设完备后，企业会更关注价值创造部分的功能定位，一方面运用新技术进一步完善会计服务、风险控制功能，另一方面运用智能技术建设决策支持等价值创造方面的功能。

1. 会计服务

会计服务主要是智能财务共享服务中心进行的财务会计、管理会计的业务处理工作。在财务会计领域，智能财务共享中心的主要任务是进行会计核算和监督，包括会计核算、资金结算、财务报告等模块。管理会计则侧重于提供企业管理支持，涵盖资金管理、资产管理、税务管理、预算管理、成本管理、投资管理、绩效管理等模块，提供事前预测、事中跟踪、事后决策等服务。通过新技术的应用，智能财务共享中心能够将这些会计职能实现自动化、数字化和智能化，显著提升会计服务的效率和精准度。

2. 风险控制

风险控制是实现价值创造的保障，风险控制贯穿企业财务管理的全过程。企业财务管理过程中可能存在多种风险，如数据泄露、不真实的财务数据、不合规的数据使用等。此外，获取不对称、不完整、利用率低的数据也可能导致风险管理的失效。智能财务共享中心通过流程化、标准化管理降低业务流程中的操作风险，确保财务操作合规、可控。同时，智能技术与数据的结合，提升了企业的风险控制能力，使企业能够在业务流程中实现风险的自动识别、预警和管理，实时增强企业应对潜在财务风险的能力。

3. 价值创造

智能财务共享中心通过两方面实现企业的价值创造。首先，通过全业务流程的集中化处理,减少企业的运营成本,提升财务工作质量,同时改善内部服务水平,最终帮助企业优化资源配置、提升效率。其次,智能财务共享中心借助大数据和智能分析技术,提供数据驱动的分析和决策支持,推行精益财务管理,实时提供精准化的信息流,帮助企业优化内部资源配置,指导企业经营决策。这些改进不仅降低了企业运营成本,还提升了企业的战略执行力和市场竞争力,进一步创造了经济价值。

(二)组织人力

战略定位明确后,接下来要解决的问题就是由什么人来做什么事。这一阶段的主要工作有以下几个方面。

1. 职能划分与界定

在划分与界定智能财务共享中心的职能时,首先要对财务工作进行合理分配,规划智能财务共享中心和其他财务组织的职责划分,并明晰具体的工作内容、相关的系统接口信息和途径。主要遵循以下原则:①强化财务管控原则;②完善财务职能原则;③规范财务工作原则;④提升财务效率原则;⑤稳定共享运营原则;⑥监控共享质量原则。

2. 组织架构设计

在智能财务共享中心的建设过程中,组织架构和岗位设计是确保其有效运行的关键。随着智能技术的应用,智能财务共享中心不仅需要承担传统的财务职能,还要优化和整合企业内部的财务管理模式。因此,合理的组织架构和岗位设置能够确保其高效运营和职能的有效发挥。

(1)汇报关系设计

在智能财务共享中心的组织架构设计中,汇报关系是关键因素,直接影响智能财务管理中心管理模式与业务开展的灵活性。通常有三种主要的汇报模式。

①向企业财务总监汇报。在这种模式下,智能财务共享中心具有更强的管控职责,能够灵活地开展各项业务,适应企业整体财务战略的需求。财务共享中心不仅执行财务任务,还能参与到企业的政策制定和风险管控中。

②向企业财务部总经理汇报。此模式下,智能财务共享中心的定位更

加单一，主要承担标准化的财务服务，不涉及企业整体战略决策和业务管控。这种结构通常适用于财务共享中心仅专注于日常财务运营的情况。

③向企业运营总监汇报。有些企业将后勤部门，如财务、人事、行政等职能集中在一起进行标准化管理，在此情况下，智能财务共享中心的职责相对局限，仅承担"流水线"式的标准化财务作业。这种模式下，业务流程变更或执行时，可能受到其他支持部门的管理限制。

（2）业务运营与内部管理模块划分

智能财务共享中心的组织架构可以细分为两个主要模块，即业务运营模块和内部管理模块。

根据业务性质，可以进一步将业务运营模块划分为会计运营模块和财务管理支持模块。会计运营模块负责智能财务共享中心的核心财务执行任务，主要包括会计核算、资金支付等日常业务操作。通过自动化和智能化技术的应用，该模块能够高效处理重复性和规则性的财务事务。财务管理支持模块专注于更高层次的管理支持任务，涵盖企业财务政策和制度的研究制定、财务数据分析与管理、财务报表的编制和提供等工作。它为企业提供战略性财务支持，确保财务信息的准确性和及时性，为企业决策提供依据。

内部管理模块可进一步划分为运营支持模块和质量提升模块。运营支持模块负责人员管理、行政管理、知识管理和客户管理等任务，确保智能财务共享中心的顺畅运营。它支持业务运营模块的日常管理，确保团队的高效运作，并通过知识管理和客户服务，提升整体共享服务质量。质量提升模块关注绩效分析、内部稽核、质量管理和持续优化等方面。通过持续的质量监控和内部稽核，该模块能够确保智能财务共享中心的服务水平和运营质量不断提升。

3．人员需求测算与岗位设计

在智能财务共享中心的建设过程中，合理测算人员需求是确保其高效运营的关键。由于智能财务共享中心承担着大规模的财务集中处理和智能化服务工作，人员配置必须根据业务范围、各岗位职责以及业务性质进行科学合理的规划。

（1）人员需求测算方法

为了准确确定每个岗位的人员需求，企业通常会采用多种测评方法，如业务分析法、数据测算法和对标测评法等，以确保人员配置既能满足工作负荷，又能优化人力资源的使用。

①业务分析法。业务分析法是根据智能财务共享中心的具体业务范围和各个岗位的工作内容，对人员需求进行定量和定性分析。该方法通过分析每个岗位的职责、每日的工作负荷以及业务的复杂性，测算出每个岗位所需的人员数量。例如，对于重复性高、标准化程度强的岗位，如会计核算和资金结算，可以通过分析每日的处理量和处理时间，合理计算出所需的人员数量。这种方法确保了每个岗位有足够的人力支持日常操作，并根据工作量进行动态调整。

②数据测算法。数据测算法基于实际的财务数据和历史业务数据进行人员需求测算。通过分析财务共享中心的业务数据，企业可以估算出需要处理的交易量和各岗位的工作量，并据此测算人员需求。例如，根据财务系统中日常处理的发票数量、会计凭证的生成频率等数据，计算出核算人员的需求。数据测算法的优势在于基于客观数据，可以更准确地反映工作量与人员需求的匹配度，避免了因主观判断带来的测算误差。

③对标测评法。对标测评法是通过参考行业内其他类似规模企业的财务共享中心的人员配置情况，进行对比分析，并据此调整自身人员配置。这种方法通常用于测算新建智能财务共享中心的初期人员需求，通过对标，企业可以借鉴行业中其他企业的经验，结合自身业务特点和发展战略，设定合理的人员数量。在对标过程中，需考虑到行业特性、企业规模、业务复杂性等因素，确保测算结果能够符合实际需求。

（2）岗位职责与人员配置

在完成人员需求的测算后，智能财务共享中心的具体岗位职责需要进行细化，以明确每个岗位的工作内容和角色定位。常见的岗位职责包括会计核算、资金管理、财务报表生成、数据分析、政策制定和质量管理等。根据这些职责，智能财务共享中心的岗位可以划分为操作类岗位、管理类岗位、支持类岗位等。

①操作类岗位。主要承担会计核算、资金支付、税务管理等日常业务操作工作。此类岗位的人员需求较为明确，工作负荷较大，通常根据标准化流程处理业务，适合使用业务分析法和数据测算法进行测算。

②管理类岗位。包括企业财务政策制定、管理支持、财务数据分析等高层次职能。这类岗位涉及企业财务战略的制定和实施，人员需求通常较少，但需要具备高专业能力，可以通过对标测评法确定其合理的人员数量。

③支持类岗位。客户管理、行政管理、质量控制等岗位负责支撑智能财务共享中心的日常运营。该类岗位的人员配置应结合中心的规模和业务范围进行综合测算，确保能够为操作类岗位提供稳定的支持服务。

（3）人员发展与绩效管理

在智能财务共享中心的人员配置中，合理的岗位设计与人员发展规划至关重要。企业应制定明确的岗位职责说明，结合员工的能力与发展潜力，为其设计职业发展路径。每个岗位的人员应具备专业的财务知识和操作技能，同时需要不断提升智能化财务管理的能力。因此，智能财务共享中心还应建立完善的绩效管理体系，以考核员工的工作效率、专业能力和服务质量。这不仅有助于激励员工，还能够通过绩效管理不断优化人力资源配置，提升整体运营效率。

（三）流程再造

智能财务共享中心的建设过程就是企业财务流程再造的过程。实行财务共享之前，企业的核算、结算和报账的流程都是分散在各业务单元单独进行的，每个业务单元都有其自身的流程，且每个流程上的运行标准、效率和风险管理规范都不尽相同。企业要建立智能财务共享中心，必须按照统一的要求，调整各业务单元现有财务业务流程，将简单的事务性的会计核算工作向集团总部集中，将财务权限上收，并最终制定一套适合所有业务单元的业务流程。

1. 流程再造的原则

为建立智能财务共享中心而进行的财务流程再造，必须遵循以下原则。

（1）标准化原则

流程再造应尽可能将业务操作流程标准化，确保不同部门、分支机构的财务工作能够统一执行。这有助于提高流程一致性，减少因人工操作而引发的误差，推动全流程自动化的实施。

（2）自动化原则

智能财务共享中心依赖于高度的自动化技术。因此，流程再造需要聚焦于将重复性、规则化的操作最大限度地交由自动化系统处理，减少人工介入，从而提升工作效率和准确性。

（3）简化原则

复杂、冗长的流程容易降低工作效率。流程再造的设计应以简化为导向，去除不必要的中间环节，缩短处理时长，提高业务响应速度。

（4）业财一体化原则

在流程再造中，必须始终坚持业务与财务相结合的原则，通过整合业务数据和财务数据，确保财务管理的决策能够基于实时、全面的业务信息，提高企业的财务决策质量。

（5）持续优化原则

流程再造不是一次性的工作，而是一个动态的、持续改进的过程。企业财务流程应在智能化技术的支持下，保持灵活性，能够根据业务需求和技术发展的变化不断优化和调整。

2．流程再造的步骤

智能财务共享中心的流程再造，主要包括如下几个步骤：财务流程分析、财务流程的优化及重新设计、试点与转换、持续改进。

（1）财务流程分析

财务流程分析的重要目标是通过客观、理性的分析，寻找那些可以或需要纳入智能财务共享中心的流程。一般而言，可纳入智能财务共享中心处理的财务业务具备以下特征。

①业务量大、发生频次较高、相似度高。

②在各业务单位中存在普遍共性的业务。

③能够专业化、标准化的业务。

④支撑集团公司层面对业务单位财务管控的标准制定。可纳入智能财务共享中心的内容主要有以下四方面。

a.财务核算方面：如总账管理、应收应付账款管理、费用报销、工程核算、资产核算、生产成本管理、物资核算、其他核算、内部交易抵销、月结/年结等。

b.财务结算方面：资金支付、资金收款、银行对账。

c.其他财务职能方面：归档管理、风险预警。

d.衍生财务职能方面：财务人员绩效考核、自助服务、财务任务管理、电子化凭证管理、信用管理等。

（2）财务流程的优化及重新设计

在财务流程分析基础上，进行流程的优化和重新设计。优化的核心是简化和标准化，通过减少冗余步骤，消除不必要的流程环节，并引入自动化技术。重新设计则是针对需要全面改造的流程，结合智能化技术，制定符合业务需求的全新财务流程框架，确保业务与财务流程的高度融合，推动"业财一体化"管理。财务流程的优化及重新设计需要达到以下三个标准。

①处理环节操作规范化。这意味着为每个财务处理环节制定详细的操作标准和手册，确保各项工作都能够按规章操作，有章可循。标准化作业不仅可以提高工作质量，还能显著提升工作效率。例如，在票据处理方面，操作规范应明确票据审核、流转、归档等环节的流程。同时，还需确保会计核算流程、会计报告编报流程、统计信息发布流程等的全面规范化。此外，应制定如财务报账管理办法等制度，明确智能财务共享中心的职责、报账流程、审批权限、档案管理等，确保所有操作规范执行，减少人为错误，提高整体财务管理的效率和一致性。

②客户需求的响应机制规范化。智能财务共享中心需要快速、有效地响应客户需求，建立起从需求受理到项目验收的全流程标准化管理体系。具体包括对客户需求的分析、风险评估、项目立项、系统开发、任务分解、任务跟踪和最终项目验收等环节进行规范化管理，以确保每个环节都有明确的操作标准。通过这样全方位的标准化，智能财务共享中心能够加快响应速度，提高客户满意度，并确保服务质量的一致性和高效性。

③业务流程及信息系统的变更流程规范化。每当进行业务流程或系统变更时，应遵循效益最大化和成本最小化的原则进行评估，确保变更方案合理。同时，在变更过程中，必须强化风险评估和验收测试，确保在变更和交接过程中不影响企业业务的正常运营。此外，还应建立完善的变更记录和监控机制，对每一次变更进行记录，确保变更工作的透明度，并为后续的持续改进提供依据。通过规范化的变更流程，企业能够实现有效的流程管理，保持业务的持续优化和高效运作。

（3）试点与转换

智能财务共享中心的流程再造必须先要保证新旧两种流程的"并行运转"。虽然这种行为会对企业造成一定的不便与资源浪费，但与通过试点积累的经验和得到的教训相比，试点必不可少。在试点期间，如何选择优秀的组织团队，充分理解新流程的内涵以保证试点工作的有效和高效是关键所在。完成试点之后，需要在整个企业范围内确定转换次序，分阶段地进行新流程的引入实施。在转换阶段，要特别注意考虑转换顺序，避免给企业带来动荡不安，影响企业的正常工作与运营，同时要做好对员工的再培训，并将整个转换计划向员工清晰地阐释。当然，在这个过程中，同样不能忽视高层管理者的支持。他们必须投入更多的精力，帮助转换工作顺利开展。

（4）持续改进

由于企业业务领域的拓展、组织结构的变化、战略目标的转变，流程管理不可能一次完成，而是一个持续性的过程。这就需要建立不断自我优化的机制，从而实现流程的持续评估、改进和提升，以满足企业成本、战略、合规性上的要求，避免由于流程等相关内容的变化而带来财务共享服务质量的下降。智能财务共享中心业务流程的持续改进同样可以通过细节改进、流程再造的方式实施。但无论通过何种方式落实，智能财务共享中心流程持续改进的目标都不能脱离企业对于企业整体战略、成本、效率和合规性方面的要求。同时，持续改进也给智能财务共享中心尤其是其管理者团队提出了较高的要求。管理者不但需要具有改进变革流程的技能技巧，更要有持续改进的意识、敏锐的洞察力及坚定的信念去推进一项项改革。

因此，智能财务共享中心需要为此配置合适的管理团队去不断推进持续改进工作。

（四）信息系统

集中、完善的信息系统平台是实现智能财务共享服务的基础和保障，是建立智能财务共享中心的物质基础。只有在信息系统的支持下，财务共享服务才能够跨越地理距离的障碍，向服务对象提供内容广泛的、持续的、反应迅速的服务，才能够顺利完成组织和流程的再造。

1．信息系统现状诊断

信息系统现状诊断的目标是全面了解企业现有财务信息系统的运行状态、功能覆盖、数据处理能力和存在的短板。通过诊断，企业能够识别信息系统的不足之处，并评估其在支持智能化财务管理中的适用性。

首先，信息系统现状诊断应从系统的基础架构入手，分析当前系统的硬件和软件配置，评估其稳定性和处理能力，了解其是否能够满足智能财务共享中心在业务集中处理中的数据存储、处理和传输需求。还需检查系统的兼容性，确保它能够无缝整合企业的其他业务系统，如采购、销售、税务管理等，以实现业财融合。兼容性不足将导致数据孤岛和信息流转不畅，严重影响企业财务管理的整体效率。

其次，数据处理能力是信息系统诊断的关键。应诊断现有信息系统是否具备强大的数据处理和分析功能，是否能够应对智能财务共享中心海量数据的实时处理和多维度分析需求。如果数据处理滞后或无法准确支持财务决策，信息系统就需要进一步优化或重构。

最后，还需诊断系统的安全性，确保其具备数据加密、访问权限管理、审计跟踪等功能能够应对智能财务共享中心的高数据安全性要求。

2．信息系统框架设计

智能财务共享中心的信息系统就是与智能财务共享中心运营密切相关的部分财务信息系统，以及为智能财务共享服务中心运营、管理专门建设的信息化系统，它主要划分为以下四个层次：共享业务处理平台、共享运营管理平台、数据管理与功能扩展平台、基础业务管理平台。每个层次又由若干子层次或应用组成，层层依托、科学划分，共同支撑智能财务共享中心的管理和运营。

（1）共享业务处理平台

共享业务处理平台是整个财务信息系统的核心，承担着财务核算和管理双重职能。该平台负责处理企业的基础财务职能，包括财务会计交易、财务报告、资金管理和税务管理等。同时，它提供多种形式的财务信息和报告，服务于企业内外部的不同需求。除了核算职能外，共享业务处理平台还涵盖管理会计功能，涉及战略规划、预算管理、过程成本控制、绩效评估和风险管理等模块。通过对核算数据的进一步处理和分析，该平台为企业管理层提供决策支持。

（2）共享运营管理平台

共享运营管理平台则是专门为智能财务共享中心的日常运行提供支持的系统。该平台具备共享作业管理、质量控制、绩效评估、信用管理、客户服务和知识管理等功能，确保共享服务中心的各项运营活动能够有序、高效地进行，旨在为运营管理提供一个完善的系统环境。

（3）数据管理与功能扩展平台

侧重于数据服务、管理决策和技术创新。该平台利用分析模型、数据库和基于计算机的交互建模技术，帮助企业管理层作出科学决策。同时，它结合各类用户友好的界面技术，增强财务共享中心的使用便捷性，并持续探索新兴技术的应用，以不断提升智能财务共享中心的运营效率和数字化能力。

（4）基础业务管理平台

基础业务管理平台是整个信息系统的底层技术支持，它为智能财务共享中心的各项功能提供基础服务。此平台涵盖主数据管理、流程引擎、日志管理、权限管理等基本功能，同时负责集成不同业务系统与财务共享系统，确保数据和流程的顺畅衔接。

（五）选址

智能财务共享中心的选址是建设方案中至关重要的一环，直接影响到其运营效率、成本管理以及服务水平的整体表现。在确定选址时，必须考虑以下几方面因素，以确保智能财务共享中心能够在合适的地理位置、资源环境下高效运行。

1. 地理位置的便利性

智能财务共享中心需要与企业的各个分支机构、供应商、客户保持高效沟通，因此应尽量选择交通便利、通信发达的地区。良好的交通条件不仅便于员工的流动，还能够确保应急情况下的快速响应，减少因交通不便造成的业务延迟。

2. 成本效益

企业应根据中心的业务规模和预算选择具有成本优势的区域。租金、人工成本、运营成本等都需进行综合评估，以确保智能财务共享中心的长期运行不超出预算。同时，考虑地区政策的优惠和补贴也可以有效降低选址成本。

3. 人力资源的可获得性

智能财务共享中心需要大量具备财务、管理和技术专业技能的人才，因此，选择位于人才密集的区域可以确保企业在招聘和长期人才储备方面具有优势。区域内高校、培训机构和人才市场的丰富性将直接影响智能财务共享中心的人力资源质量和数量。

4. 信息安全和基础设施的支持能力

智能财务共享中心依赖先进的信息技术平台，因此选址时应优先选择信息基础设施完善、网络通信条件优越的地区。同时，区域内的法律和政策环境也需要适应企业的数据安全和合规要求，确保信息系统能够在法律保护下安全运行。

（六）运营管理

智能财务共享中心应通过制度的形式将其运营管理体系中各项规范、要求和操作进行标准化和统一化，从而有序开展各项管理活动。因此，要在设计运营管理方案的基础上，逐步推进智能财务共享中心各项业务的运行。这里通常会有"智能财务共享中心的绩效管理办法""智能财务共享中心的质量管理办法""智能财务共享中心的标准化管理办法""智能财务共享中心的目标管理办法""智能财务共享中心的知识管理办法""智能财务共享中心的服务管理办法""智能财务共享中心的现场管理办法"等输出物。

第四节 财务共享中心智能化的发展趋势

一、从内部共享到"大共享"

当前的财务共享服务主要集中在企业内部，这意味着财务共享中心的财务服务虽然提升了企业内部的财务管理效率，但尚未实现全面覆盖企业各个业务部门和业务环节。未来财务共享中心的发展，基于大数据、人工智能、云计算等技术的持续进步，将逐步突破传统的企业内部界限，向"大共享"的目标迈进，覆盖企业内外各个利益相关方。具体表现在以下几方面。

（一）对内扩展

财务共享中心的目标是将企业内部的所有员工和业务活动纳入共享平台的管理框架，从而消除部门之间的财务信息壁垒。通过财务共享系统，企业的资金流、财务数据和业务数据将更加透明，财务管理可以覆盖到从一线员工到高层管理者的每个层级。此外，企业内部财务共享平台将逐步整合企业的各个系统，包括资金管理系统、ERP 系统、预算系统等，实现信息系统的无缝对接。这样不仅可以提高数据的实时性和准确性，还能够为企业高层提供全方位的财务和业务数据支持，提升决策的科学性和效率。

（二）对外扩展

未来的财务共享中心将不再局限于企业内部，还将逐步覆盖到企业的产业链上下游，如供应商、经销商和代理商等合作伙伴。通过与外部合作伙伴的财务和业务系统实现集成，财务共享中心将能够监控和管理整个供应链的财务活动和交易行为。这一功能的扩展可以显著提高企业与供应链合作伙伴之间的协同效率，减少信息传递中的滞后和错误，实现资源的优化配置。例如，企业可以通过共享平台与供应商进行无缝对接，自动生成采购订单、跟踪支付状态，并实现自动对账，提升采购和支付过程的透明度和效率。

（三）加速系统集成的实现

未来的财务共享中心不仅要实现企业内部各系统的集成，还要与外部机构如银行、税务、商旅等系统无缝连接。这种系统集成有利于打通企业消费、报销、采购和支付的流程，从而使企业的日常采购和支出活动更加透明、规范和高效。例如，企业的资金流动可以通过与银行系统的实时连接进行自动化管理，减少资金占用，降低资金管理的复杂度。同时，企业可以通过与税务系统的直接对接，实现发票的自动验真和税务报表的自动生成，降低企业税务管理的风险。

（四）促进全流程管理的实现

通过打通采购和支付的全过程，企业可以实现从采购申请、订单生成、发票验证到支付执行的全流程监控和管理。这一全流程管理不仅提高了企业采购和财务流程的效率，还减少了资金占用，优化了企业的资金流动。此外，智能财务共享中心还能与税务、发票管理等系统实现全方位的直连和复核，帮助企业降低业务风险，提升整体运作效率。

二、从成本中心到利润中心

对于大型企业集团而言，满足自身财务共享服务的需求，并充分利用建立的财务共享中心扩大业务规模，提供外包服务，具备两大优势：其一是能够有效降低运营成本，其二是能够提升整体的运营效率。如果财务共享中心能够实现良性运营，那么其将不仅限于为企业内部提供服务，而会逐步转型为对外部提供服务的机构，从而实现从单纯的成本中心向利润中心的转变，最终成为企业新的价值创造者。然而，要将财务共享中心转变为一个能够为企业创造利润的独立经济实体，并非易事。

首先，企业在内部运营财务共享服务中心时，需要通过积累运营经验，逐步完善运营机制。例如，通过与分（子）公司签订服务水平协议，为其提供规范化的服务，并实行服务计价体系，将企业内部服务转化为可衡量的经济活动。同时，通过明确责任分工，构建企业内部成本核算体系，逐渐降低运营成本，提升共享服务的效率。降低运营成本不仅是财务共享中心对外提供服务的前提条件，更是实现财务共享中心从成本中心向利润中心转型的核心驱动力。如果不能确保运营成本的竞争优势，财务共享中心不仅无法创造利润，反而会给企业带来亏损。其次，要实现财务共享中心的真正市场化，企业内部人员必须具备高度的专业素养和管理能力。企业应注重财务共享中心人员的培养与提升，确保其在运营管理、市场营销、成本管控等方面具备全面的能力。专业知识的提升应伴随着实践经验的积累，才能在外包市场中获得竞争优势。更为重要的是，财务共享中心的人员不仅要具备基础的财务处理能力，还需在市场化运营中不断提高市场开拓和营销能力，通过对外提供服务获取利润。

未来，众包化和外包化将成为大型企业集团通过财务共享中心获利的主要趋势。众包化是指通过信息技术将会计任务发布至互联网，合格的人员可以根据需求参与任务执行。这种会计作业共享模式将财务人员从重复、机械的工作中解放出来，使其能够专注于更有价值的管理决策、风险识别和风险控制等工作，创造更多附加价值。外包化模式则是通过为外部企业提供专业的财务服务来扩大企业经营范围，实现资源的合理利用和最大化的价值贡献。财务共享中心的这一转型，不仅有助于提升企业的整体竞争力，还可以通过提供专业外包服务实现持续的利润增长。

三、从实体财务共享中心到虚拟财务共享中心

虚拟财务共享中心，也被称为财务共享中心的虚拟化，它是在人工智能技术快速发展背景下出现的全新管理模式。与传统的实体财务共享中心

不同，虚拟财务共享中心不依赖于某一物理地点，而是利用现代信息技术实现全球范围内的业务分布和运营。这一模式将打破传统办公地点的局限，使财务共享中心能够在全球各地随意分布，同时继续保持其成本节约的核心优势。

虚拟财务共享中心的出现，源于企业对持续降低成本的追求。在传统实体财务共享中心中，办公地点和人工成本是财务共享中心存在的基础，当这两方面的成本难以进一步降低时，信息技术的飞速发展使得虚拟财务共享中心成为现实的选择。这种模式不仅能够大幅降低运营成本，还能提供更加灵活的员工分配和业务管理方式。

对于员工而言，虚拟财务共享中心提供了全球化的工作机会。员工可以不受地理位置的限制，分布在全球各地工作，从而解决了传统实体财务共享中心中存在的语言障碍、成本压力以及难以招募优秀人才等问题。在虚拟财务共享中心，员工通过网络进行工作沟通和任务分配，只需登录系统领取每日任务并按时完成即可。这种灵活便捷的工作方式既高效又省时，同时增强了共享中心对全球人才的吸引力。

虚拟财务共享中心有着显著的优势。首先，它能够大幅减少管理层人员配置，进一步降低运营成本。其次，它显著节约了初始投入成本，为企业创造更大的利润空间。此外，虚拟财务共享中心通过全球化的人才招募，能够吸引更多优秀人才，解决跨区域的人力资源问题，进而提升财务共享中心的整体人员素质和服务水平。

然而，虚拟财务共享中心的建设和运营也伴随着一系列挑战。首先，虚拟化的构建难度较大，对企业的信息技术水平提出了较高要求。其次，跨区域运营容易面临文化差异和作息时间冲突，这可能会影响团队协作和效率。最后，流程的标准化实施难度较大，特别是在全球化背景下，不同区域的法规和操作习惯可能会产生一定的障碍。尽管如此，虚拟财务共享中心的潜力不容忽视。通过战略规划、合理的系统平台设计以及健全的管理体系，这些挑战是可以克服的。企业可以通过优化流程设计、加强员工培训和管理、引入全球化的信息技术支持体系等措施，确保虚拟财务共享中心的高效运行。

第六章

典型财务管理
场景的数字化变革

第一节　成本管理数字化

一、成本管理概述

（一）成本管理的概念

成本是企业在生产经营过程中，为了获取收入、生产产品或提供服务而发生的各种资源耗费的总和，包括直接成本和间接成本，如原材料、人工、制造费用、设备折旧、能源消耗、物流运输等。成本是衡量企业资源利用效率的核心指标之一，反映了企业在产品生产和服务提供过程中的资源消耗程度。

成本管理是指企业在运营过程中实施成本预测、成本决策、成本计划、成本控制、成本核算、成本分析和成本评价等一系列管理活动的总称。

（二）成本管理的目的

传统的成本管理以节约为主要目的，强调通过节省成本来提高企业的经济效益。成本管理的核心在于通过削减成本支出，提升企业的短期盈利能力。传统的成本管理虽然在一定程度上能够提高企业的财务表现，但往往忽视了成本与企业长远发展的关系，导致企业在追求节约的过程中可能对产品质量、服务水平和创新能力产生负面影响。

随着市场经济的发展和企业管理理念的不断创新，现代成本管理的目的已经从单纯的节约转向提高成本的投入产出效率。企业不再仅仅关注成本的节省，而是更加注重如何在合理控制成本的同时，实现效益的最大化。成本管理的目标从降低成本支出转变为优化成本结构，通过科学的成本分析和管理，提高资源的利用效率。企业在制定成本管理策略时，会根据投入与产出的对比来判断每一项成本的必要性与合理性，从而确保每一笔成本支出都能够为企业带来最大的经济效益。

（三）成本管理的原则

成本管理应遵循以下原则，如图 6-1 所示。

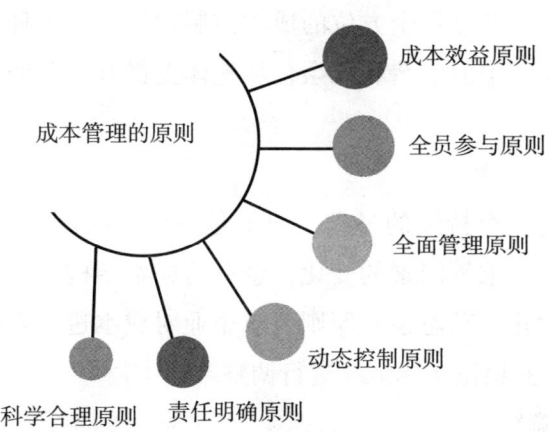

图 6-1　成本管理的原则

1．成本效益原则

成本效益原则强调成本投入必须与收益相匹配。企业在进行成本管理时，应注重每一笔成本投入所能带来的效益，确保所花费的成本能够产生足够的回报。该原则要求企业在制定成本管理策略时，通过分析成本与收益的关系，判断投入的合理性和必要性，以实现经济效益的最大化。这种投入产出比的评估能够帮助企业避免盲目削减成本的做法，确保成本管理的决策更具科学性。

2．全员参与原则

成本管理不仅是财务部门的职责，而且需要全体员工的共同参与。全员参与原则强调成本管理应该融入企业的各个层级和部门，让每位员工都意识到成本控制的重要性，并在日常工作中主动参与到成本管理中去。通过建立完善的成本管理体系和激励机制，企业能够有效调动员工的积极性，让成本管理成为企业文化的一部分，从而形成人人关注成本、人人参与节约的良好氛围。

3. 全面管理原则

全面管理原则强调成本管理应覆盖企业生产经营的全过程，包括研发、采购、生产、销售和售后等各个环节。成本不仅仅发生在生产过程中，还发生在物流、营销、财务等各环节。因此，企业应建立系统的成本管理机制，对所有业务环节进行全方位的成本控制和优化。这种全面管理有助于识别和消除各环节中的浪费和冗余，从整体上提升企业的成本效率和盈利能力。

4. 动态控制原则

成本管理是一个持续的过程，而不是一次性的任务。随着市场环境、技术进步、客户需求等因素的变化，企业的成本结构和成本管理策略也需要不断调整和优化。动态控制原则要求企业对成本进行实时监控，及时发现偏差和问题，并根据实际情况进行调整。

5. 责任明确原则

成本管理需要明确各个部门和岗位的成本责任，建立清晰的责任划分和考核机制。责任明确原则要求企业将成本目标细化到各部门、各岗位，确保每一位员工都清楚自己在成本管理中的职责和任务。通过成本责任制的建立，企业能够提高各级管理人员的成本意识，使得每个部门都能对其自身的成本控制效果负责，从而形成全员联动的成本管理模式。

6. 科学合理原则

科学合理原则要求企业在制定成本管理措施时，必须基于科学的数据分析和合理的评估。企业应通过数据分析工具和现代管理方法，全面了解成本构成和变化趋势，并根据实际情况制订合理的成本控制方案。盲目削减成本可能会损害企业的长期发展和客户满意度，而科学合理的成本管理能够确保企业在降低成本的同时，不影响产品质量和服务水平，保持企业的核心竞争力。

二、成本管理数字化的必要性

（一）提升成本核算的准确性与效率

传统的成本管理往往依赖人工操作和手工记录，存在着信息滞后、核算不准确、效率低下等问题，特别是在面对大量、复杂的成本数据时，容易出现错报、漏报的现象。数字化成本管理能够通过自动化技术实现实时的数据采集与处理，减少人为操作带来的误差。同时，成本数据的自动采集、分类和核算能够提高准确性，确保企业能够及时掌握各类成本数据，迅速进行分析和调整，从而大幅提升成本管理的效率。

（二）实现实时成本监控与动态调整

在瞬息万变的市场环境中，企业需要对成本进行动态监控和灵活调整。传统的成本管理方式难以做到对成本的实时追踪和及时反应，往往滞后于企业的实际运营需求。成本管理的数字化使企业可以通过集成 ERP 系统、财务管理系统等平台，实现对各环节成本的实时监控和数据反馈。通过数字化手段，企业能够及时发现成本异常情况，快速作出反应，并根据市场变化进行成本策略的调整，确保企业在激烈的市场竞争中保持敏捷性和竞争力。

（三）提高企业成本控制的精细化水平

在传统成本管理模式下，企业对成本的控制往往停留在粗放管理的层面，难以做到对各业务单元、各产品、各部门的精细化成本分析和控制。成本管理数字化能够利用大数据和智能分析技术，对各类成本进行深度挖掘和精细化分析。企业可以按产品、项目、部门等多维度细分成本，了解各项成本的构成和变化情况，从而制定更加精准的成本控制措施。精细化的成本管理不仅有助于减少不必要的支出，还能帮助企业优化资源配置，提高成本效益。

（四）支持战略决策与价值创造

成本管理不仅是为了降低成本支出，更是为了在优化成本的基础上为企业创造更多价值。数字化成本管理能够通过数据分析、模拟预测等为企业管理层提供更科学的决策支持。通过对成本数据的深入分析，企业可以制定出更具竞争力的定价策略、资源配置计划以及长期成本管理方案。此外，成本管理的数字化还能帮助企业识别出各项业务流程中的潜在成本节约机会，推动精益管理，提高整体经营效益，实现价值创造。

（五）提升企业应对风险的能力

企业在运营过程中不可避免地面临市场波动、原材料价格上涨等外部风险，这些风险直接影响企业的成本结构和盈利水平。数字化成本管理可以通过实时数据监控、智能化的风险预警机制帮助企业及时识别和应对各种成本风险。企业能够通过动态调整成本结构，优化采购和生产流程，有效降低风险带来的成本压力，增强企业的抗风险能力。

三、成本管理数字化的实施路径

（一）成本核算流程的自动化改造

成本核算流程的自动化改造旨在通过先进的技术手段减少人工干预，提升核算效率和准确性，增强企业在成本控制和管理中的竞争力。在传统的成本核算过程中，企业通常依赖手工录入、整理和计算成本数据，这不仅效率低下，而且容易出现错误。通过成本核算流程的自动化改造，企业可以将这些重复性、机械性工作交由智能系统处理，实现全流程的自动化管理。

1. 成本数据的自动采集与处理

在现代企业中，成本相关数据来源广泛，包括原材料采购、生产制造、物流运输等环节。通过传感器、物联网设备以及 ERP 系统的集成，企业可以自动采集各个环节的实时成本数据，并将其统一存储在数据管理平台中。这一过程不仅提升了数据采集的效率，还能避免手工录入可能导致的数据错误，确保数据的完整性和准确性。

2. 成本计算与分摊的自动化

在传统的成本核算流程中，企业需要手动计算直接成本、间接成本以及生产过程中涉及的各种费用。通过引入自动化技术，企业可以将预设的成本计算模型嵌入到成本管理系统中，系统根据输入的数据自动进行成本分配与计算。企业可以通过精细化的分摊模型，将生产成本、运营费用等按产品、部门、项目等维度进行自动化分摊，减少人为干预，提高成本核算的准确性。

3. 数据的自动校验与核对

在数字化成本管理系统中，数据核算完成后系统会自动进行内部数据的对比核验，确保各项成本数据在不同部门、系统中的一致性。对于存在异常的数据，系统可以自动生成报警提示，供财务人员进行进一步的核查处理。

4. 成本报表的自动生成与分析

通过将成本核算与分析模块相结合，企业可以实现各类成本报表的自动化生成与分析。数字化成本管理系统根据预设的模板和数据模型，自动生成月度、季度、年度成本报表，并通过数据可视化技术，直观展示企业在各个成本中心的支出情况，便于管理者及时掌握成本动态，制定相应的优化措施。

（二）数据驱动的成本预测与控制

数据驱动的成本预测与控制是成本管理数字化转型的重要环节，它通过充分利用大数据、人工智能等技术手段，对企业的历史成本数据、实时生产数据和外部市场信息进行整合分析，生成精准的成本预测模型，并实时调整和优化成本控制策略。相比于传统成本管理中的静态分析，数据驱动的成本预测与控制能够大幅提升企业对成本的预见性、灵活性和精准度，进而增强企业在动态市场环境中的竞争力。

在成本预测过程中，企业可以借助机器学习和人工智能算法，对成本的历史数据进行趋势分析和模型训练。这些技术可以通过对过去的成本变化模式、生产节奏和市场波动等因素进行分析，识别出隐藏的成本驱动因素和关键影响变量。例如，机器学习算法可以预测原材料价格的波动趋势，进而帮助企业优化采购计划，避免因为价格上涨导致成本增加。同时，企业还可以根据预测结果，模拟不同情景下的成本变化，为企业管理者提供更加多样化的决策依据。

数据驱动的成本控制通过实时监控和反馈机制，确保企业的成本控制措施能够适应动态变化的市场环境。传统的成本控制往往是事后调整，而数据驱动的成本控制则强调实时性和前瞻性。在这一过程中，物联网设备可以实时监测生产设备的运行状态、能耗情况、生产效率等数据，结合ERP、供应链管理等系统的库存、物流等数据，形成实时的成本控制图谱。企业管理者可以通过数字化看板和报表，随时了解各个成本中心的运行情况，发现成本异常并及时采取应对措施。例如，当企业在生产过程中的能耗或原材料浪费超过设定的阈值时，系统会自动发出警报，提醒相关负责人进行干预和调整。通过这种实时的反馈机制，企业可以在问题产生的初期就加以控制，避免造成更大的成本损失。与此同时，人工智能技术能够根据实时数据，自动优化企业的生产排程和资源配置，确保资源得到最大化利用，从而进一步降低成本。

借助数据驱动的成本控制体系，企业可以根据不断变化的市场情况和生产状况，动态调整成本控制策略。数字化成本管理系统可以根据实时数据和预测模型的结果，自动调整预算、生产计划和采购策略，从而确保企业的成本控制能够紧跟市场变化。例如，当某种原材料价格预计上涨时，系统可以自动建议企业加快采购，提前锁定价格，从而减少未来的成本压力。

（三）成本管理系统与其他系统的集成

在成本管理数字化转型过程中，成本管理系统的集成性尤为重要。通过将成本管理系统与其他核心业务系统，如 ERP、MES（Manufacturing

Execution System，制造执行系统）、SCM（Supply Chain Management，供应链管理系统）和 HRM（Human Resource Management，人力资源系统）、BI（Business Intelligence，商业智能）、外部系统等进行紧密集成，企业能够实现数据的高效流动和共享，提升成本管理的全面性、精准性和实时性。

1．成本管理系统与 ERP 系统的集成

ERP 系统是企业管理的核心系统，涵盖了财务、生产、物流、采购等多个功能模块。成本管理系统与 ERP 的集成可以通过 ERP 系统获取全生命周期的业务数据，如物料采购成本、生产制造成本、物流运输费用等，并进行成本核算和控制。例如，ERP 系统能够实时记录原材料的采购价格、库存状况及生产过程中的各项支出，通过 ERP 系统与成本管理系统的集成，企业可以自动生成各个成本中心的支出报告，实时掌握成本动态。ERP 系统与成本管理系统的深度集成还能够确保成本数据的一致性和准确性，有助于企业制定更加合理的预算和财务规划。

2．成本管理系统与 MES 系统的集成

MES 系统是制造企业的生产管理系统，主要负责生产计划执行、生产过程监控、设备管理等。通过将成本管理系统与 MES 系统集成，企业能够获得车间层面的详细生产数据，如设备的运转状态、工时消耗、材料使用情况等。这些数据对于精细化成本核算至关重要。通过这种集成，企业不仅能够自动核算单位产品的生产成本，还可以对生产过程中出现的异常情况（如设备故障、材料浪费）进行及时预警和处理，从而优化生产效率，降低运营成本。同时，MES 系统中的实时数据还可以为成本管理系统提供基础数据，用于分析不同工序的成本结构，进一步优化资源配置。

3．成本管理系统与 SCM 系统的集成

SCM 系统主要负责企业的采购、库存和物流等环节。成本管理系统与 SCM 系统的集成可以帮助企业更好地管理供应链成本，特别是在原材料采购和物流运输等方面。通过与 SCM 系统的对接，企业可以将供应商的采购数据、库存周转率、运输费用等数据实时导入成本管理系统，自动生成供应链成本分析报告。例如，当物流费用或供应商报价波动时，成本管理系统可以根据最新数据调整采购计划或运输方式，避免不必要的支出。这种集成还可以优化企业的库存管理，减少因存货积压或短缺带来的成本压力，从而提高供应链的整体运营效率。

4.成本管理系统与 HR 系统的集成

HR 系统管理着企业的人力成本数据，包括员工的工资、福利、绩效考核等。成本管理系统与 HR 系统的集成可以实现对人力资源成本的精确核算和分摊。例如，企业可以通过 HR 系统获取每个部门或项目的人工成本，将这些数据整合到成本管理系统中进行详细的成本分配和分析。这种集成使得企业能够更好地评估不同项目或业务线的人力成本投入，优化人力资源配置，避免人力资源的浪费。同时，HR 系统中与员工绩效相关的数据还可以为成本管理提供参考，帮助企业调整薪酬结构或激励机制，以达到成本最优化的效果。

5.成本管理系统与 BI 系统的集成

BI 系统通过大数据分析，为企业提供决策支持。将成本管理系统与 BI 系统集成，可以进一步提高成本分析的深度和广度。BI 系统可以利用来自成本管理系统的详细成本数据，通过数据挖掘和可视化工具，生成更加直观的成本报告，帮助企业管理者快速识别成本的变化趋势和潜在风险。通过 BI 系统的预测分析功能，企业还可以对未来的成本趋势进行预估，制订更加精准的预算和成本控制计划。这种集成有助于企业进行长期战略规划，提升整体决策效率。

6.成本管理系统与其他外部系统的集成

除了与内部系统的集成，成本管理系统与外部系统（如税务系统、银行系统）的对接也十分重要。例如，成本管理系统与税务系统的集成可以帮助企业更好地进行税务筹划，将税收支出纳入成本核算体系，实现财务数据的自动对接和报税操作。成本管理系统与银行系统的集成则能够优化企业资金管理，确保资金流动与成本支出的有效匹配，进一步降低企业财务风险。

（四）建立数字化成本管理业绩评价体系

成本管理业绩评价是成本管理的重要组成部分，是企业管理层根据企业战略与成本管理目标，对成本计划和成本控制目标的实现程度进行的全面考核与评价。在成本管理数字化转型背景下，企业应根据战略规划和执行计划，逐步推进数字化成本管理的实施，确保成本管理数字化转型能够达到预期的成本管理目标和效果。同时，企业需要强化数字化成本管理业绩计量与评价，包括对成本管理业绩指标的设置、考核、评价、控制、反馈、调整和激励等环节的系统化管理。

数字化成本管理业绩评价体系需要同时涵盖财务指标与非财务指标，既要能够认可企业内部数字化成本管理的改进，也要通过外部标准衡量企业在数字化成本管理方面的竞争力。该评价体系不仅需要比较数字化成本管理执行结果与目标的差距，还要评估整个成本管理过程的业务执行效果。数字化成本管理业绩评价体系的基本程序如下：①设置数字化成本管理的关键绩效指标，这些指标应与企业的战略目标紧密结合；②从财务、客户、内部运营与学习成长这四个层面设计具体的数字化成本管理指标，以确保指标的全面性和多维性；③评价关键成本管理业绩指标的选取，确保这些指标能够准确反映企业在数字化成本管理中的核心表现；④设定业绩评价的标准与指标权重，细化评价和计分方法，确保评价过程的科学性和公正性。

在数字化成本管理业绩评价中，企业应围绕战略目标定位与成本控制执行系统来展开，通过定量和定性相结合的方式，客观反映企业在数字化成本管理中的绩效表现。同时，数字化成本管理业绩评价体系应具备良好的反馈与调整机制，根据评价结果不断优化和改进成本管理策略，推动企业成本管理在数字化转型过程中不断提升管理水平。通过建立科学、系统的数字化成本管理业绩评价体系，企业不仅可以更好地掌握成本管理的执行效果，还能促进企业成本管理数字化转型目标的实现，从而增加企业的战略成本优势，提升企业市场竞争力。

第二节 资金管理数字化

一、资金管理概述

（一）资金管理的基本定义

资金管理是指企业对其资金的规划、分配、调度和使用等一系列活动的管理过程，旨在确保资金的安全性、流动性和收益性，以支持企业的日常运营及战略发展。它涵盖了资金筹集、资金使用、资金监控和资金风险管理等方面。

（二）资金管理的重要性

1. 提高资金使用效率

资金是企业运作的核心资源之一，如何高效地使用和配置资金直接影响企业的运营效率。通过科学的资金管理，企业可以合理安排资金的流入与流出，确保生产、运营、投资等方面的资金需求得到及时满足，避免资金闲置或短缺。有效的资金管理有助于资金流的合理分配，使资金在各个环节中得到最优化的利用，从而提高企业的整体经济效益。

2. 降低财务风险

通过对资金的精确调度和管理，企业能够及时识别并预防潜在的财务风险，特别是在资金链紧张或市场环境波动时，资金管理可以帮助企业保持足够的流动性，避免因资金不足而陷入经营困境。同时，资金管理还能帮助企业优化融资结构，降低融资成本，减少财务杠杆带来的风险。良好的资金管理能够为企业提供稳定的资金保障，增强企业抵御外部风险的能力。

3.支持企业战略决策

资金管理不仅涉及企业日常的运营调度，还在企业的长远战略中发挥着关键作用。通过对资金流动的精确监控和分析，企业管理者能够掌握企业当前的资金状况，制订合理的投资和扩展计划。同时，资金管理为企业的战略决策提供了数据支持，有助于管理层作出有关资本支出、并购重组、国际化扩展等方面的决策。资金管理的有效性能使企业在战略实施中获得所需的资金资源，推动企业实现可持续发展。

二、资金管理数字化的必要性

资金管理数字化是现代企业应对日益复杂的经济环境和市场竞争的必然选择，它不仅提升了资金管理的效率和准确性，还在提供实时资金流动监控与调度、降低资金管理风险、支持战略决策与优化资源配置等方面发挥了重要作用。

（一）提高资金管理效率与准确性

传统的资金管理依赖人工操作，流程烦琐且易出错，导致管理效率低下，信息滞后。而资金管理的数字化可以通过自动化技术将复杂的资金操作流程实现标准化和自动化处理，减少人为操作错误，提升资金管理的效率和准确性。例如，资金调度、支付结算等环节的自动化可以大幅缩短处理时间，优化资金周转，避免延误。资金管理数字化还可以实现资金数据的实时监控，确保财务信息准确及时，从而提高企业整体资金管理的效率。

（二）提供实时资金流动监控与调度

在全球化和信息化日益加速的背景下，企业的资金流动变得更加复杂和多样化，传统的资金管理模式很难满足企业对实时资金监控和调度的需求。资金管理的数字化通过集成 ERP、银行系统和财务管理系统，使企业能够实时掌控资金流动情况，随时调度资金以应对市场变化。数字化技术如大数据和人工智能的应用，可以帮助企业建立资金预测模型，实时分析现金流动，提前作出资金分配决策，确保企业在资金管理上更加灵活高效。

（三）降低资金管理风险

资金管理涉及复杂的交易、支付和融资活动，任何流程中的错误或延误都会给企业带来严重的财务风险。资金管理数字化通过自动化的风控机制和数据分析技术，能够提前发现潜在的资金风险并发出预警。数字化的资金管理系统还可以自动对接企业的风险控制机制，使资金的每一步调动和使用都符合公司政策和法律法规，降低资金流失、错配等风险。实时的资金监控和智能分析也能有效规避市场波动、汇率变动等外部风险，增强企业应对不确定性的能力。

（四）支持战略决策与优化资源配置

资金是企业的重要资源，资金管理数字化为企业管理层提供了强有力的决策支持。通过对资金数据的实时收集、分析和可视化，企业领导层能够更清晰地了解企业资金流向、盈亏情况和未来的资金需求。这种透明化的数据支持为企业战略决策、投资规划和资源配置提供了准确的依据，使企业在资本运作中更加具有前瞻性和灵活性。同时，资金管理的数字化还能帮助企业发现和利用资本市场的机会，提升企业的整体财务绩效。

三、资金管理数字化的实施路径

（一）资金管理流程的自动化改造

资金管理流程的自动化改造是资金管理数字化的核心，企业可以通过自动化技术实现资金操作的标准化和流程化，从而提高管理效率、降低操作风险。

1. 支付与结算的自动化

支付与结算是资金管理中的重要环节，传统的资金管理模式中，这些流程通常依赖于人工处理，耗时较长，且容易发生人为错误。支付与结算的自动化改造通过引入 RPA、OCR 等技术，能够实现支付凭证、发票信息的自动读取和处理，从而减少人工干预。例如，企业可以通过自动化系统自动发起支付流程，系统会根据预设规则选择合适的付款时间和方式，并直接与银行系统对接完成支付，整个过程无须人工干预。

2．资金调度与资金池管理的自动化

在资金调度过程中，企业往往需要根据实际的资金需求和供给情况作出快速反应。通过资金管理的自动化改造，企业能够利用资金池管理系统对各分支机构的资金情况进行统一调度，避免资金的过度闲置或短缺。自动化系统能够通过实时监控各账户的余额和资金流动情况，依据预设的资金调度规则自动调配资金，确保资金在各个部门或分支机构间的合理分配。例如，资金池管理系统能够在多个账户间实现自动化资金划拨，及时补充资金短缺的账户，优化资金利用率。

3．数据采集与报表生成的自动化

传统的资金管理报表生成过程通常依赖于人工数据录入和汇总，工作量大且容易出现数据不一致的情况。通过自动化系统，企业可以实现数据的实时采集与分析，系统自动从 ERP、银行系统、财务管理系统等多个平台提取资金流动数据，并进行自动化分析和报表生成。例如，资金管理系统可以按日、周、月自动生成现金流量报表、资金使用情况报表等，并自动发送给相关管理层。这种自动化的处理方式不仅减少了人工操作的工作量，还提高了数据的准确性和及时性，便于企业快速作出资金决策。

4．资金风险预警与监控的自动化

通过资金风险预警与监控的自动化改造，企业可以建立起资金风险预警和监控系统，实时监控资金流动中的异常情况并提前发出预警。系统能够自动监控如资金流动异常、资金链断裂风险、支付延迟等情况，并自动生成报告供管理层参考。此外，自动化系统还可以根据历史数据建立资金流动的风险模型，通过预测分析未来的资金风险并提前采取措施。例如，当系统检测到某一账户的资金流动异常或余额过低时，自动发出预警，提示相关部门进行干预，确保资金安全。

（二）资金管理系统与其他系统的集成

1. 资金管理系统与 ERP 系统的集成

将资金管理系统与 ERP 系统集成，可以实现财务数据与业务数据的无缝对接，确保资金流与业务流同步。通过这种集成，企业可以实时获取销售、采购和其他业务环节的资金需求，并将这些信息直接导入资金管理系统，进而自动生成资金调度计划和资金使用报表。例如，当企业的 ERP 系统记录了某项大额采购，资金管理系统会自动识别该交易，生成付款计划，并根据账户余额自动调度资金，确保企业的资金调配效率最大化。

2. 资金管理系统与银行系统的集成

资金管理系统与银行系统的集成可以大幅提升企业资金管理的自动化程度和操作效率。通过与企业的主要银行账户对接，资金管理系统能够实时同步账户余额、资金流入流出、付款执行等信息，避免了人工对账的烦琐流程。系统可以通过集成的银行接口，自动执行付款指令、收款确认和余额监控，确保资金的安全与高效流动。例如，企业可以在资金管理系统中发起付款指令，系统会自动将指令传递至银行进行处理，处理完成后，银行系统会实时反馈处理结果，资金管理系统也会自动更新相关资金记录。这种无缝集成不仅减少了人工操作的误差，还提高了资金管理的效率和准确性。

3. 资金管理系统与财务系统的集成

将资金管理系统与财务系统集成，能够实现资金数据的自动化对账、核算和报表生成。实施了相应集成的系统能够自动提取资金流动的详细数据，并将这些数据导入企业的财务模块中，从而生成财务报表和资金分析报告。例如，资金管理系统可以自动与财务系统共享数据，实时生成企业的现金流量报表、资产负债表等财务报表，并自动进行资金的会计处理。这种集成不仅减少了手工数据输入的工作量，还提高了资金数据的透明度和可追溯性，便于企业快速掌握财务状况。

4. 资金管理系统与预算管理系统的集成

资金管理系统与预算管理系统的集成，能够帮助企业更好地控制资金的使用与分配。通过这种集成，资金管理系统可以自动根据预算计划进行资金调度，确保资金的使用符合企业的战略目标和预算范围。同时，系统还能通过集成自动监控资金的实际支出与预算计划的偏差，及时发出预警，帮助企业避免资金超支或不足。例如，企业在预算管理系统中制订了年度预算计划，资金管理系统会根据预算的资金需求计划安排付款和资金调度，并在超出预算的情况下自动发出警报，提醒相关部门进行调整和控制。

（三）数据驱动的资金预测与优化

1. 数据分析在资金预测中的应用

在传统的资金预测中，企业通常依赖历史数据、经验判断和手工分析，无法应对复杂的市场环境和不确定性。数据驱动的资金预测利用大数据技术，通过对历史数据、市场趋势、经济环境、业务订单、现金流等多维数据进行全面分析，生成更加精准的资金预测结果。例如，通过分析历史现金流量、销售预测和采购需求等数据，企业可以准确预估未来的资金需求和资金流入，避免资金短缺或过度储备。通过应用数据分析技术，企业可以及时识别潜在的资金风险，优化资金流动，确保资金的流动性和安全性。

2. 人工智能与机器学习在资金预测中的应用

人工智能和机器学习在资金预测中的应用进一步提升了资金管理的智能化水平。通过机器学习算法，企业可以从海量数据中识别出影响资金流动的关键因素，构建资金流动预测模型，预测企业未来的资金需求。例如，人工智能可以对经济数据、市场动态、客户行为等进行深度学习，分析其对企业资金需求的影响，生成动态预测报告。这种智能化的资金预测能够提前预警资金风险，帮助企业快速作出应对决策，避免企业因资金流动不畅而影响业务运营。

3. 实时数据支持资金优化决策

资金优化不仅需要预测，还需要对资金配置进行动态调整和优化。通过实时数据分析，企业可以随时监控资金的流动和使用情况，及时调整资金配置，确保资金在不同业务部门和项目间的合理分配。数据驱动的资金管理系统可以自动从多个系统中获取实时数据，结合企业的战略需求和资金成本，动态调整资金流向。例如，当某个项目需要资金支持时，数据驱动的资金管理系统可以实时调配其他闲置资金，确保资金及时到位，从而提高资金利用率。

4. 资金流动优化与成本控制

数据驱动的资金管理不仅可以优化资金流动，还能有效控制资金成本。在资金流动过程中，企业需要支付利息、手续费等相关成本，通过大数据分析，企业可以优化资金调度策略，减少不必要的资金占用和流动成本。例如，企业可以根据数据分析，选择最优的付款时机和融资方式，降低资金的使用成本。通过资金流动优化，企业可以实现低成本、高效率的资金管理，确保资金的流动性和安全性，同时提升资金的收益性。

第三节　预算管理数字化

一、预算管理概述

（一）预算管理的概念与环节

预算管理是指企业以战略目标为导向，通过对未来一定期间内的经营活动和相应的财务结果进行全面预测和筹划，科学、合理配置企业各项财务和非财务资源，并对执行过程进行监督和分析，对执行结果进行评价和反馈，指导经营活动的改善和调整，进而推动实现企业战略目标的管理活动。企业预算管理通常包括以下四个环节。

1. 预算编制

预算编制是预算管理的起点，是企业根据其战略目标和年度经营计划，对收入、支出、投资等各方面进行详细预测和规划的过程。预算编制的结果是形成一份预算报告，明确企业在未来一个时期的财务指标和资源分配计划。

2．预算执行

预算执行是指企业在批准的预算框架下进行实际的经营活动和操作。企业各部门根据预算目标开展具体的业务活动，并在实际操作中力求与预算目标保持一致。预算执行过程中，企业会定期对实际业绩与预算目标进行比较，以评估各项业务是否按照预定计划进行。

3．预算控制

预算控制是贯穿预算执行全过程的一个动态调节环节，具体指企业通过对实际执行情况与预算目标之间差异的监控，及时发现偏差并采取相应的调整措施。预算控制的核心在于"发现问题—分析原因—纠正偏差"，它通过数据分析和实时反馈，帮助企业识别出经营过程中的问题点。

4．预算评价

预算评价是企业对预算执行效果进行全面评估和总结，以判断预算管理的成效和存在的问题。预算评价通过对比实际业绩与预算目标，分析差异原因，明确责任归属，为企业下一阶段的预算管理提供反馈和改进建议。

（二）预算管理的作用

1．落实企业战略目标

预算管理是以价值形式和其他数量形式综合反映企业未来计划和目标等各个方面信息的全面预算，是全面落实企业战略目标的具体行动方案与控制制度，它通过对企业的销售、生产、分配以及筹资等活动确定明确的目标，进而据以执行与控制，分析并调节差异，指导企业在市场竞争中趋利避险，全面实现企业战略目标。

2．促进资源合理分配

通过详细的预算编制，企业能够更好地分配资金、人员、设备等有限资源，确保资源用于最优先和最具战略价值的项目。预算管理有助于企业明确各项业务的优先级，避免资源浪费，并最大限度地发挥资源效益。

3．控制各部门的经济活动

预算管理的控制作用贯穿企业经营的全过程，具体体现在事前、事中和事后控制的各个环节。在预算编制阶段，企业能够进行事前控制，通过对未来经营状况的预测，提前规划资源的合理使用；在预算执行过程中，管理者能够实时监测预算执行与目标的偏差，及时采取调整或纠正措施，实现事中控制；而预算的差异分析、考评、总结经验教训则是事后控制。

4. 考评各部门的业绩

通过预算管理，企业可以将各部门的工作目标进行量化，并将其作为业绩考评的主要依据。预算不仅是企业对未来经营活动的规划，更是企业衡量实际业绩的标准。各部门在预算编制时制定的收入、成本、利润等具体指标，成为日后考评的参照系，使各部门的工作成果可以在量化数据的基础上得到公正、透明的评估。

二、预算管理数字化的必要性

在当今数字经济时代，预算管理的数字化已经成为企业提升财务管理效率和战略决策质量的重要途径。预算管理数字化的必要性体现在以下几个方面，如图 6-2 所示。

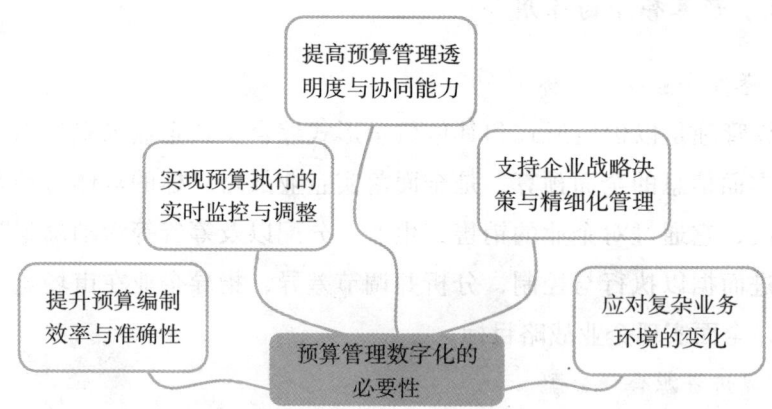

图 6-2　预算管理数字化的必要性

（一）提升预算编制效率与准确性

传统的预算编制通常依赖于手工操作和表格处理，流程烦琐、数据分散且容易出错。随着企业业务的复杂化和企业规模的扩大，手工编制预算无法满足企业快速反应的需求。预算管理的数字化通过自动化工具和集成系统，能够大幅提升预算编制的效率和准确性。数字化的预算管理系统能够实时从财务系统、业务系统中提取最新数据，并根据历史数据和预测模型自动生成预算草案，减少人工计算和数据输入的错误，提高预算编制的精准度和及时性。

（二）实现预算执行的实时监控与调整

传统的预算执行监控通常依赖于事后数据汇报，难以及时发现问题并作出调整。数字化的预算管理系统通过与企业的业务系统、财务系统、资金管理系统等进行集成，可以实现对预算执行情况的实时监控。企业管理者可以随时了解各部门的预算使用情况，并根据业务变化动态调整预算分配，确保资源的合理配置，避免资金浪费或预算超支。

（三）提高预算管理透明度与协同能力

在传统的预算管理模式下，不同部门之间的数据难以共享，沟通不畅导致信息不对称，预算分配和使用过程中容易出现资源分配不合理的问题。数字化预算管理平台可以打破部门之间的信息孤岛，实现数据共享和业务协同。企业各部门能够在统一的平台上实时查看预算数据，管理层也能清晰地了解预算的使用情况、资金的流向以及各项目的进展。通过提高透明度，企业能够更好地协调各部门的资源，提升预算管理的整体效率。

（四）支持企业战略决策与精细化管理

预算管理不仅是企业对日常财务支出的控制工具，更是企业战略决策的重要依据。通过预算管理数字化，企业可以整合财务数据和业务数据，利用数据分析和预测模型为战略决策提供可靠依据。企业可以通过对历史数据的分析预测未来的市场变化和业务需求，从而制订更加精准的预算计划，支持企业的长期发展目标。此外，预算管理数字化还能帮助企业实施精细化管理，按项目、部门、业务单元等维度进行预算控制，确保每一项资金的使用都与企业战略目标保持一致。

（五）应对复杂业务环境的变化

随着市场环境和业务模式的快速变化，企业需要具备灵活应对的能力。传统的预算管理模式较为僵化，无法快速响应市场和业务的变化。而数字化的预算管理通过自动化和智能化工具，可以灵活地进行预算调整，帮助企业更好地应对市场波动和业务需求变化。数字化的预算管理系统可以根据实时数据，快速调整预算分配方案，并立即执行，为企业提供更加敏捷的财务管理支持。

三、预算管理数字化的实施路径

（一）建立数字化预算管理平台

数字化预算管理平台为企业实现预算编制、执行、监控和分析的自动化、实时化提供了技术支持。建立数字化预算管理平台应遵循以下流程。

1. 需求分析与现状评估

在建立数字化预算管理平台之前，首先需要进行需求分析和现状评估。这一过程旨在了解企业当前的预算管理模式、系统架构、数据来源、财务流程，以及企业预算管理中存在的痛点与瓶颈。例如，企业需要明确是否存在数据孤岛、信息不对称、流程不透明等问题。通过与各部门的深入沟通，企业可以识别出预算管理数字化平台所需具备的核心功能和模块，从而为预算管理数字化平台的开发奠定基础。

2. 选择合适的预算管理软件

基于需求分析，企业可以选择市场中现有的预算管理软件，或者根据具体需求自己开发。值得注意的是，企业需要选择适合自身业务模式和规模的预算管理软件。理想的数字化预算管理软件应具备以下几个特性。

（1）集成性

预算管理软件应能够与现有的 ERP 系统、财务管理系统、业务管理系统无缝集成，确保数据流的顺畅性，实现业财融合。

（2）灵活性

预算管理软件应支持企业的多维度预算编制需求，如按部门、项目、业务单元等编制预算，同时允许根据实际情况动态调整预算分配。

（3）自动化

预算管理软件应支持自动数据输入、计算、审核和报告生成，减少人工干预，提高预算编制效率。

（4）可扩展性

预算管理软件应能够随着企业的业务增长和需求变化进行模块化扩展，满足未来发展的需要。

（5）实时性

预算管理软件应能够实现预算执行的实时监控，及时反馈资金使用和支出情况。

3．系统架构设计与集成

建立数字化预算管理平台的关键在于系统架构的设计与集成。预算管理平台通常由以下几层架构组成。

（1）数据层

数据层是数字化预算管理平台的基础，主要包括财务数据、业务数据、预算历史数据和外部数据（如市场趋势、宏观经济数据等）。该层确保预算管理平台能够整合企业内部和外部数据来源，并通过大数据技术实现数据清洗、分类和整合。

（2）应用层

应用层是数字化预算管理平台的核心功能层，包含预算编制、预算执行、预算调整、预算审批、预算监控等核心模块。应用层应实现自动化处理，减少手工操作，通过标准化的流程提高预算编制的效率和准确性。

（3）分析层

分析层主要用于对预算数据进行分析和报告生成，帮助管理者进行决策支持。通过可视化工具，分析层可以直观地展示各项预算数据的执行情况、差异分析、成本控制等。

（4）集成层

集成层实现与企业现有系统的无缝对接，如 ERP 系统、财务报表系统、采购系统、资金管理系统等。集成层的设计应考虑到数据接口的安全性、实时性和准确性。

通过以上架构，预算管理平台可以成为一个集中化、自动化的工具，帮助企业实现预算管理的全流程数字化。

（二）深化数字化预算管理过程控制

1. 优化预算编制流程

（1）引入智能算法

智能算法在预算编制中的应用，使预算编制从传统的手工操作转向自动化和智能化。具体体现在以下三点。

①分析历史数据，辅助制定合理预算目标。通过对往年财务报表、销售数据、市场表现等的综合分析，智能算法可以发现收入、成本、利润等指标的历史趋势及其背后的驱动因素。例如，通过算法分析，可以预测特定产品或服务在未来期间的需求变化，帮助企业设定更贴合实际的销售目标和预算额度。同时，智能算法能够考虑到企业各种内部和外部因素的变化，如季节性波动、经济环境变化、政策影响等，综合分析得出更为精准的预算目标。智能分析比传统的经验和直觉更为客观和科学，大大提高了预算编制的准确性和合理性。

②简化审批流程，实现预算方案的在线协同编辑与审批。传统的预算审批往往需要多次纸质文件的传递和签署，过程烦琐且耗时较长，而智能算法能够实现预算方案的自动生成与在线分享，便于各部门负责人随时随地参与审批和修改。智能算法不仅可以自动整理和汇总各部门的预算信息，还能在生成方案后实时提示相关人员进行审批，减少了人为通知和协调的成本。此外，智能算法还具备实时分析和反馈功能，可以根据各方的意见自动调整预算数据，确保各部门的反馈能够及时有效地反映在最终的预算中。在线协同的工作方式还大大提升了预算编制的效率，缩短了决策周期，促进了企业内部各部门的紧密合作。

③记录和跟踪审批的历史，提供审批过程中的反馈和意见。在预算编制过程中，智能算法不仅简化了操作，还为审批过程提供了高度的透明度和可追溯性。每一步的审批过程、每一条反馈意见都能通过智能算法进行记录和跟踪，形成完整的审批历史档案。这种数据记录功能对于企业内部审计和后续的预算执行具有重要意义。一方面，智能算法记录的审批过程数据可以为企业的管理层提供透明、详细的审批信息，确保各项决策有据可循，有助于责任落实和内部控制的加强；另一方面，在预算执行阶段，管理层可以借助这些历史数据回溯审批的依据和逻辑，分析预算偏差的原因和责任归属。

（2）应用数据智能分析技术

数字化预算管理通过应用数据智能分析技术，通过收集和分析大量市场销售数据、消费者购买行为数据、社交媒体数据、竞争对手数据、宏观经济数据等，可以帮助企业准确把握市场需求和趋势，为预算编制提供更准确的基础数据。例如，数字化预算管理通过分析历史销售数据可以识别产品的畅销期和滞销期，从而帮助企业在预算编制时优化库存和采购策略；通过对社交媒体数据的实时分析可以帮助企业迅速了解消费者的偏好和意见变化，使预算编制更为灵活和及时。

（3）实现预算编制的自动化

具体来说，预算编制的自动化可以从以下三方面着手。

①通过自动化手段减少预算编制准备的工作量。企业业务人员编制预算要参考很多信息，如预算项目的历史数据、预算项目的当前价格、企业或部门本年的经营计划等。通过RPA机器人可以自动收集企业历史经营数据、预算执行差异数据；通过数据中台可以从企业其他业务系统获取企业经营计划；通过爬虫、数据同步、文件上传等数据集成技术可以从外部获取最新的原材料价格、外部服务价格等。数字化预算管理平台自动采集和处理这些数据信息，减少了业务人员手工工作量，使预算人员有更多时间思考未来预算安排。

②预算数据自动汇总计算。预算方案中有大量的汇总，如销量汇总、生产量汇总、销售收入汇总、费用汇总等。通过预设的公式、规则和算法，

数字化预算管理平台可以快速计算出预算所需的各项指标和数据。例如，在预算编制过程中，数字化预算管理平台可以根据历史数据和预设的增长率自动计算出未来的销售收入、成本费用和利润目标；还可以根据设定的预算模型和参数，自动调整各部门的预算额度，以确保总预算符合企业的整体财务规划。自动汇总计算不仅减少了预算人员手工计算的工作量，还能够提高数据处理的速度和准确性，使预算编制更加及时和科学。

③预算方案自动上报母公司或上级单位。传统的预算编制流程通常涉及多个部门的预算编制与审核，需要手动将各部门提交的预算方案汇总，再由预算管理办公室进行平衡调整，最终上报至母公司或董事会审批。这个过程烦琐复杂，容易因人工操作导致数据错误或遗漏，影响整体预算效率和准确性。通过自动化系统，预算编制完成后，各部门的预算数据可以自动同步到数字化预算管理平台，由预算归口部门进行初审。初审通过后，平台自动将审核结果和建议反馈至预算管理办公室，进行统一汇总和平衡。完成汇总的预算方案无须人工操作，便可通过平台自动上报至公司预算管理委员会进行审核和修改，审核通过后，平台自动生成最终的预算报告并上报母公司或董事会。自动上报流程确保了信息的及时传递和透明度，减少了人工传递的延误和错误，显著提高了预算审核的效率和准确性，确保预算方案能够快速高效地进入最终决策阶段。

2. 构建数字化预算执行控制体系

预算执行控制包括预算分解、预算调整和预算控制三方面。

（1）预算分解

预算分解是将企业的年度预算目标层层细化到各个预算单元的过程，这些单元作为最终考核的责任主体，以确保企业战略目标得以贯彻落实。数字化预算管理平台能够自动对比往期企业数据、行业标准数据以及同类企业的数据，提供合理性分析和可行性建议，帮助预算人员判断各预算单元的分解数据是否合理和可执行。这样的数据支持使得预算分解不再是单一的人工决策，而是基于广泛数据基础的智能分析，确保各项预算指标更加贴近企业实际情况和市场变化。此外，数字化预算管理平台通过自动化工具实时监控预算分解的每一个环节，确保分解过程的透明度和一致性，避免了人为失误或偏差的可能性，从而提高了预算执行的科学性和准确性。

（2）预算调整

在全面预算管理的过程中，预算数据往往不是一成不变的，而需要根据企业实际运营情况进行适时调整。数字化预算执行控制体系通过实时数据监控和反馈机制，确保预算调整的及时性和准确性。当预算执行过程中出现偏差或遇到不可预见的外部环境变化时，如市场波动或突发事件导致的额外支出，数字化预算管理平台能够迅速识别并反馈这些问题。在数字技术支持下，各部门可以根据实际情况，通过标准化的流程及时调整预算，避免因信息不对称或沟通延迟而影响企业正常运营。平台自动记录和监测所有的预算调整请求及其审批过程，确保调整程序合规、透明。同时，数字化预算管理平台还提供了模拟分析功能，可以在调整前预测不同方案对企业财务状况的影响，帮助决策者作出更为明智的选择。数字化预算调整不仅提高了企业应对变化的灵活性，还确保了预算执行的持续性和稳定性。

（3）预算控制

预算控制是确保企业的预算执行严格按照既定计划进行的关键环节。在数字技术体系下，企业的预算控制更加精确和严格，力争所有开支都符合预设的程序和规则。数字化预算管理平台赋予了财务部门对所有预算支出的监控权限，自动化程序能够实时审查每一笔支出的合法性和合规性。对于没有经过合规审批或超出预算范围的开支，平台会自动拒绝支付请求，并立即发出警报通知上级管理层。此外，数字技术还支持全过程追踪和记录所有预算支出，形成详细的审计轨迹，便于日后核查和分析，极大地减少了企业资金管理中的漏洞和风险，确保了企业的财务安全和资源的高效使用。如果出现未经批准的支出或异常情况，平台会自动触发报警机制，将信息迅速传达给相关负责人，保证企业的财务决策和资金流动始终在可控范围内。通过这种精确的控制机制，企业可以更好地实现资金的合理配置和使用，增强整体预算管理的有效性和安全性。

3. 建立数字化预算分析与考评体系

数字化预算分析体系依托于先进的数据分析技术，利用大数据和人工智能工具对预算执行情况进行全方位、多维度的分析。传统预算分析往往基于历史数据和静态报表，难以实时反映预算执行过程中的动态变化。数字化工具则能够从各个数据源自动采集和整合企业内部及外部的相关数据，如销售收入、成本支出、市场趋势等，通过机器学习和数据挖掘技术，识别预算执行中的偏差和异常，发现潜在的风险和机遇。企业可以利用这些分析工具实时监控各部门预算的执行进度和效果，及时识别与预算目标的偏差原因，为决策者提供及时准确的数据支持。数字化预算分析工具还能进行预测分析，模拟未来各种情景下的预算执行效果，帮助企业提前做好风险预判和资源配置优化，从而确保预算的科学性和前瞻性。

在数字化预算分析的基础上，考评体系的数字化建设是提高预算管理效果的关键。传统的预算考评通常基于事后评估，周期长、反馈滞后，难以及时反映预算执行中的问题。数字化考评体系则依靠实时数据和智能化规则，对各部门和个人的预算执行情况进行动态考评。数字化预算管理平台可以自动设定考评指标和权重，如预算完成率、成本节约率、资金使用效率等，根据实际执行情况自动生成考评结果并进行反馈。通过大数据分析和机器学习技术，识别预算执行中的优秀实践和薄弱环节，为各部门和员工提供有针对性的改进建议和激励措施。数字化的考评方式不仅提高了考评的公平性和准确性，还能增强员工的预算责任感和参与度，推动企业整体预算管理水平的提升。

第四节 应收应付账款管理数字化

一、应收应付账款管理概述

（一）应收应付账款的概念

应收账款是指企业因销售商品或提供服务而应从客户收取的款项，应付账款是指企业在采购商品或服务后应支付给供应商的款项。应收应付账款管理的核心职能是确保企业在信用交易中能够有效地收回销售款项和履行付款义务，从而保证资金流的正常循环。管理不善的应收应付账款可能会导致企业资金紧张，影响企业正常的运营和现金流。

（二）应收应付账款管理的重要性

应收应付账款的管理直接关系到企业的现金流和财务健康状况。对于应收账款，管理得当有助于企业加快资金回笼，减少坏账损失，提升资金的使用效率。而对于应付账款，合理的管理能够确保企业充分利用信用期，优化资金流动，避免不必要的提前付款和资金占用。同时，及时支付应付账款也能维持与供应商的良好合作关系，保障企业的供应链稳定。因此，应收应付账款管理不仅影响企业的短期现金流，还直接关系到企业的长期可持续发展。

二、应收应付账款管理数字化的必要性

（一）提高资金流动性与运营效率

在传统的应收应付账款管理中，人工处理流程耗时较长，容易出现人为错误，影响资金的及时回收与支付。传统的应收应付账款的管理方式不仅增加了企业的资金周转压力，也降低了企业的整体运营效率。通过应收应付账款管理的数字化转型，企业能够实现自动化的账款管理流程，缩短应收账款的回款周期和应付账款的支付周期。借助智能系统，企业可以实时监控账款的回收和支付情况，优化资金流动性，确保运营的顺畅和高效。

（二）提升数据准确性与透明度

传统的应收应付账款管理依赖手工操作，容易产生数据录入错误或信息延误，导致管理上的混乱和风险。应收应付账款的数字化管理通过集成企业资源管理系统等工具，将应收应付账款的各个环节自动化处理，不仅减少了人工干预的错误，还提高了数据的准确性。实时更新的账款数据能

为财务人员和管理层提供清晰透明的资金状况，支持企业及时作出经营决策，减少因信息滞后带来的财务风险。

（三）强化风控能力与客户供应商关系

应收应付账款管理涉及客户和供应商信用评估与关系维护。传统应收应付账款的管理缺乏实时监控和准确分析，企业难以预测坏账或资金链断裂的风险。通过数字化系统，企业可以自动跟踪账款到期情况，设定风险预警机制，及时采取应对措施。数字化工具还能根据历史数据分析客户和供应商的信用状况，帮助企业优化信用政策，降低坏账风险。此外，自动化的账款管理提高了沟通效率，保障了企业与客户、供应商之间的良好合作关系。

（四）实现全面的财务分析与决策支持

应收应付账款的数字化管理为企业提供了全方位的数据分析和财务管理支持。企业能够通过集成数据平台，将账款数据与其他业务系统相结合，进行多维度的财务分析。这种集成化管理方式不仅使企业能够及时发现资金管理中的问题，还为企业优化资源配置和调整业务策略提供了数据支持。应收应付账款的数字化管理能够帮助企业更准确地预测未来的资金需求，制订合理的财务计划，实现更精准的财务管理和决策。

三、应收应付账款管理数字化的实施路径

（一）应收账款管理的数字化实施

1.业务流程的数字化改造

在财务共享中心，应收共享模块建立了一个完整的从销售至收款的流程，即客户管理→开票→核销→应收款管理的完整闭环，以实现财务共享中心对关键流程节点的集中管控。

应收账款流程的核心业务包括订单及合同管理、开票及收入确认、收

款及票据管理、对账反馈等，简要介绍如下。

（1）订单及合同管理

在这一环节中，企业借助电子商务系统和合同管理系统实现了订单和合同的数字化处理。当市场人员提供合同订单后，系统通过影像扫描与识别技术提取关键信息，为后续财务共享中心的业务处理提供了准确的数据支持，确保合同的相关数据能够无缝对接至 ERP 系统，为后续开票、收入确认、收款处理等环节提供数据基础。

（2）开票及收入确认

当业务人员发出开具发票的请求时，财务共享中心的系统会自动对相应的合同条款进行审核，确保合同条款符合发票开具要求，并通过系统自动生成发票。对于符合收入确认条件的业务，系统将自动完成收入确认操作，并将信息反馈至 ERP 系统中。自动化的开票与收入确认流程，极大地减少了手动操作的错误和延迟，确保了企业收入的及时确认和准确反映，同时保证了财务数据的实时性和一致性。

（3）收款及票据管理

通过银行对接，财务共享中心能够自动检查银行的付款记录，确认客户付款完成后，系统会自动处理相应的应收账款科目的会计处理。这种自动化的收款确认减轻了财务人员手动核对和录入的负担，提升了收款流程的效率和准确性。对于收到的票据，系统可以根据企业资金管理的需要自动生成票据贴现或背书处理流程，进一步实现票据管理的智能化。这种数字化处理方式有效地提高了资金的流动性和利用率，同时保证了票据管理的安全性和合规性。

（4）对账反馈

财务共享中心系统在确认收款后，能够自动将收款信息反馈给客户，确保双方信息的透明化，并通过定期自动化对账，帮助企业及时发现可能存在的错误。这一过程的自动化减少了人工对账的复杂性和不准确性，同时增强了客户信任，提升了企业的运营效率。

2．实时监控与预警

建立实时监控系统，监控账款的回收状况，特别是应收账款的逾期情况。通过数据模型分析，应收账款逾期风险可以自动预警，企业可以提前采取行动，避免资金链断裂。

（1）应收账款逾期情况的监控

实时监控系统可以通过设置预定义的监控规则，对逾期账款进行持续跟踪，及时发现问题。

①自动化识别逾期账款。实时监控系统会自动识别所有超过账期但尚未回收的应收账款，并将这些逾期信息及时呈现给相关的财务人员。通过这种自动化识别，企业可以更快地应对逾期问题，避免账款回收出现长时间拖延。

②逾期分类管理。实时监控系统可以根据逾期天数、金额大小和客户信用状况对逾期账款进行分类，设置不同级别的预警标识，如"轻度逾期""中度逾期""严重逾期"，帮助财务团队优先处理高风险账款，优化资源配置。

（2）数据模型分析与风险预警

实时监控系统不仅可以收集和展示账款数据，还具备强大的数据分析功能。通过内置的数据模型，系统能够分析历史账款回收数据、客户支付行为以及当前的市场状况，从而预测未来可能发生的逾期风险。

①风险预测模型。基于大数据和机器学习算法，系统可以自动生成应收账款的风险预测模型。该模型能够根据客户的付款记录、合同金额、行业发展情况等因素，预测某笔账款是否有逾期的可能性。例如，如果某个客户在过去有频繁的延迟付款历史，系统会将其标记为高风险客户，提前提醒财务团队进行跟进。

②自动预警机制。一旦系统通过分析发现潜在的逾期风险或已出现逾期情况，系统会自动触发预警机制，发送通知给相关部门和人员。预警可以通过多种方式发送，包括系统内部消息、邮件提醒、短信通知等，确保相关人员能够及时采取行动。

③及时催收和谈判。当系统发出逾期预警时，财务人员可以立即采取行动，启动自动催收机制，或直接与客户进行谈判，寻求延迟付款的合理安排。

3．智能化账款催收

（1）自动化催收提醒

自动化催收提醒是智能化账款催收的重要组成部分，通过系统设置自动化的催收功能，能够对逾期的应收账款进行多级提醒。

①自动化触发。系统会根据账款的到期情况，自动识别出逾期的应收账款，并自动触发催收提醒，无须人工干预。这样一来，企业能够确保每笔应收账款都在正确的时间得到处理，避免因疏忽导致的账款延迟回收。

②多级提醒。根据逾期时间和重要性，系统可以设置多层次的催收提醒。例如，在逾期初期发送礼貌性的邮件提醒，若账款继续未付，则通过短信、电话等更直接的方式催收。随着逾期时间的增加，催收强度也会逐渐增加，确保有效触达客户并促使其尽快付款。

③多渠道覆盖。系统支持通过多种方式进行催收提醒，包括电子邮件、短信、电话提醒，甚至微信等社交平台消息推送。这样可以确保信息传递的广泛性，减少因单一渠道失败或延迟而带来的风险，提高客户的回应率。

（2）智能化催收策略

智能化催收策略基于人工智能技术，通过对客户的支付行为进行分析和预测，从而设计出最优的催收策略。

①支付行为分析。人工智能系统能够通过大数据分析技术，收集并分析客户的历史支付行为、付款频率、付款方式、付款延迟时间等数据。这些数据将为制定个性化的催收策略提供依据。例如，某些客户可能习惯在账款到期后的几天内付款，而其他客户则可能有更长的付款周期。通过深入分析这些支付行为，企业可以预测客户的付款时间，进而优化催收时机。

②灵活调整催收策略。基于支付行为分析，系统能够根据客户的付款习惯，灵活地调整催收的时间和频率。对于有良好付款历史的客户，系统可以适当延长催收周期，避免过于频繁的催收干扰客户体验。而对于逾期较多的客户，系统可以通过更频繁的催收提醒，甚至提前干预的方式，确保账款的及时回收。这种智能化的调整大幅提升了催收的成功率。

（二）应付账款管理的数字化实施

1. 端到端的流程自动化

针对公司日常经营中遇到的应付账款问题，企业可以使用基于OCR、供应商门户和工作流技术的发票管理实现从供应商对账、发票扫描识别输入、三单校验到审批、记账的自动化、增值税发票网上集中认证等技术来优化流程，提高工作效率。

针对低效易错的传统应付管理模式，新技术催生的端到端流程自动化系统采用OCR扫描识别技术，可确保文字识别率高，减少信息错误风险，发票信息电子化也可提高业务处理速率；系统可以自动对接供应商门户，完成对账，付款过程透明可查；系统采用发票自动校验和工作流技术，可以自动分配任务，降低人工匹配所带来的失误；系统可以实现发票集中认证，在财务共享中心一个点完成所有发票认证；系统采用发票抽取技术，可支持抽取不同开票系统的开票数据；系统还设置票据影像管理平台，利用大数据、云技术存储大量影像数据，降低信息储存成本，提高储存安全性。

2. 发票管理的流程自动化

应付业务可以通过技术手段实现流程的自动化，尤其是在发票管理流程的自动化方面。借助OCR技术和工作流技术等先进工具，发票管理流程从传统的手工操作转变为系统化流程，实现了从业务流到系统流的升级。此过程不仅标准化了操作流程，还使其实现了自动化。系统能够自动执行发票检查、信息提取录入、三单匹配等任务，减少了人工干预。会计人员可以基于提取的发票影像信息在线完成审批、记账、付款以及税务认证等操作。应付业务的共享管理流程还可以为异常发票的处理设定标准化流程，使系统能够按照既定标准自动处理异常情况。流程的标准化与自动化显著减轻了财务人员的工作负担，提升了业务处理的效率。自动化的发票管理流程有以下特点。

（1）自动对接供应商服务门户

通过自动化发票管理流程，供应商能够通过服务门户直接抽取并批量上传电子发票，减少了手工录入发票的工作量，提升了效率。ERP系统中的供应商基本信息、订单和入库单文件能够自动对接，供应商可以自行完成纸质发票与相关订单和入库单信息的核对工作。供应商还能够通过自助服务的方式，实时跟踪发票状态、付款进度和信用信息，避免了以往需要频繁电话、传真和邮件的查询过程。此外，供应商可以通过服务门户向智能财务共享中心发送查询请求，协同处理发票争议，还能够调阅发票原始影像，从而实现买卖双方更加高效的沟通与合作。

（2）发票扫描

财务共享中心通过扫描供应商提供的发票，将其影像保存至文档影像服务器。财务共享中心支持多种类型的扫描设备，尤其是高速扫描仪的应用，能够处理大量发票的快速扫描需求。该流程的自动化确保了发票信息能够及时准确地录入系统，减少了人工操作带来的延迟。

（3）发票OCR识别

发票OCR识别系统能自动读取发票影像并准确识别增值税专用发票、普通发票、运输发票等多种发票，并在ERP系统中生成电子发票；OCR识别系统支持多线程处理，保证了在财务共享中心处理大量发票的情况下，扫描仪的高速运行不会因OCR识别过程受到影响。通过异步处理机制，发票扫描和OCR识别能够同步进行，避免了系统运行过程中的瓶颈。

（4）自动三单匹配校验

系统根据预先定义的规则，对发票与采购订单、收货单和发票的三方信息进行自动校验。对于物理发票号、公司代码、供应商信息、税率、货币等不一致的发票，系统能够自动识别并拒绝通过。此外，系统还能够检测重复发票、合同无效发票、价格或数量不一致的发票，或者无法匹配采购订单行项目的发票，并将这些异常发票标记为未通过，从而确保账务处理的准确性。自动化校验功能极大地提高了发票审核过程的准确性和效率，避免了潜在的财务风险。

（5）异常处理

当发票的三单匹配出现异常，或者客户提出争议、需要进行例外处理时，系统能够自动触发工作流通知相关人员。通知不仅会显示在待办事项界面，还能通过手机短信、微信和邮件等方式提醒相应人员。自动化的异常处理系统通过清晰的流程管理和高效的通知方式，保障了业务流程的顺畅运行。

（6）审批

在发票校验通过之后，系统会自动将发票发送至主管审批环节。主管可以通过线上平台或其他方式进行远程审批，大大简化了传统的纸质审批流程，减少了因人工流程产生的滞后问题，提升了整体工作效率。

（7）自动记账和付款

主管审批完成的发票将自动在 ERP 系统中记账。（收）付款：ERP 记账后，工作流会自动将环节流转到付款专员处，付款专员确认后，和资金管理系统或网上银行对接，完成给供应商付款的环节。网上集中认证：先由相关人员统计好收支情况，再确定当月需要抵扣认证的金额、需要认证的发票。

（8）发票认证

财务人员可以灵活选择待认证的发票数据，系统按照预设的配置自动将发票数据发送至相关税务局进行认证，并接收认证结果。认证结果会更新到集中认证系统中，确保发票数据的完整性和准确性。自动化认证过程减少了人工操作带来的错误，提高了认证效率，并确保了企业在税务管理上的合规性。

（9）数据导出

在认证完成后，系统能够通过文件下载方式将认证结果导出，方便企业进行进一步的财务分析或内部审计。数据导出的自动化功能简化了数据处理流程，确保了信息的及时共享和应用，方便了操作人员在后续工作中的使用。

（10）查询统计

财务人员可以方便地使用系统进行认证情况的汇总统计，并随时查看发票的详细信息。这一功能让企业管理层和财务人员能够全面了解发票认证的进展和结果，提供了更直观的数据分析支持，有助于企业进行财务决策和优化运营管理。

（11）调控暂缓

对于一些情况特殊的发票，财务人员可以通过系统进行标示隔离，暂时不进行当日或当月的发票认证。该功能提供了灵活的操作空间，允许企业根据具体情况调整发票的处理流程，防止因异常或特殊发票导致财务数据的偏差或税务问题。

第五节　税务管理数字化

税务管理作为企业的重要工作内容之一，与业务系统、财务系统息息相关。目前的税务管理工作中，企业虽然掌握着生产经营的全部信息，但也始终面临税务困境：一方面，随着经济形势的不断发展，税源特点迭代更新，认定数额、界定管辖地等矛盾在企业和税务机关之间不断激化，加大了税务处理和监管工作的难度；另一方面，自我国税务会计和财务会计分离以来，税收准则和会计准则各自不断完善，随之而来的是两者之间差异不断、难以协调，既增加了企业的风险和成本，又为税务机关监控违法行为增添了负担。而智能税务平台是在税务管理方面的一大重要突破。它将企业和税务机关有机结合起来，通过整合分析进项管理、销项管理以及其他税务信息管理的输出结果，推动业务系统、财务系统以及税务系统之间的数据流动，提供逆向的控制信息反馈，在提供海量数据的基础上，利用智能税务风险识别、智能税金处理、智能发票开具以及智能税务监控等特色功能解救企业于税务困境之中，成为加快业财税融合、解决税务困境的重要环节之一。

一、税务管理概述

（一）税务管理的概念

企业税务管理是企业在法律和法规框架下，通过系统化的手段和流程，对税收事务进行规划、申报、核算、缴纳及监督的一系列活动。其目的是确保企业在遵守税收法规的前提下，实现税务合规，同时通过税务筹划，优化企业的税负，提升企业财务管理效率。

（二）税务管理的主要职能

1. 税务申报与缴纳

税务申报与缴纳是企业税务管理的基本职能，要求企业按时、准确地向税务机关申报并缴纳各类税款，包括增值税、企业所得税、个人所得税和消费税等。企业必须确保遵守税收政策的时效性和准确性，避免因迟报、漏报或错报导致的税务罚款或其他法律责任。

2. 税务筹划

税务筹划是通过合法手段对税收事务进行优化管理，以减少企业的税负和税收成本。企业在经营活动中通过合理的安排，如优化资金流动、投资决策以及业务架构，可以达到税负最小化的目标。税务筹划不仅涉及当前税务的优化，还包括未来税务环境变化的预测，确保企业能够根据不同市场和政策环境作出适应性调整。

3. 税务风险控制

税务风险控制旨在识别和评估企业在税务管理中可能面临的风险，特别是税收法规复杂、市场环境变化或政策更新而导致的潜在风险。通过建立有效的内部控制体系，企业可以采取预防性措施，如税务合规审计和风险评估，减少因税务不合规或误解政策而产生的罚款和法律责任。

4. 税务合规性管理

税务合规性管理是确保企业在经营过程中严格遵守国家和地方的税收法规与政策。企业必须保持与最新税务法规的同步，避免因政策理解错误或未及时调整而导致的合规风险。合规性管理不仅关乎税务申报和缴纳的合法性，还包括税务报告的完整性和透明度。企业通过定期的内部审计、税务合规培训和专业团队支持，能够有效降低违规风险，保障企业的声誉，并避免受到税务机关的处罚。

5. 税务信息管理

税务信息管理涉及企业对其所有税务数据的收集、存储和维护。通过集成的税务管理系统，企业可以自动记录和更新税务信息，并将其与财务管理系统进行同步，确保数据的准确性和透明度。

（三）税务管理的重要性

1. 降低税收成本

对于一家企业来说，税收是相当重要的一项支出，其占企业总支出的比例也较高。企业税务的缴纳方式有多种，企业可以根据自己的情况进行选择。纳税方式不同，纳税金额也会不同，其中存在一定的弹性空间。这需要企业进行科学合理的税务管理，以减轻企业的纳税负担，降低企业总体的经营成本，为企业的生存发展腾出更大空间。

2. 提高财务管理水平

企业的税务管理是财务管理中一项极其重要的工作。企业重视并加强税务管理，需要相关从业人员具备专业的税务管理能力，与此同时，企业应对财务人员进行专业化培训，以增强其学习意识。税务管理人员的专业素质得到了提升，相应的业务能力也会得到明显的提高，财务管理的专业性也会相应得到提升，从而使企业财务管理的整体水平得到显著改善。

3. 合理配置资源，提高市场竞争力

企业通过加强税务管理，可以及时准确地掌握国家各项税收政策，根据国家发展的大方向，制定企业的长远发展策略，顺应企业发展而调整产品结构、服务水平、销售模式以及管理方式，合理配置资源，以整体提升企业的市场竞争力。

4. 降低涉税风险

所有与企业税务相关联的生产经营活动几乎都存在税务风险，但根据程度来看，企业可以着重关注以下几个方面：企业需缴税款过重带来的风险；未按税法规定而漏缴或迟缴税款等的风险；遗漏政策或误读政策造成损失的风险；由于税务违法而带来的企业信誉损失的风险；等等。这些涉税的风险不但会给企业带来不必要的税务负担，而且会给企业的声誉造成负面影响，乃至直接影响企业的生存发展以及销售收益，对企业的未来发展产生消极的影响。因此，企业应当高度重视自身的税务管理，通过科学有效的管理，有效规避可能发生的风险。

二、税务管理数字化的必要性

税务管理数字化的必要性体现在以下五方面，如图 6-3 所示。

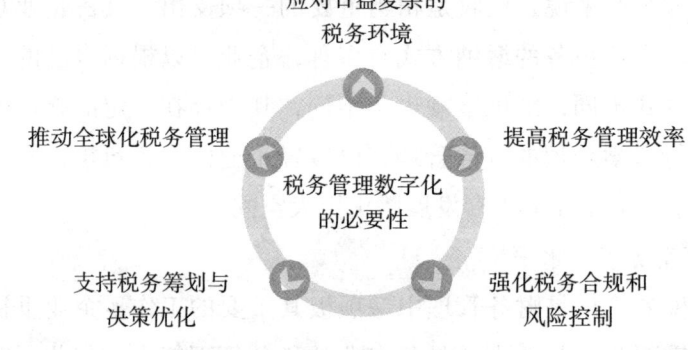

图 6-3 税务管理数字化的必要性

（一）应对日益复杂的税务环境

全球经济的不断发展和各国税收政策的频繁调整使得税务环境日益复杂。传统手工操作难以应对税务管理中的多重变量，包括跨国税收差异、频繁更新的税务政策等。税务管理数字化通过自动化工具和系统集成，能够帮助企业简化税务申报、数据采集和税务核算等复杂流程，提高企业应对复杂税务环境的灵活性。

（二）提高税务管理效率

传统的税务管理通常依赖于人工流程，涉及大量的文书工作、数据录入以及复杂的审核程序，效率低下。税务管理数字化能够通过自动化技术，如 OCR、RPA 机器人流程自动化等，提升企业发票处理、数据录入和税务申报的效率，减少手动操作和人工干预的负担。税务管理数字化可以快速处理海量数据，确保税务信息的准确性和一致性，显著缩短申报和审核的时间。最终，税务管理数字化能够帮助企业提升整体财务管理效率，优化人力资源配置，减少运营成本。

（三）强化税务合规和风险控制

随着税务法规的日益严格，企业面临的税务合规要求和审查频率也在不断增加。传统的手工管理模式容易导致信息遗漏或操作错误，进而引发合规问题。税务管理数字化通过自动化的风控系统，可以实时监控企业的税务行为，帮助企业识别潜在的税务风险并提供预警功能，确保企业及时采取纠正措施。数字化税务管理系统能够持续更新最新的税收法规，帮助企业快速适应法规变化，从而有效降低企业因税务违规或延误导致的法律风险和经济损失，确保税务合规。

（四）支持税务筹划与决策优化

税务管理不仅限于合规操作，还涉及企业长期的税务筹划。通过税务管理数字化，企业能够更有效地进行税务数据分析，及时发现潜在的税务优化机会。智能分析工具能够根据大量历史税务数据和业务模式，帮助企业设计税务筹划策略，如合理利用税收优惠政策、减免措施等，从而降低税负。此外，数字化税务管理系统能够生成详细的税务报表，为管理层提供决策支持，确保企业能够在未来财务和税务规划中作出更科学的安排，优化资源配置。

（五）推动全球化税务管理

在全球化背景下，跨国企业面临不同国家税收制度的挑战，包括不同税率、双重征税风险和各国税务合规的差异。税务管理数字化能够通过系统集成和统一平台，帮助企业整合全球各地的税务信息，实现跨国税务管理的标准化和透明化。数字化工具可以优化跨国税务申报流程，减少人工处理，并帮助企业利用国际税收协定和优惠政策，避免双重征税，降低国际税务风险。通过数字化手段，跨国企业能够高效应对多国税务法规，确保在全球运营中的税务合规性和竞争力。

三、税务管理数字化的实施路径

（一）构建企业税务标准化管理体系

1. 以税务政策为指引

企业税务标准化管理体系的构建必须基于国家和地区的政策法规以及历史税务案例。这意味着企业在建立税务标准化管理体系时，需要将相关的政策法规嵌入到管理系统中，确保员工在税务管理的过程中，能够以政策为指引进行税务申报、税种分类和税务审核。通过对税务政策的动态监控，企业可以准确掌握税务政策的适用范围、有效期及适用条件，确保在不同业务场景下的税务合规操作。嵌入历史案例和法规能够帮助税务人员在处理复杂的税务问题时有明确的操作指引，从而降低违规风险，确保企业税务管理的精准度和合规性。

2. 依托先进税务信息技术

基于相关法规和政策建立的计税基础，不同区域和行业的税务处理存在显著差异。因此，企业的税务标准化管理体系需要依托先进的税务信息技术，建立知识库，以最新的政策标准为依据，设计标准化管理体系的指导原则和管理内容。通过创建智能档案数据库，针对税务纠纷和税收管理争议等问题，提供系统化的事件处理方案，并逐步提升系统的业务处理能力和扩展性。企业可以为不同行业建立标准化的业务特征、区域执行标准、规模执行标准以及资质认证标准，从而形成可视化和可配置的在线管理模式。此外，通过设计智能管理、智能计算、智能培训、智能分析和资源配置等引擎，为企业税务管理体系提供核心支持，构建在主要税种下的标准化管理服务。

（二）优化企业税务数字化业务流程

1. 梳理企业涉税业务与明确主要税种

企业税务数字化业务流程的优化首先需要全面梳理企业在各个生产经营环节中的涉税业务，明确主要税种类型。这一过程的目的是确保税务管理系统能够涵盖企业运营的所有涉税场景。不同环节涉及的税种差异较大，如生产环节会涉及消费税、城镇土地使用税，采购环节涉及增值税进项税，销售环节涉及增值税销项税，进出口交易环节涉及进出口关税，而合同签订环节涉及印花税。通过清晰梳理和归类企业的税种类型，企业可以更加高效地制定符合自身需求的税务管理数字化业务流程，确保每个环节都能有针对性的税务管理措施。

2. 分析关键业务流程并设立角色权限

在优化税务数字化业务流程时，企业需要对每个主要业务流程进行深入分析，识别各个流程环节的关键点，并根据这些关键点设立对应的角色权限和标准化要求。通过这一角色设定，企业可以确保税务管理的责任和权限明确，避免由于角色混淆而产生的税务风险。关键流程的数据信息库的建立，也能为税务管理数字化提供强有力的材料支持。例如，在销售环节，系统可以自动识别增值税申报的角色和操作权限，确保各部门能够根据不同权限完成任务。这样的设置不仅提高了税务管理的精细度，还为数智化企业税务系统的高效运行提供了支持。

3. 实现动态联动与智能化升级

随着企业的不断发展和税收政策的变化，税务管理流程需要具备动态调整和升级的能力。在数智化背景下，企业的税务管理数字化流程应与税务系统实现无缝联动，保证税务管理系统能够根据实时业务变化进行自动调整和更新。企业可以依托智能财务共享服务平台，确保当税务政策、用户需求或企业运营模式发生变化时，系统能够快速更新并适应新的业务需求。例如，企业通过税务处理规则建立的动态管理平台，可以在政策变化时自动更新相应的申报规则、计算公式和税种管理方式，确保税务管理始终符合最新的法规和标准。这种灵活、可扩展的系统架构，不仅提升了企业的数字化管理效率，也帮助企业顺利完成税务管理的数字化转型。

（三）构建企业税务共享化服务平台

构建企业税务共享化服务平台是在数字化背景下企业税务管理转型的重要举措，通过智能化技术手段为企业提供一体化的税务管理服务，提升整体税务处理效率和风险管理水平。税务共享化服务平台的搭建主要包括三个模块。

1. 数据可视化驾驶舱

税务共享化服务平台的第一个模块是数据可视化驾驶舱，它是现代企业税务管理的关键工具，主要通过智能化指标实现数据监控和分析，为管理决策提供支持。该模块依托大数据和先进税务信息技术，具备强大的数据分析、指标监控和决策支持能力。数据可视化驾驶舱能够有效收集、整合企业的税务数据，经过加工和转换后，呈现为直观的智能模型，帮助企业在税务管理过程中更好地掌控数据。在与企业财务系统的无缝连接下，该模块可以基于杜邦分析、因素分析等数据模型，快速识别问题，提出精确的管理方案。这不仅能够帮助企业在税率变化时预测并处理税务管理问题，还能通过可视化工具进行税务调整、纳税申报和财税计算，自动获取税款和涉税数据分析结果。此外，借助该模块，企业可以依托数字化技术构建核心的计税服务系统，提供智能化的税务管理支持，提升税务管理的效率和精度。

2. 业财票税一体化平台

在企业税务管理的数字化转型过程中，涉税业务往往分布于多个系统，包括生产、采购、研发和交易等各个环节，导致税务申报数据庞杂且流程烦琐。自动化的业财票税一体化平台可以将这些分散的数据进行有效整合，简化税务管理流程。借助数字化技术，涉税数据可以被标签化、归纳和加工，系统能够根据规则展示和调整数据，实现平台的高效管理。发票管理通过与税务局的数字化系统联动，确保业务数据与发票直接关联，提升了数据一致性。对于不同税种的申报，业财票税一体化平台能够进行自动分类管理。例如，消费税通过生产系统自动抓取产品数量和单价等信息，而房产税则基于企业固定资产管理系统自动提取相关数据。所有税务数据通过无纸化、精细化的在线平台处理，实现了数据管理的高效性和准确性，有效提高了企业整体税务管理的效率。

3.风险管理与智能预警平台

通过风险管理与智能预警平台，企业能够实时监控生产各个环节的动态变化。风险管理与智能预警平台能够将企业的业务数据与国家税收政策知识库进行智能匹配，对不同业务环节进行自动化的税务管理。基于企业各部门的业务范围、数据规模和应用场景，风险管理与智能预警平台能够个性化预测税务风险指标，并设计出智能的风险识别和预警机制。通过设定风险规则的阈值，风险管理与智能预警平台能够在税务数据出现异常时发出智能预警，同时追踪和管理处理结果，确保及时反馈。最终，风险管理与智能预警平台为企业提供了完整的税务处理方案，提升了税收合规性，并在全链条的税务风险管理和规避中发挥了重要作用。

第七章

数据驱动的财务决策与风险控制

第一节 数据驱动的财务决策概述

一、传统财务决策体系的问题

（一）有较强主观性和滞后性

传统财务决策指标体系主要依赖于财会人员或企业管理层的经验和观点进行指标的选择，很容易受到个人偏见和情感的影响，导致分析的结果可能不能完全反映真实的经济现象。更进一步说，这种主观的选择方法可能使企业财务分析更像是一个验证已有观点的过程，而不是一个旨在发现新的经济现象或趋势的过程。同时，尽管财务理论和实践之间存在密切的联系，但在某些情况下，由于各种原因，包括技术进步、市场变化或政策调整，财务实践可能会滞后于理论的最新发展。这种滞后性可能导致企业在面对新的市场环境或政策变化时，无法及时地调整其财务决策体系，从而导致企业可能错过新的机会或面临不必要的风险。

（二）数据来源匮乏

传统财务决策主要依赖于汇总性数据，如企业的会计报表，这些数据大多是静态的，反映了某一特定时期的经济现象和状况。这种静态的、汇总的数据形式限制了财务决策的深度和宽度。在现代经营环境中，企业的运营产生了大量的动态数据，这些数据可以为分析师提供更加细致、深入和丰富的信息，从而有利于进行更为精准和前瞻性的分析。但在传统财务决策体系中，这些动态维度的数据往往被忽略或未得到充分的利用。例如，实时的销售数据、库存流动性数据或客户反馈等信息都可以为企业提供有价值的洞察，但这些信息在传统的会计报表中往往无法得以体现。此外，由于数据来源匮乏，传统的财务决策可能只是对现有信息的重复利用，而无法深入挖掘潜在的商业价值和风险。这种分析方式不仅限制了企业的决策质量，也可能导致企业错失更为广泛和深入的分析机会，从而影响到企业的竞争力和盈利能力。

（三）难以进行实时反馈

传统财务决策的核心是基于财务报告数据，这些数据由于编制过程和时段性特点，其最小反应周期往往是一个自然月。这种时段性的数据编制方式意味着，即便在月度结束后，也需要一定的时间进行数据汇总、审核和发布，这进一步拉长了数据获取的时间窗口。在这种机制下，企业财务数据的实时更新和反馈变得尤为困难。对于现代企业而言，特别是那些日常业务变动频繁和市场环境快速变化的企业，这种缺乏实时性的财务数据决策方式可能导致企业在决策时缺乏及时和准确的信息依据。而在决策实务不断增加、信息需求日益紧迫的环境下，企业管理者对实时的财务数据反馈有着迫切的需求。这种需求与传统财务决策体系之间的矛盾，使得企业决策过程中可能出现信息滞后，从而影响决策的效率和质量。

二、数据驱动的财务决策体系的优势

（一）决策流程优化

在传统财务决策模式中，大量的时间被消耗在数据收集、整理和手动分析上，导致决策周期长、反应速度慢。然而，随着技术的发展，尤其是大数据和机器学习的应用，决策过程得以极大的加速。现代技术能够快速地处理和分析海量数据，从而为决策者提供准确、及时的信息和见解。这意味着在面对市场变化或业务挑战时，企业可以更迅速地作出决策并实施相应的策略。此外，算法的引入减少了人为误差，提高了决策的质量。这样的高效决策过程不仅提高了企业的运营效率，还加强了企业在激烈市场竞争中的竞争力，确保了企业持续、稳健地向前发展。

（二）支持个性化决策

在传统的财务决策中，企业往往采取统一的决策模型，忽视了每个企业独特的经营环境和内部资源差异。而数据驱动的财务决策体系正好可以针对这一短板进行改进。借助大数据和机器学习技术，数字驱动的财务决策体系能够深度分析企业的运营数据，洞察企业的特定需求和特征，从而提供量身定制的决策建议。这意味着，不同的企业，甚至同一企业在不同的发展阶段，都可以获得与其实际情况相匹配的策略建议。例如，新兴企业可能需要重点关注流动资金和市场扩张，而成熟企业可能更注重成本控制和风险管理，智能财务决策体系可以为这两者提供不同的决策支持。此外，随着市场环境的不断变化，企业策略也需要及时调整，数据驱动的财务决策体系能够实时感知这些变化并进行自我调整，确保决策建议始终与市场现状相适应。

（三）降低成本，优化财会人员结构

降低成本，优化财会人员结构是数据驱动的财务决策体系带来的直接益处。在传统财务工作中，大量的时间和资源被用于手工录入、核对和整理数据，这不仅效率低下，而且容易产生误差。引入数字化财务决策体系后，许多日常重复的工作可以通过自动化工具和算法来完成，大大减少了人为操作的时间和成本。这意味着企业可以用更少的人力来完成更多的工作，从而实现人力资源的优化配置。与此同时，财会人员可以从烦琐的数据处理工作中解放出来，将更多的精力投入更高价值的工作中，如策略分析、业务咨询等。这不仅提高了财务人员的工作效率，还有助于财务部门转型，从传统的财务处理部门变成为企业的战略合作伙伴。长期而言，这种人员结构的优化不仅可以降低企业的财务成本，还可以为企业创造更大的价值，助力企业的持续成长和发展。

三、数据驱动的财务决策体系构建原则

构建数据驱动的财务决策体系中，明确一系列核心原则是至关重要的，这些原则为数据驱动的财务决策体系提供了基本的操作和发展指南。为确保数据驱动的财务决策体系的实时性、准确性和高效性，需特别关注四大核心原则：智能化原则、及时化原则、业财税管融合原则以及动态性原则，如图 7-1 所示。

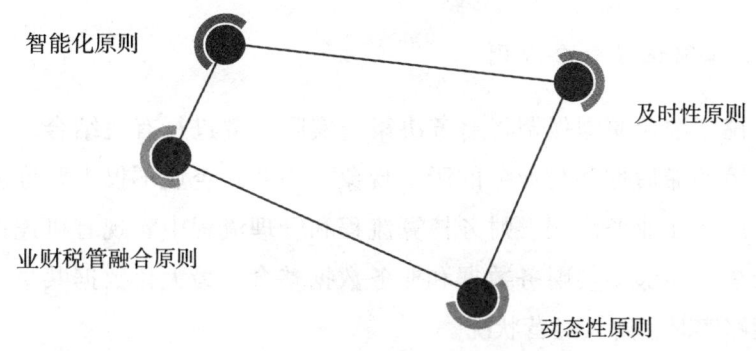

智能化原则

及时性原则

业财税管融合原则

动态性原则

图 7-1　数据驱动的财务决策体系构建原则

（一）智能化原则

智能化原则意味着财务决策要降低人在基础财务活动中的作用，依靠各种数据处理和获取技术使企业汇集海量的财务数据，同时依托实时分析提高数据处理的效率。在此背景下，人工智能的作用在数据挖掘和机器学习等领域得到了充分的体现，特别是在财务信息的生成、处理和决策环节。这不仅提高了数据处理的速度，还确保了决策过程更具智能化特性，减少了人的主观偏见。大数据技术对海量财务信息的分析也变得更为深入，尤其是能够处理各种类型的数据，包括低密度数据，弥补了传统集成分析中可能忽视的细节。基于云计算的大数据技术可通过特定技术手段进行数据整合，创建主题分类的管理数据仓库，进而在应用层进行高效操作。区块链技术通过其多层次结构，如数据层、网络层、安全层等，结合智能合约，

为财务信息的真实性和可信性提供了坚实的技术保障，实现了数据的充分共享。

（二）及时性原则

在整个财务流程中，应利用先进的智能技术能够实时掌握数据流动和动态，确保每个阶段的财务数据都得到充分的应用。通过数字化决策辅助系统，不同时间点的数据得以有效抽取、汇总并被深入分析，为企业提供坚实的决策依据，这大大缓解了财务决策常常滞后于财务信息生成的问题。

（三）业财税管融合原则

业财税管融合原则强调将财务决策与实际业务进行有机结合，打破传统财务决策的滞后性和与业务的脱节现象。因此，企业不仅需要推进业财的融合，还要在业务流程、财务核算流程和管理流程中实现有机连接。这样的融合模式能够促使财务数据和业务数据整合，最大化数据共享，从而使企业能够实时了解其经营状况。

业财税管融合原则的实现有两个核心要点。一是基于智能财务共享中心，企业能够利用电子化交易系统与供应商、客户实现无缝连接，同时在企业内部建立业务与财务信息流的通道。发票的电子化进一步将税务数据与交易紧密联系，将企业带回以交易管理为核心的运营模式。这种重构的流程不仅提高了交易的透明度、自动化程度和数据的真实性，还通过自动化系统实时完成了大量不增值的审核、结账等环节。这使财务人员从日常烦琐工作中解放出来，更能专注于管理分析和风险监控等核心业务。二是在及时性原则的指导下，业财税管融合能够将企业在销售、生产、费用处理、税务处理等各流程中产生的数据贯穿始终。数据在生成的全流程中被实时追踪，每一步的处理都能自动映射到相应的决策体系中。数字化财务决策支持系统能够依据动态可调整的决策模型自动提取、汇总各类数据，确保决策效率的持续提高。

（四）动态性原则

智能财务分析和决策体系需要提供动态性信息。这种动态性是由收集信息的动态性、分析过程的动态性和生成决策建议的动态性决定的。

首先，信息的收集是动态性的、实时的。在整个财务决策体系中，在智能技术的作用下，所有财务信息都可以随时生成和收集，因此，这个过程是动态性的。其次，信息的分析过程是动态性的。传统财务决策体系基于期间报表进行相关财务指标的形成，而随着信息收集的实时性和处理能力的增强，分析过程也可以基于实时收集的数据随时进行分析，并且可以尽可能地细化分析的过程。最后，生成决策建议的过程是动态性的。通过即时收集、实时生成的财务信息和各类财务指标以及动态调整的阈值体系，就可以通过人工智能的自我学习功能实时抽取数据组成企业决策需要的各类报告并提供初步的决策支持信息，以便管理者进行进一步的分析和决策。

第二节　数据驱动的财务决策支持系统的构建与应用

数字化财务决策支持系统的构建与实施是提升企业决策效率与准确性的重要手段。该系统不仅集成了多源数据，还通过先进的分析技术和智能模型，为管理层提供实时的决策支持。通过优化数据处理流程和加强数据可视化，企业能够更加迅速地响应市场变化，制定科学的财务策略，从而提高整体运营效率和竞争力。

一、数字化财务决策支持系统构建的可行性

（一）经济方面的可行性

数字化财务决策支持系统的构建虽然涉及前期的建设和培训成本，但随着大数据和人工智能技术的成熟，其应用成本正在逐渐降低。企业可通

过选择合适的技术供应商和工具，控制初期投资。同时，实施数字化财务决策支持系统后，企业能够优化财务决策流程，减少非理性决策的可能性，从而提高决策的准确性和效率。这种优化将有效减少决策错误带来的经济损失，最终提升企业的财务绩效，带来可观的长期经济收益。

（二）技术方面的可行性

1．文字识别与大数据

利用文字识别技术，数字化财务决策支持系统可以自动抓取并整理含有特定关键词的各种公开信息。这些信息经过数据清洗和处理后，存储于数据仓库中，可以为企业提供全方位的财务及非财务分析支持，从而确保决策者获得高质量的决策信息，减少了信息筛选的工作量，并有效降低干扰因素对决策的影响。

2．数据挖掘与深度神经网络

通过数据挖掘和深度神经网络算法，数字化财务决策支持系统能够发掘海量数据间的逻辑关系，识别潜在影响因素，并构建新的财务分析与决策模型。计算机的强大处理能力能够提升财务决策模型的准确性，减少对人工经验的依赖，提高财务预测结果的客观性。例如，在销售量预测中，数字化财务决策支持系统分析历史及市场数据，以生成更精准的销量预测模型，这对后续财务决策的质量有直接影响。

3．自主学习与深度学习

数字化财务决策支持系统通过自主学习和深度学习算法，能够不断优化财务决策模型。随着使用频率的增加，系统的决策质量将逐步提升。类似于市场上的智能投顾应用，企业财务决策的复杂性虽然更高，但可借鉴其通过用户特征优化决策方案的思路，提升决策的适应性和科学性。

4．语音识别和自然语言处理

语音识别和自然语言处理技术为数字化财务决策支持系统的人机交互提供了支持。近年来，这两项技术有了显著进展，如智能助手能够通过语音识别与用户进行自然语言交流。在数字化财务决策支持系统中集成这些功能，能够实现高效的人机互动，提升用户体验，使决策支持过程更加流畅和直观。

二、数字化财务决策支持系统的整体架构构建

数字化财务决策支持系统由数据层、分析层和交互层三部分构建而成，如图 7-2 所示。

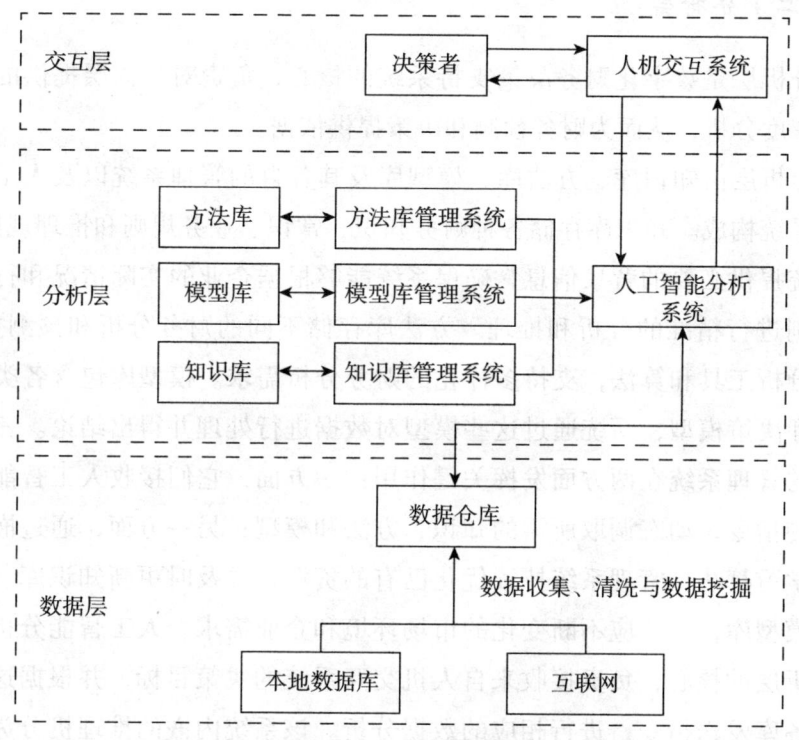

图 7-2 数字化财务决策支持系统的整体架构

（一）数据层

数据层负责全面的数据信息收集、清洗、挖掘和存储。该层通过自动数据传输程序和自然语言处理技术，能够高效获取来自企业内部和外部的各种决策有用信息。内部数据包括企业的财务信息、审计记录和信用信息，而外部数据涵盖政府政策、税务信息、市场动态、法律法规和宏观经济指标等。在获取这些海量的异构数据后，数据层会进行系统化的清洗和挖掘，

确保数据的准确性和一致性。这一过程不仅提升了数据质量，还能将信息转化为多维度的决策支持数据。经过处理的数据最终被分类存储在数据仓库中，为后续的深度学习和财务决策提供了可靠的基础。此外，数据层的提前处理和分类汇总确保了决策制定的及时性，使决策者能够迅速获取所需信息，从而做出高效、准确的财务决策。

（二）分析层

分析层是数字化财务决策支持系统的核心，负责对数据层提供的信息进行深度分析，从而为财务预测和决策提供依据。

分析层由知识库、方法库、模型库及其各自的管理系统以及人工智能分析系统构成。知识库存储各种财务知识、常识、业务规则和推理规则等，为系统提供必要的背景信息，确保系统能够根据企业的实际情况和行业通用规则进行精准的分析和推理。方法库存储不同的财务分析和预测方法，提供分析工具和算法，支持多样化的财务分析需求。模型库包含各类财务分析和决策模型，系统通过这些模型对数据进行处理并得出结论。三个数据库的管理系统在两方面发挥关键作用：一方面，它们接收人工智能分析系统的指令，动态调取所需的知识、方法和模型；另一方面，通过嵌入的深度学习算法，管理系统持续优化已有的资源，并及时更新知识库、方法库和模型库，以适应不断变化的市场环境和企业需求。人工智能分析系统是分析层的核心，负责接收来自人机交互系统的决策目标，并根据这些目标向各库发送指令，进行相应的数据分析。该系统内嵌的推理机分为几个部分，其中一部分专注于识别所需的知识和模型，另一部分负责实际的财务分析与图像生成，最后一部分则聚焦于财务预测和决策生成。

（三）交互层

交互层是人与系统之间的桥梁，负责实现决策者与系统的无缝沟通与协作。它通过先进的语音识别和自然语言处理技术，使决策者能够以自然语言的形式与系统进行互动，极大地提升了系统的用户体验和便捷性。交互层的主要功能如下。

1．人机互动与语音识别

交互层允许决策者使用语音或文字输入，与系统进行自然语言交流。这种形式的互动简化了传统的复杂操作，决策者无须使用特定的编程语言或技术术语，只需通过语音或文本表达需求，系统即可自动解析并理解这些指令。语音识别技术负责将用户的口头命令转化为系统可处理的数字输入，自然语言处理技术则负责理解并解释用户意图，确保系统能够准确执行决策者的指令。

2．财务决策目标设定

通过人机交互系统，决策者可以明确表达财务决策的目标和需求。交互层通过对自然语言输入的处理，提取出决策的核心要素并将其转化为系统可执行的目标指令。这些目标指令将传送到分析层，驱动财务分析和决策过程的进一步展开。此功能简化了目标设定流程，使复杂的财务需求能够以简单的语句形式高效传递给系统。

3．报告生成与输出

在完成财务分析和决策之后，交互层负责将系统的分析结果以简洁、清晰的方式反馈给决策者。交互层可以生成各种类型的报告，包括财务分析报告、财务预测报告，以及综合了分析和预测结果的财务决策报告。决策者还可以根据具体需求要求系统生成定制化的报告，确保所提供的信息能够精准匹配企业的决策需求。

4．动态反馈与调整

交互层不仅是信息的单向传递工具，还具备双向互动的能力。决策者可以基于系统提供的分析报告对财务目标或策略进行动态调整，系统会根据新的指令实时更新决策方案。通过这种持续的互动和反馈机制，决策者能够灵活调整决策方向，并根据实时数据进行有效响应，确保财务决策过程的高效性与灵活性。

三、数字化财务决策支持系统的应用场景

（一）筹资决策

1. 筹资需求的智能评估

在筹资决策中，企业需要准确评估当前的资金需求，并选定最佳的筹资渠道。数字化财务决策支持系统通过对企业财务状况、运营数据、市场环境和未来资金需求的综合分析，提供智能化的筹资评估。数字化财务决策支持系统利用大数据技术，可以快速分析现金流、应收账款和运营成本，识别企业资金缺口，并预测未来的资金需求。通过对资金来源的不同选择（如银行贷款、发行债券、股权融资等）进行分析，数字化财务决策支持系统能够评估各类筹资方式的成本与风险，为企业选择最优的筹资方案提供决策支持。

2. 筹资渠道和成本优化

数字化财务决策支持系统可以对不同筹资渠道的利率、还款期限、资本成本等进行比较分析，帮助企业选择成本最低、风险最小的融资方式。数字化财务决策支持系统通过对当前金融市场的动态监控，实时获取最新的利率变化、债务市场状况等信息，辅助决策者在最合适的时机选择筹资方式。比如，通过分析历史数据和宏观经济趋势，数字化财务决策支持系统能够预测未来的利率走势，帮助企业锁定低成本资金。此外，数字化财务决策支持系统还可以通过风险预测模型评估不同筹资方式的财务风险，降低过度负债或资金链断裂的风险。

3. 筹资计划的动态调整

在实际的筹资过程中，企业的资金需求和市场环境可能随时变化。数字化财务决策支持系统具备实时监控和动态调整的功能，可以根据企业运营状况的变化及时更新筹资计划。例如，如果企业的销售业绩、成本结构或外部融资条件发生变化，数字化财务决策支持系统能够自动更新财务模型，建议调整筹资方案，以确保筹资计划与企业实际需求匹配。这种动态调整能力确保企业在筹资过程中具备灵活性，避免资金过度或不足的情况发生。

（二）投资决策

1. 投资项目的财务评估与筛选

在投资决策中，数字化财务决策支持系统能够通过全面的数据分析，帮助企业评估不同投资项目的潜在收益和风险。数字化财务决策支持系统可以对每个投资项目进行详细的财务分析，包括现金流预测、净现值、内部收益率等关键财务指标的计算。通过对市场、行业、竞争者和宏观经济数据的整合分析，数字化财务决策支持系统能够精准预测投资回报，并筛选出最具价值的投资机会。例如，数字化财务决策支持系统可以根据行业趋势和市场需求变化，预测新项目的盈利潜力，帮助企业作出明智的投资决策。

2. 投资组合管理与优化

除了单一项目的分析，数字化财务决策支持系统还具备投资组合管理功能。数字化财务决策支持系统能够对企业现有的投资组合进行优化，评估各类投资项目的收益与风险，并提供调整建议。借助智能算法，数字化财务决策支持系统可以通过多种财务模型（如马科维茨模型）优化企业的投资组合结构，实现风险与收益的平衡。数字化财务决策支持系统能够实时监控投资组合的表现，并在必要时提出调仓或资产重组的建议，以提高整体投资回报率。例如，数字化财务决策支持系统可能会建议增加高成长行业的投资，或减少对市场波动较大项目的资金投入。

3. 投资风险预测与控制

投资决策的核心是有效控制风险。数字化财务决策支持系统能够通过数据挖掘和风险预测模型，对投资项目的潜在风险进行分析。数字化财务决策支持系统可以基于历史数据和外部市场变化，识别出投资项目可能面临的风险，包括市场波动、政策变动、行业竞争等。通过模拟不同风险情境下的财务表现，数字化财务决策支持系统为企业提供有效的风险控制策略。例如，数字化财务决策支持系统可以建议企业在高风险市场中采取对冲策略，或根据风险模型调整资金配置，确保投资项目在不同市场环境下的稳健性。

（三）股利分配决策

1. 股利政策制定与模拟分析

股利分配决策涉及股东回报与企业长期发展之间的平衡。数字化财务决策支持系统可以帮助企业根据历史数据、盈利水平和未来发展计划，制定合理的股利政策。数字化财务决策支持系统通过对企业的现金流、盈利能力、资本结构等因素的分析，提供不同股利分配方案的模拟结果。管理层可以通过数字化财务决策支持系统了解各方案对公司资本积累和股东回报的影响，从而选择最优的分配政策。例如，数字化财务决策支持系统可以模拟高派息和低派息政策对企业现金流和未来投资能力的影响，帮助企业在短期股东利益和长期发展之间找到最佳平衡点。

2. 股东结构与分配偏好的分析

在股利分配决策中，了解股东的分配偏好至关重要。数字化财务决策支持系统能够通过分析企业股东结构，识别出不同类型股东的偏好，从而为企业提供个性化的股利分配方案建议，以确保股东满意度和企业的整体利益相一致。此外，数字化财务决策支持系统能够模拟不同的股利分配方案对股东权益和公司市值的影响，帮助管理层做出更加符合股东期望的决策。

3. 股利分配的财务影响评估

在制定股利分配方案时，企业需要评估股利分配对公司财务健康的影响。数字化财务决策支持系统可以通过分析公司当前的财务状况（如盈利水平、现金流和资本开支计划），评估不同股利政策对公司资本结构和长期发展战略的影响。例如，数字化财务决策支持系统可以模拟发放高股利对企业流动资金和再投资能力的潜在影响，帮助企业合理规划现金流管理。通过对股利分配财务影响的全面评估，企业可以确保股利政策的执行不会对未来经营造成不利影响。

（四）特殊决策模型定制

数字化财务决策支持系统不限于提供传统的财务决策支持辅助服务，对于上述财务决策目标之外的决策辅助需求，决策者可以进行特殊决策模型定制。当特殊财务决策需求产生时，借助深度学习算法，数字化财务决策支持系统首先会根据以往决策经验自动推理需要的画像类别，决策者可以对画像类别以及画像涉及的具体分析方面进行调整和修正。然后根据对财务决策目标的分解获得需要采用的分析方法，并应用对应深度学习算法进行运算，从而得到财务分析和预测。最后根据财务预测结果，提出决策建议供决策者参考。同时，本次财务决策支持过程中涉及的画像类型、分析预测结果以及最终决策等内容都会作为下一次特殊财务决策模型定制的素材被分析和储存。

第三节　数据驱动的财务风险预测与防控

一、财务风险的类型与主要来源

财务风险是指企业在财务管理活动中因多种不确定性因素而面临的潜在损失。它主要来源于企业的经营、投资、筹资活动以及市场波动等方面。以下是几种主要的财务风险类型及其来源。

（一）流动性风险

流动性风险指企业无法及时获得足够的现金以应对短期债务、经营费用或突发事件，可能导致企业财务危机或经营中断。

流动性风险的主要来源有以下几种。①现金流管理不善、应收账款回收延迟、库存积压、采购与销售不匹配等会导致企业的流动性问题。②资金周转不畅、未能有效协调短期债务与现金流需求，导致企业短期内无法满足支付义务。③外部融资渠道受限、融资困难或利率上升，导致企业难以通过外部融资补充流动性。

（二）信用风险

信用风险是指企业的债务人（如客户、供应商、合作伙伴）无法按时履行其财务义务，导致企业遭受损失的可能性。

信用风险的主要来源包括以下几方面。

1. 客户违约

客户的财务状况恶化，无法按时支付应收账款，导致企业现金流短缺。

2. 供应链不稳定

供应商出现财务问题，导致原材料供应中断或价格波动。

3. 债务结构不合理

企业自身的高负债率或信用评级下降，增加了企业融资成本和偿债压力。

（三）市场风险

市场风险是指由于外部市场因素（如利率、汇率、股市、商品价格波动等）变化，影响企业财务状况或财务表现的风险。

市场风险的主要来源如下。

1. 利率风险

利率上升导致企业融资成本增加，影响企业盈利能力；利率下降可能导致企业投资收益减少。

2. 汇率波动

外汇市场的不稳定性影响外币结算和跨国交易，可能导致外汇损失或降低利润。

3. 商品价格波动

原材料价格、能源价格、供应链成本的波动，直接影响企业的生产成本和利润率。

4. 资本市场波动

股票市场或债券市场的波动影响企业的市值、投资收益及融资能力。

（四）操作风险

操作风险是指由于内部流程、人员管理、系统故障或外部事件造成的财务损失风险。

操作风险的主要来源如下。

１．内部控制失效

企业在资金管理、成本控制、审计等方面的流程不健全或执行不力，导致企业财务混乱或损失。

２．信息系统故障

财务管理信息系统或 ERP 系统出现技术故障或数据泄露，导致企业财务数据不准确或丢失。

３．人为错误

财务人员操作失误、管理层决策不当或道德风险，如舞弊、贪污等，导致企业财务风险加剧。

（五）法律与合规风险

法律与合规风险是指企业因未能遵守相关法律法规、税务政策或监管规定，可能面临的处罚、诉讼或声誉损失的风险。

法律与合规风险的主要来源如下。

１．税务合规问题

未按规定申报和缴纳税款，可能导致企业面临税务处罚或法律诉讼。

２．监管政策变化

行业政策、环境法规、劳动法等的变化，可能影响企业的财务状况。

３．法律纠纷

企业涉及的合同纠纷、知识产权争议或其他法律问题，可能对企业财务健康造成负面影响。

二、数据驱动下的财务风险预测环节

（一）数据采集与整合

财务风险预测的第一步是全面采集企业内外部的财务数据。企业内部财务数据包括应收账款、应付账款、现金流、负债、资产负债表等企业自身运营数据。通过 ERP 系统、财务管理软件等平台，企业能够及时、准确地收集这些信息。

外部环境对企业财务风险的影响也不可忽视。企业通过大数据技术可以采集宏观经济数据、行业动态、利率汇率变化、政府政策、竞争者行为等外部数据。这些外部数据能够帮助企业理解市场趋势、经济政策的变化以及潜在的市场波动。

为了确保预测的准确性，企业需对不同来源的数据进行整合并清洗。数据清洗技术能有效去除重复、不完整和错误数据，确保风险预测模型的输入数据的高质量和一致性。这是保证预测精度的基础。

（二）数据分析与风险识别

1. 数据挖掘与模式发现

在数据整合完成后，利用数据挖掘技术对企业内外部的数据进行深入分析，挖掘数据间的潜在关联与趋势。通过分析过去的财务表现、市场波动和外部经济数据，数字化财务决策支持系统可以发现某些模式和异常行为，这些模式通常是潜在财务风险的预兆。例如，应收账款回收周期的延长、生产成本的逐渐上升或市场需求的下降，都可能表明企业面临流动性风险、信用风险或市场风险。

2. 风险模型的构建与优化

基于数据分析的结果，数字化财务决策支持系统通过构建财务风险模型来进行量化分析。常用的风险模型包括信用风险模型、流动性风险模型以及市场风险模型，这些风险模型能够将数据转化为可操作的风险预测工具。随着更多数据的输入和历史经验的累积，数字化财务决策支持系统中的机器学习算法会对模型进行自动优化，提升模型的精度和适应性。例如，通过引入机器学习技术，数字化财务决策支持系统可以自动学习历史数据中的风险特征，不断改进模型对未来风险的预测能力。

（三）风险预测与自动化预警

1. 实时监控与动态调

数据驱动下的财务风险预测不仅依赖于静态的历史数据分析，还包括实时监控企业的动态运营状况。通过对关键财务指标（如现金流、应收账款、应付账款、库存等）的实时追踪，数字化财务决策支持系统能够及时检测出异常状况。一旦监控到潜在的风险，如现金流即将出现负值或应收账款逾期超出警戒线，数字化财务决策支持系统会自动识别出这些异常情况并生成预警信号。实时风险监控使得企业能够动态掌握其财务健康状况，确保及时采取防控措施。

2. 自动化预警机制的设计

在风险预测过程中，数字化财务决策支持系统根据财务指标设定的阈值，自动生成预警机制。企业可以根据自身情况和行业标准，定义各项财务风险的预警标准。智能预警不仅包括提醒功能，还能根据风险的类型和严重程度提供不同的应对策略。

3. 风险应对与调整措施

一旦系统发出预警，企业管理层可以通过系统提供的应对建议迅速作出调整决策。系统会根据风险性质和可能的影响范围，提出一系列的风险缓解方案。随着系统的反馈和风险应对措施的执行，系统会持续监控风险处理效果，并根据最新数据进行动态调整和进一步优化应对措施。

三、数据驱动下的财务风险防控策略

（一）事前防控策略

1. 数据驱动的风险情景模拟

在事前防控中，除了建立预警机制外，企业可以利用数据驱动技术进行风险情景模拟，以提前预测可能的财务风险。通过模拟不同市场情境（如经济衰退、利率上升、汇率波动等），企业可以测试其财务状况在不同假设条件下的表现。这种模拟不仅能评估企业的抗风险能力，还能帮助企业识别哪些业务环节在极端情境下最容易出现问题。通过情景模拟，企业可以为未来的风险制订相应的应对计划，确保在市场条件发生变化时能够快速调整财务策略，如提前准备备用资金、调整融资结构或优化运营成本。这种提前的"压力测试"不仅增强了企业的风险意识，也提高了企业面对不确定性时的应对能力。

2. 强化内部控制与流程优化

企业可以利用数据分析优化财务流程，建立更严密的内部控制制度。例如，通过数据分析识别出在采购、生产或销售环节中的潜在财务风险点，企业可以对这些环节进行有针对性的优化，减少不必要的支出或降低损失。同时，基于大数据分析，企业还可以通过流程再造来减少人为错误或操作漏洞，从而进一步降低操作风险。

（二）事中控制策略

1. 应急处理与快速反应机制

当风险出现时，企业需要快速应对，减少财务损失。数字化财务决策支持系统能够在风险发生时提供应急处理方案，并迅速执行风险应对策略。通过这种快速反应机制，企业能够有效降低财务风险带来的负面影响，确保业务的连续性和财务稳定性。

2. 风险缓释与应对策略调整

在事中控制阶段，企业需要根据实时数据调整风险应对策略。通过系统的动态分析功能，企业可以快速识别财务风险的早期信号，并采取缓释措施。例如，当系统监测到市场波动可能引发的销售下降时，企业可以立即调整定价策略、优化库存管理或缩减不必要的开支，缓解市场波动带来的冲击。同时，数字化财务决策支持系统会根据风险性质推荐具体的应对策略，如降低库存水平以释放现金流，或与供应商重新谈判付款条件，减轻短期财务压力。灵活调整的策略可以帮助企业在风险发生时迅速作出反应，降低潜在损失。

3. 实时协同与决策支持

在财务风险控制过程中，跨部门的实时协同与沟通非常重要。数字化财务决策支持系统可以将财务风险信息实时共享给企业的各个关键部门，如财务、采购、销售和运营等部门，使其能够快速响应财务变化。通过数字化财务决策支持系统提供的实时协同平台，各部门可以根据最新的财务状况作出及时调整，协调资源，避免因信息不对称或延迟决策造成的损失。此外，数字化财务决策支持系统还能为管理层提供动态决策支持，确保企业在复杂的市场环境中始终能够作出有效的财务调整。

（三）事后管理策略

1. 风险事件数据回溯与分析

在风险事件发生后，企业需要进行数据回溯与分析，找出财务风险的根本原因。通过数字化财务决策支持，企业能够分析各类风险事件的数据来源、影响范围和执行效果。数字化财务决策支持系统通过分析历史数据，可以识别出导致风险事件的内部管理失误或外部市场变化，并为未来的风险防控策略提供依据。

2. 风险控制机制的改进与优化

基于事后分析，企业可以通过反馈优化财务风险管理机制。通过引入新数据和历史风险事件的经验教训，数字化财务决策支持系统会不断改进风险识别和预警模型，促使未来的风险防控更加精准。例如，在遭遇某类市场波动后，数字化财务决策支持系统可以将该波动的特征信息输入模型，当未来出现类似情况时将发出更早的预警信号，从而提升企业的风险应对效率。

第八章
企业财务数据治理

第一节　企业财务数据治理体系建设

　　财务部门是企业的"数据中枢"，汇聚了企业从业务前端到财务管理后端的大量数据。企业财务数据治理是指企业通过建立系统化的管理框架和流程，对财务数据的采集、处理、存储、分配和使用进行有效管理和控制，确保财务数据的质量、合规性、安全性和利用价值最大化。企业财务数据治理体系建设主要包括以下内容。

一、建立企业财务数据标准体系

（一）企业财务数据标准的内涵

　　企业财务数据标准包括国际标准、国家标准、行业标准、企业标准等。这些不同层面的标准各有特色，相互补充，为企业财务数据治理提供全方位的规范。

　　国际标准如国际财务报告准则（IFRS）和国际会计准则（IAS），为国家、行业、企业标准提供了重要的参考和借鉴。国际标准由专业组织或者联合国等国际机构制定，通常具有广泛的适用性和权威性。国家标准（如我国的企业会计准则）则是在符合国际标准的基础上，结合国情、法律法规以及国内的实践经验制定的，对国内的企业有着直接和强制性的要求。行业标准针对特定行业的财务数据处理提出了更具体的要求。这些标准考虑到了行业特有的经营特点和管理需要，如银行业的风险管理标准、制药行业的研发成本核算标准等。行业标准的遵循有助于企业更好地管理和分析行业特定的财务数据，提升行业内的竞争力和管理效率。企业标准则是在以上三层标准的基础上，结合企业自身的实际情况进行定制的。企业标准需要考虑到企业内部的数据生态，在满足上级标准的同时，使数据治理工作更好地服务于企业的战略目标和业务需求。

企业财务数据标准体系应包括以下内容。

1．元数据标准

元数据，或称为数据的数据，提供了关于财务数据的描述性信息，如数据的来源、格式、含义、责任人等。元数据标准旨在确保企业内部及其与外部之间在理解和使用数据时的一致性。它包括数据定义标准、数据分类标准和数据关系标准等，通过规范数据的命名规则、分类方法和关系描述，元数据标准使得数据的管理、检索和利用更加高效和准确。例如，在编制报表时，元数据标准能够帮助财务人员快速准确地理解各项财务数据的含义和计算方法，避免误解和错误。

2．主数据标准

主数据是企业运营中核心业务实体的数据，如客户、供应商、产品、账户等信息。主数据标准旨在确保这些核心业务实体的数据在整个企业内部保持一致和标准化。通过定义统一的主数据管理规则和流程，主数据标准能够帮助企业消除数据孤岛，提高数据的准确性和可靠性。例如，通过统一的客户数据标准，企业可以确保在不同业务部门和系统中，对同一客户的识别和处理保持一致，从而提升客户管理的效率和质量。

3．参照数据标准

参照数据是用于分类和标准化企业数据的数据，如货币单位、国家代码、行业分类等。参照数据标准旨在通过规范这些基础分类和标准化信息，支持企业数据的统一解释和应用。它对于确保报告的一致性、支持跨系统和跨部门的数据交换与整合至关重要。例如，在进行国际业务时，通过应用统一的国家代码和货币单位标准，企业可以准确无误地进行跨境交易记录和财务报告编制。

4．数据指标标准

数据指标标准涉及财务和业务指标的定义、计算方法和使用场景。这些标准确保了企业在衡量和评价业务绩效时的一致性和可比性。通过明确各项指标的计算公式、数据来源和解释说明，数据指标标准能够帮助企业精确衡量业务绩效，支持企业决策制定。例如，通过统一的盈利能力指标标准，企业可以有效地比较不同业务单元或时间周期的业绩，识别改进和增长的机会。

（二）企业财务数据治理标准体系的建设

企业财务数据治理标准体系的建设必须考虑满足企业当前实际需求与预见企业未来发展趋势。这意味着企业财务数据治理标准体系不仅要解决眼前的问题，更要有长远的视野，以便与国家和国际标准接轨，应对未来可能出现的新情况和新问题。

企业当前实际需求主要涉及企业的业务需求、技术需求以及法规需求。业务需求要求企业财务数据治理标准体系能够支持企业的业务运营和决策。即企业财务数据治理标准体系需要定义清楚业务数据的数据模型、数据格式以及数据质量要求等，以确保数据的准确性和一致性。技术需求则要求企业财务数据治理标准体系能够适应企业的技术架构和技术策略。即企业财务数据治理标准体系需要考虑数据的存储、处理、共享等技术问题，以便于在技术层面实现数据治理。法规需求则要求企业财务数据治理标准体系能够遵守相关的法律法规，如数据保护法、信息安全法等，以防止企业因违反法规而面临法律风险。

与国家和国际标准接轨则是未来发展的需求，主要涉及企业财务数据治理标准体系的普适性、持续性以及开放性。普适性要求企业财务数据治理标准体系能够与国家和国际标准保持一致，从而在全球范围内实现数据的交互和共享。例如，企业需要参考国际标准，如 ISO/IEC 11179（元数据注册标准）等，来定义自己的元数据标准。持续性则要求企业财务数据治理标准体系能够适应未来的发展，包括业务的变化、技术的更新以及法规的修订等。例如，企业需要定期评审和更新数据标准，以确保企业财务数据治理标准体系的时效性。开放性则要求企业财务数据治理标准体系能够对外开放，与其他企业或者组织共享标准，从而促进数据的互通和利用。例如，企业可能需要将一部分数据标准公之于众，以便其他企业或者组织参考和使用。

二、健全企业财务数据治理制度

（一）数据质量管理制度

数据质量管理制度是确保企业财务数据准确性、完整性和可靠性的关键，对于支持企业决策制定、提升企业运营效率和维护企业信誉至关重要。有效的数据质量管理制度建设应从以下几个角度入手。

1．明确数据质量的标准和评价指标

这包括数据的准确性、完整性、一致性、及时性和可信性等。通过设定具体、可衡量的数据质量指标，企业可以对数据的质量水平进行量化评估，从而识别数据质量问题的存在和程度。例如，准确性可以通过错误数据的比例来衡量，完整性可以通过缺失数据的比例来评价。这些标准和指标为企业后续的数据质量改进工作提供了明确的目标和评价基准。

2．设定数据质量责任人

这包括数据所有者、数据管理者以及数据用户等。数据所有者负责制定数据质量政策和监督数据质量政策的执行，数据管理者负责执行数据质量管理活动，而数据用户则需要按照规定的方式使用和维护数据。各种角色的职责应在制度中明确定义，并配以相应的培训和支持，以确保他们能有效地履行职责。

3．建立持续的数据质量监控和审核机制

这能确保数据质量管理的有效实施，包括定期对数据进行质量检查，使用自动化工具监控数据质量指标，以及对异常数据进行及时的识别和处理。数据质量审核不仅限于内部数据，也应当覆盖外部数据源，确保引入企业的所有数据都符合质量要求。此外，通过建立数据质量问题的反馈和纠正流程，企业可以及时解决发现的数据问题，防止错误数据影响决策和运营。

4．不断进行数据质量改进和维护工作

这包括根据数据质量监控和审核的结果，分析数据问题的根本原因，采取相应的改进措施，如优化数据收集和处理流程、提升数据录入和管理人员的技能等。同时，随着企业业务的发展和外部环境的变化，企业还需要定期评估和更新数据质量管理制度，确保数据质量管理工作与企业的实际需求和最新的数据治理实践保持一致。

（二）数据安全管理制度

在当今信息化快速发展的时代，数据安全成为企业财务管理中的一个重要议题。为了有效保护财务数据免受非法访问和攻击，企业需要在技术和管理两个层面上建立和完善数据安全管理制度。

在技术层面，企业应该采取各种安全技术来防止数据的非法访问和攻击。例如，数据加密技术能够确保数据在存储和传输过程中的安全，即使数据被拦截，没有密钥也无法解密，从而保护数据内容不被非法获取；身份认证技术如两因素认证、生物识别技术等，能够有效确认用户身份，防止未授权访问；访问控制技术则通过设置权限来限制用户对数据的访问和操作范围，确保只有授权用户才能访问特定的数据资源；网络防火墙和入侵检测系统等网络安全技术能够监控和过滤进出企业网络的数据包，防止恶意软件入侵和数据泄露。

在管理层面，企业应该制定和执行各种数据安全政策和程序。企业需要明确规定数据的访问、使用、存储、传输、备份和恢复等活动的标准和流程，以及在遇到数据安全事件时的响应机制。这包括制定数据分类和处理指南，明确不同级别数据的安全要求；建立数据使用和访问日志，进行定期审计；制订数据备份和灾难恢复计划，确保数据的连续性和完整性；建立数据泄露和安全事件的快速响应机制，确保在数据安全事件发生时能够迅速采取措施，减少损失。

（三）数据生命周期管理制度

数据生命周期管理制度是指对企业内部数据从生成、存储、使用、共享到最终销毁的全过程进行系统化管理的一套规范和程序。这一制度的目的在于确保数据在其生命周期的每个阶段都得到有效管理，从而提高数据的质量和价值，同时确保数据安全和合规性。

在数据的生成和收集阶段，需要确保数据的准确性和完整性。这通常涉及对数据来源的控制和验证，以及对数据收集过程的规范，如设定数据收集的标准和方法，确保所收集数据的真实性和可靠性。此外，对于敏感数据的收集，还需要遵守相关的法律法规，保护个人隐私和数据安全。在数据的存储阶段，需要对数据的存储位置、格式及存储期限等方面进行规范。这包括数据分类管理，根据数据的敏感程度和重要性，采取不同级别的安全措施进行保护，如对敏感数据加密处理。同时，制定数据备份策略和灾难恢复计划，确保数据的安全性和可恢复性。在数据的使用和共享阶段，需要明确数据的访问权限，确保只有授权人员才能访问特定的数据。此外，对数据的使用目的、方式和范围进行规范，避免数据被滥用或泄露。对于数据共享，特别是跨部门或跨组织的数据共享，数据生命周期管理制度应要求双方签订数据共享协议，明确数据使用的范围和责任，确保数据共享的合规性和安全性。在数据的销毁阶段，应规定数据销毁的标准和方法。对于不再需要的数据，尤其是包含敏感信息的数据，需要采用安全可靠的方式进行销毁，如物理销毁或使用专业软件进行彻底删除，以防数据被恢复和非法使用。

（四）数据使用和访问制度

数据使用和访问制度旨在规范各层面对数据的访问和使用，以保障数据安全，提高数据质量，以及优化数据应用，从而使企业全面优化和提升财务数据的管理水平和运用效率，为企业战略决策提供有力支持。[①]

数据使用涉及根据企业内部用户的角色、权限、需求等因素，因此应制定恰当的数据使用规则。不同角色的用户可能对数据的需求和使用方式存在差异，数据使用规则需要能够满足这些差异化的需求，同时保证数据的安全性和合规性。对于敏感数据或者重要数据，数据使用规则需要更加严格，可能需要进一步限制数据的使用范围和方式。同时，数据使用需要

---

① 腾讯研究院.网络法论丛：第 2 卷 [M].北京：中国政法大学出版社，2018：142.

严格遵守相关法律法规和企业内部的规章制度，任何违反法规或者规章制度的数据使用行为都应被禁止和打击。数据访问要关注如何保护数据的安全，防止无授权访问和数据泄露。数据访问应遵循最小权限原则，即用户只能访问完成其工作所需的最少量的数据。例如，对于敏感数据或者重要数据，可能需要限制用户访问权限，只有特定角色的用户才能访问。为了实现这一点，企业需要对数据访问权限进行精确控制，如可以通过角色基础的访问控制或者属性基础的访问控制等技术，实现对数据访问的精细管理。

（五）数据共享管理制度

数据共享管理制度旨在规范数据的共享流程，确保数据共享的安全性、合规性和效率。在信息技术飞速发展的今天，数据共享已成为推动企业创新、优化决策和提高运营效率的关键。然而，数据共享也带来了数据安全和隐私保护的挑战，因此，制定有效的数据共享管理制度显得尤为重要。

1. 明确数据共享的目标和原则

数据共享的目标通常包括提升工作效率、促进知识共享、支持业务决策等。在此基础上，数据共享管理制度应当强调数据共享时需要遵循的原则，如确保数据的安全性和隐私保护、维护数据质量、保障数据使用的合法性等。数据共享管理制度通过明确目标和原则，可以为数据共享提供明确的指导和标准。

2. 对数据分类和分级管理提出具体要求

对于不同类型和敏感程度的数据应该采取不同的共享策略。例如，对于包含敏感个人信息的数据，需要严格限制共享范围，可能还需要对数据进行脱敏处理；而对于一些公开信息，则可以更宽松地共享。通过对数据进行分类和分级，可以更有针对性地制定共享策略，有效保护数据安全和隐私。

3. 规定数据共享的流程和操作指南

这包括数据共享的申请、审批、实施和监控等环节。数据共享的申请应明确共享数据的范围、用途、接收方等信息；审批环节需要评估数据共享的必要性和风险，确保共享符合企业政策和法律法规；实施环节应采取适当的技术手段确保数据传输的安全；监控环节则要对数据共享的过程和结果进行跟踪，及时发现并处理可能的问题。

4. 对权利和义务进行明确规定

数据使用者应当遵守数据共享的相关规定，保证数据使用的合法性和正当性，不得超范围使用或泄露数据。同时，数据提供方应保证提供的数据质量，及时更新和纠正数据信息。

5. 对违规处理进行明确

一旦发现数据共享的过程中存在违反制度的行为，应当及时采取措施，如暂停数据共享权限、追究责任等，以维护数据共享制度的严肃性和有效性。

三、推进企业财务数据治理机制建设

（一）建立有效的沟通与协商机制

企业财务数据治理是一个涉及企业各部门、各层级的复杂系统性工作，而有效的沟通与协商机制是确保整个治理体系顺畅运行的关键。沟通与协商机制能够协调各方利益，解决潜在的矛盾和冲突，推动企业财务数据治理工作的顺利开展。特别是在大数据时代，企业数据的爆炸性增长使得数据的获取、存储、处理和利用变得越来越复杂，要做好这项工作，企业各部门之间、上下层之间需要更紧密的合作，而这离不开有效的沟通与协商。

1. 沟通与协商机制的主要体现

（1）各部门之间的沟通

部门间的定期沟通有助于同步信息，避免工作重复，同时促进不同部门间的协作，从而提高企业在数据利用方面的效率。此外，这种沟通还有助于形成统一的数据治理视角，确保企业在数据治理方面能够朝着相同的目标努力。

（2）上下层之间的沟通

企业管理层与执行层之间的沟通能够确保战略方向和执行细节之间的良好对接。企业管理层通过与基层员工的直接沟通了解到一线的实际工作情况和面临的问题，而基层员工则能更清晰地理解组织的战略目标和期望。这种双向沟通有助于精准对接需求，优化资源配置，提升工作效率，同时增强了员工的归属感和参与感。

（3）企业与外部相关方的沟通协商

企业通过与政府机构、行业协会、合作伙伴以及其他相关企业的沟通交流，不仅能够及时掌握行业最新动态和政策导向，还能更好地理解外部利益相关者的需求和期望。这种外部沟通有助于企业在数据治理和应用方面更好地适应外部环境，提升数据应用的广度和深度，增强竞争力和市场适应能力。

2. 建立沟通与协商机制的主要工作

（1）明确沟通的各项参数

企业需要明确界定沟通的具体内容、选择合适的沟通方式、设定沟通的时间和确定合理的沟通频率。这一过程的关键在于理解沟通的目的是什么——共享信息、解决问题还是制定决策。只有当沟通的各个方面都被明确规划，参与者才能够有的放矢，确保沟通活动能够直接支持企业的战略目标和日常运营需求。例如，项目团队可能需要每周进行一次会议来更新项目进展，而企业高层的战略讨论可能每季度进行一次就足够。通过明确沟通的各项参数，企业可以有效避免信息过载或沟通不足的问题。

（2）建立开放透明的沟通环境

企业可以利用多样化的沟通工具和平台，如企业社交网络、项目管理软件、即时通信工具等，来支持团队的日常沟通和协作。这些工具不仅能够提供即时的信息交换，还能够记录沟通历史，便于信息的回溯和管理。同时，通过建立开放透明的沟通环境，鼓励员工积极发声，分享想法和意见，企业能够更好地利用人才资源，促进创新和问题解决。

（3）建立反馈机制

企业应该建立一套反馈机制，确保每次沟通后都有明确的结果和后续行动计划。对于员工提出的有效建议和意见，应当及时采纳并付诸实施，同时向全体员工公开沟通成果和采纳情况，以增强员工的归属感和参与感。对于不被采纳的意见，也需要给予合理的解释和疏导，确保员工理解决策背后的考虑，维护沟通的积极性和开放性。

（4）强化沟通技巧培训

企业应该定期举办沟通技巧培训，包括但不限于有效倾听、清晰表达、非语言沟通、公共演讲等方面，帮助员工提升个人沟通能力。通过培训，员工能够学习到如何在沟通中更有效地传达自己的想法，如何理解他人的立场和需求，从而使得沟通更为高效和有成效。

（二）建立激励约束机制

作为一种组织管理的重要工具，激励约束机制能够调动人的积极性和创造性，推动财务数据治理工作的高效进行。财务数据治理不仅是技术活动，更是管理活动，涉及的内容广泛，包括数据的采集、存储、处理、分析、使用等，所有这些环节都需要人的参与。而如何调动人的积极性，激发人的创造性，使得人能够为财务数据治理工作做出最大的贡献，就需要依靠激励约束机制。

1. 设立完善的激励制度

在激励方面，企业可以设立一套完善的激励制度，激发员工参与财务数据治理的积极性和创造性。激励机制主要包括物质激励和精神激励。物质激励可以包括奖金、提成、股票期权等，针对在数据治理中表现出色的个人或团队，通过直接的经济利益奖励，提高其对数据质量和数据管理工作的重视程度。例如，对于有效提升数据准确性、完成数据清洗项目、优化数据处理流程的员工，给予一定的经济奖励，以此来鼓励更多员工投入数据治理工作中。精神激励则是通过赞扬、表彰、肯定等方式，满足员工的成就感和自豪感。通过公开表扬在数据治理工作中作出突出贡献的员工，不仅能够增强他们的成就感和归属感，还能够在全公司范围内树立榜样，促进正面竞争，激发员工的内在动力。此外，为数据治理领域的杰出贡献者提供进一步的职业发展机会，如参与高级培训、赴外地考察学习等，也是一种有效的精神激励方式。激励制度需要公平、公正、透明，能够让员工感觉到，只要他们努力工作，就能得到应有的回报。这样，员工才会更加积极地参与到财务数据治理工作中去，提高工作效率，提升工作质量。

2．建设有效的监督机制

在约束方面，企业需要建立一套有效的监督机制，对财务数据治理过程进行全程监督，确保规章制度的执行。监督机制可以包括内部监督和外部监督两部分。内部监督主要依赖于企业内部的审计、评估等机制，通过定期或不定期的审计、评估，检查各环节的工作情况，发现问题及时进行改正。外部监督则依赖于政府的监管、公众的监督、媒体的曝光等，对企业施加压力，迫使企业规范操作，改正错误。此外，企业还需要设立一套违规处罚机制，对于违反规章制度的行为，要进行严肃处理，给予相应的处罚，以此来警示其他员工，防止类似情况的发生。处罚可以包括警告、罚款、降级、解雇等，需要根据违规行为的严重性来决定。

四、制定企业财务数据治理评价体系

制定财务数据治理评价体系是企业提升数据管理质量、实现数据资产最大化利用的关键。这一评价体系旨在通过一套科学、合理的评价指标和方法，对企业财务数据治理的效果进行全面的评估和监控，从而识别存在的问题，指导后续的改进和优化工作。

企业财务数据治理评价体系的核心在于确保数据的准确性、完整性、一致性、及时性和可靠性，这些都是衡量数据质量的基本维度。在此基础上，该体系还应包括数据治理结构的完善度、数据治理流程的规范性、数据安全和合规性、数据治理技术的先进性以及数据治理文化的成熟度等多个方面。通过这些维度的综合评价，企业能够全面掌握财务数据治理的现状和成效，为数据治理的持续改进提供依据。评价体系的建立要注意以下几点。

（一）明确治理目标和要求

企业财务数据治理评价体系需要对财务数据治理的目标和要求进行明确，将这些目标和要求转化为具体的评价指标。这些指标不仅要量化数据质量的基本属性，还要反映数据治理流程的效率、参与者的满意度、数据使用的成效等多个方面。例如，可以通过数据错误率、数据更新周期、数据使用频次、用户反馈等指标来综合评估数据治理的质量和效果。

（二）选择多种评价方法

企业财务数据治理评价体系要选择多种评价方法，包括定性评价和定量评价。定量评价侧重于通过数值指标来衡量数据治理的具体成效，便于进行客观的比较和分析。定性评价侧重于通过案例分析、专家评审等方式，对数据治理过程中的主观因素和复杂情况进行评价。两种方法的结合使用能够使评价结果更加全面和准确。

（三）建立相应的评价机制

为了确保企业财务数据治理评价体系的有效运作，还需要建立相应的评价机制，包括评价的周期性安排、责任分配、结果反馈和改进措施的落实。定期进行财务数据治理评价，可以帮助企业及时了解治理效果，发现问题并采取改进措施。同时，通过将评价结果与相关人员的绩效考核相结合，可以激励所有参与者关注并改进数据治理工作，形成良好的数据治理文化。

第二节 企业财务数据治理平台建设

一、企业财务数据治理平台建设的原则

（一）以业务需求为导向的设计原则

以业务需求为导向的设计原则就是要求企业财务数据治理平台要以实际业务需求为依据，而不是以技术或其他非业务因素为驱动，以此来保证企业财务数据治理平台的实用性和效率。

（二）用户友好性原则

用户友好性原则关注的是企业财务数据治理平台是否易于使用，是否能提供优良的用户体验。这一原则强调企业财务数据治理平台的设计应易于理解、操作和掌握，使用户可以快速熟练地使用该平台进行工作。

在具体设计中，用户友好性原则涵盖了许多方面。①用户界面设计应简洁清晰，布局合理，各项功能一目了然，用户能快速找到所需的功能或信息。②操作流程设计应尽量简化，减少用户的操作步骤，提高工作效率。③平台应提供详细的使用指南和在线帮助，方便用户随时查询和学习。④对用户反馈的快速响应和处理。当用户在使用过程中遇到问题或有新的需求时，应能提供有效的支持和解决方案，及时改进和优化功能，以满足用户的实际需求。只有这样，企业财务数据治理平台才能真正地为用户带来便利，提高工作效率，赢得用户的满意和信赖。

（三）安全性原则

鉴于财务数据通常包含企业的重要商业信息，如果数据遭到未授权访

问、修改或泄露，可能会对企业造成严重的经济损失甚至法律问题。安全性原则要求企业财务数据治理平台应具备全方位、多层次的安全保护机制，确保企业财务数据的安全。因此企业财务数据治理平台不仅要具备强大的数据保护和隐私保护能力，还要能应对各种安全威胁和攻击，如恶意软件、网络攻击等。这需要企业财务数据治理平台具有及时的安全漏洞检测和修复能力，以及强大的抗攻击能力。

（四）系统稳定性原则

系统稳定性原则要求企业财务数据治理平台应在设计和实现上都考虑到稳定性的问题，以保证系统能在各种情况下都能提供持续、可靠的服务，支持企业的财务业务。

不稳定的系统可能会导致数据丢失、误导或者无法正常访问，这对于任何企业来说都是无法接受的。系统稳定性原则要求企业财务数据治理平台在设计时考虑各种可能影响稳定性的因素，如硬件故障、软件错误、网络问题等，为这些情况预设有效的应对策略。例如，企业财务数据治理平台应有备份和恢复机制，确保在硬件故障或其他意外情况下，数据不会丢失，系统可以快速恢复运行。对于可能出现的软件错误，应有完善的测试和调试流程，确保软件的质量和可靠性。

同时，系统稳定性原则也强调企业财务数据治理平台应具有良好的性能，能够应对大数据量和高并发的访问需求，保证系统的响应速度和处理能力。这需要优化数据结构和处理算法，合理配置硬件资源，以及使用高效的数据存储和访问技术。

（五）扩展性与可维护性原则

扩展性原则要求企业财务数据治理平台的设计必须具有预见性，考虑到企业未来可能面临的挑战，包括数据量的增长、业务需求的变化、新技术的融合等。在扩展性原则的指导下，企业财务数据治理平台的设计应该采取模块化和微服务化的思想，以便在需要时，可以方便地增加新的功能模块，或者升级现有的模块。同时，企业财务数据治理平台应能够支持分布式架构和弹性伸缩，当数据量增大或访问压力增大时，能自动调整资源分配，以保持良好的性能。

随着业务的发展和技术的进步，企业财务数据治理平台也需要进行持续的维护和升级。可维护性原则指出，企业财务数据治理平台应易于修改、调整和改进，以适应新的业务需求和技术趋势。①这一原则要求企业财务数据治理平台的设计和代码结构应清晰化、模块化，每个模块都有明确的职责，模块之间的接口定义清楚，以便在需要时可以快速地修改或替换模块。企业财务数据治理平台应提供完善的文档和测试机制，包括设计文档、代码注释、测试用例等，这些都是保证可维护性的重要工具。设计文档和代码注释可以帮助维护人员快速理解系统的结构和逻辑，定位问题；测试用例可以帮助维护人员验证修改的正确性，避免引入新的错误。

（六）共享性原则

共享性原则强调在整个企业财务数据治理平台中共享和利用财务数据，以最大限度地实现资源的有效利用和价值提升。在这个信息时代，企业财务数据不仅是财务部门的资产，它们是整个企业内所有部门的共享资源，应被广泛地、有效地使用。共享性原则的实施可以消除数据孤岛，防止因信息隔离而导致的效率低下和决策失误。在满足安全和隐私要求的前提下，企业财务数据治理平台应尽可能地使财务数据共享。这样做能够在多个层次上提高整个企业的运作效率和决策质量。例如，营销部门可以利用财务数据来制定更有针对性的销售策略，人力资源部门可以利用财务数据来优化薪酬结构，运营部门可以利用财务数据来改进生产流程。通过共享财务数据，各个部门可以获得更全面的业务视图，从而作出更明智、更具前瞻性的决策。

共享性原则也推动了跨部门的协作和沟通。财务数据共享意味着企业各部门需要密切合作，协调其数据需求和应用。这种合作促进了跨部门的信息流动，使企业内部的沟通和协调更加顺畅。在此背景下，企业财务数

---

① 孔淑红. MBA 管理信息系统 精华读本 [M]. 合肥：安徽人民出版社，2002：212.

据治理平台不仅是一个数据存储和管理工具，也是一个推动组织内部协作和整合的强大工具。通过这样的方式，共享性原则促进了企业的整体效率和协同性，提升了企业的竞争力。

（七）开放性原则

开放性原则指的是企业财务数据治理平台的设计要能够与其他系统和工具进行无缝集成，企业财务数据涉及多个系统和数据源，如财务管理系统、人力资源系统、供应链系统等。一个开放性的平台设计能够与这些系统进行互联互通，实现数据的自动化抽取、转换和加载。通过与其他系统的互联互通，企业财务数据治理平台可以实时获取并整合来自不同系统的数据，确保数据的一致性和准确性。这样的设计可以减少人工干预和数据转换的错误，提高数据治理的效率和可靠性。

（八）标准性原则

企业财务数据治理平台的设计必须遵循标准性原则，确保企业财务数据治理平台能够支持各种开放的标准，包括系统软件和硬件的标准。这些标准包括当前主流的计算机软硬件标准、国家标准和行业标准。

在系统软件方面，企业财务数据治理平台的设计应符合当前主流的操作系统、数据库管理系统、开发工具和应用开发平台的标准。例如，企业财务数据治理平台应能够与常用的操作系统（如 Windows、Linux）和数据库管理系统（如 Oracle、SQL Server）进行集成和兼容。此外，企业财务数据治理平台应支持常用的开发工具和应用开发平台，以便开发人员能够使用熟悉的工具和平台进行开发和定制化。在硬件方面，企业财务数据治理平台的设计应符合国家和行业的硬件标准。这包括工作站、服务器、网络等硬件设备。企业财务数据治理平台应能够在不同硬件环境下正常运行，并能充分利用硬件资源，保证平台的性能和稳定性。

遵循标准性原则的设计能够带来多重好处。首先，它保证了企业财务数据治理平台的互操作性，使得企业财务数据治理平台能够与其他系统和工具进行无缝集成，实现数据的交换和共享。其次，标准化的设计简化了系统的维护和升级过程，减少了因为不同标准导致的冲突和兼容性问题。最后，遵循国家和行业的标准能够提高企业财务数据治理平台的安全性和合规性，确保财务数据得到有效的保护和管理。

二、企业财务数据治理平台的前期规划

（一）了解并分析当前财务数据环境

对于构建企业财务数据治理平台而言，理解并分析企业当前财务数据环境是首要的一步。这一阶段是所有规划和实施的基础，它关乎企业财务数据治理平台的有效性和实用性，而且是企业数据治理目标制定的前提。不论是对于数据质量、数据集成，还是数据安全性的要求，都需要对当前的财务数据环境有一个清晰全面的认识。

深入了解企业财务数据环境首先需要对企业现有的数据源进行全面的梳理。包括了解各个数据源的性质，如它们的数据量、数据更新频率、数据的形式（如结构化数据，半结构化数据，或非结构化数据）等。此外，还需要理解这些数据源之间的关联性，比如某个数据源的数据是否依赖于另一个数据源的数据。这种梳理可以帮助理解现有数据环境的复杂性，从而为后续的数据集成和数据清洗等工作提供基础。

财务数据环境的分析还需要对现有的数据处理和管理流程进行审查。这包括了解数据的收集、存储、处理、分析、报告等环节是如何运作的，这些环节中是否存在可以优化的地方，是否有不符合最佳实践的做法。通过这种审查，可以了解企业现有的数据环境的优点和不足，从而在设计新的数据治理平台时，能够借鉴优点，避免或改正不足。

（二）进行企业财务数据治理平台需求分析

1. 业务需求分析

业务需求分析不仅包括对企业当前财务业务流程的深入研究，而且包括对企业潜在的未来业务需求的预测。这样做可以确保企业财务数据治理

平台既能满足现有业务的需求，又具备处理未来可能出现的新业务的能力。

2．数据需求分析

在规划和建设企业财务数据治理平台时，数据需求分析是核心环节。这一阶段需要分析和确定企业需要处理的数据种类，包括但不限于财务报表数据、财务事务数据、审计数据等。同时，对于每种数据，需要明确其来源、数据的规模、数据的更新频率等细节。

除了数据本身的属性，数据需求分析还涉及数据的使用需求，如哪些角色需要访问哪些数据、访问的频率和方式、数据的处理和分析需求等。此外，数据的安全性和隐私保护也是数据需求分析的重要内容。这些需求将直接影响企业财务数据治理平台的设计和实施，如数据存储、管理、权限控制、数据分析功能等。

3．技术需求分析

技术需求分析也是企业财务数据治理平台建设的至关重要的步骤。这需要基于业务需求和数据需求，对技术方案进行选择和规划，包括对数据处理技术、数据存储技术、数据分析技术、数据安全技术等的选择和规划。

技术需求分析不仅需要考虑企业当前的技术环境，还要预测企业未来可能的技术发展趋势和需求变化，以确保企业财务数据治理平台的长期有效性和可维护性。例如，考虑是否采用云存储技术，是否需要支持大数据处理，是否需要引入人工智能等先进技术，以及如何进行系统的更新和升级，等等。另外，还需要关注成本效益，即所选技术方案是否符合企业的财务预算，以及技术投入是否能带来相应的效益。总之，技术需求分析是保证企业财务数据治理平台科学合理、高效可靠的关键步骤。

4．用户需求分析

用户需求分析是指理解和确定平台的最终用户群体，以及他们在使用平台时的具体需求。这可能包括财务人员、审计人员、管理人员等，他们对数据的获取、处理、分析和报告等方面可能有不同的需求。

用户需求分析需要重点关注用户的操作习惯、学习能力、任务需求等因素，以提供最符合用户需求的界面设计和功能布局。例如，考虑到财务人员可能需要进行大量数据录入，企业财务数据治理平台可能需要提供方便快捷的数据录入工具和功能。对于需要进行复杂数据分析的用户，可能需要为其提供高级的数据分析工具和可视化功能。此外，用户对于平台性能的需求，如数据处理速度、系统稳定性等，也是用户需求分析的重要内容。只有当企业财务数据治理平台能够满足用户的实际需求，提供良好的用户体验时，企业财务数据治理平台才能真正发挥其应有的价值。

（三）制定企业财务数据治理平台的项目计划

在理解和分析了企业当前财务数据环境，并了解了企业财务数据治理平台的需求之后，接下来的步骤就是制订企业财务数据治理平台的项目计划。项目计划是任何项目成功的关键因素，包括企业财务数据治理平台的构建。一个详细、全面的项目计划能够有效地指导项目的实施，并在可能出现问题的地方提供应对策略，从而降低项目的风险，提高项目的成功率。

在项目计划的初步阶段，明确项目的目标和关键里程碑是首要任务。这需要基于前期的需求分析，包括业务需求、数据需求、技术需求和用户需求等，明确企业财务数据治理平台需要实现的主要功能和性能目标。之后，需要将这些目标细化为具体的任务，包括设计、开发、测试、部署等，为每个任务设定明确的开始和结束时间，形成项目的时间表。项目的时间表不仅要考虑任务的实际工作量，还要预留一定的缓冲时间，以应对可能出现的延误。

接下来，制订项目的资源计划，包括对人力资源、物质资源、财务资源等的计划。对于人力资源，需要明确各个任务的负责人，以及所需要的专业技能和经验。对于物质资源，包括硬件设备、软件工具、办公环境等，需要明确需求，并制订采购和配置计划。对于财务资源，需要预估项目的总体费用，并制订合理的预算计划。在资源计划中，还需要考虑到可能出现的风险和应对措施，如人员流动、设备故障、资金短缺等。

除此之外，项目计划还需要考虑到项目的风险管理。任何项目都存在着各种风险，如技术风险、管理风险、财务风险、时间风险等。因此，需要对这些风险进行预测、评估，以及制定相应的应对策略。这不仅可以提前预防可能出现的问题，也可以在问题发生时及时应对，从而减少问题对项目的影响。

三、企业财务数据治理平台的建设阶段

企业财务数据治理平台的建设包括三个阶段，具体如图 8-1 所示。

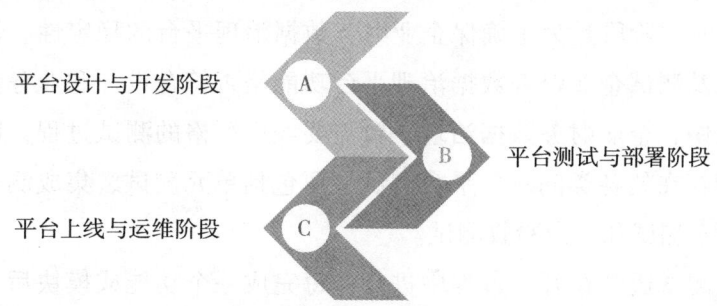

图 8-1　企业财务数据治理平台的建设阶段

（一）平台设计与开发阶段

平台设计与开发阶段是企业财务数据治理平台实施过程的关键环节。在这个阶段，项目团队需要根据项目的目标和范围，设计企业财务数据治理平台的架构、功能和界面，开发企业财务数据治理平台的代码和数据库，以实现企业财务数据治理平台的预定功能和提供预期的价值。

企业财务数据治理平台的设计应基于组织的业务需求、技术环境和数据治理策略。企业财务数据治理平台的架构应考虑数据的采集、存储、处理、分析和呈现等环节，以及这些环节之间的关系和交互。企业财务数据治理平台的功能应考虑数据的质量管理、权限管理、版本管理、工作流管理等需求，以满足数据治理的要求。企业财务数据治理平台的界面应考虑用户的体验和操作习惯，以提升平台的易用性和接受度。

在企业财务数据治理平台的设计完成后，接下来就是平台的开发阶段。企业财务数据治理平台的开发应基于设计的结果，使用适当的技术和工具，

编写企业财务数据治理平台的代码，构建企业财务数据治理平台的数据库。在编写代码时，需要遵循一定的编码规范和程序设计原则，以保证代码的质量和维护性。在构建数据库时，需要考虑数据的结构、索引、安全等因素，以保证数据的有效性、性能和安全性。

（二）平台测试与部署阶段

1．平台测试阶段

平台测试阶段是为了确保企业财务数据治理平台的稳定性、性能和安全性，以及测试企业财务数据治理平台功能是否符合设计和业务需求。在这个阶段中，企业财务数据治理平台需要经历严格的测试过程，以发现并修复可能存在的各类问题。平台测试主要包括单元测试、集成测试、性能测试、安全测试和用户验收测试。

单元测试通常在开发过程中进行，每完成一个功能或模块后，就对其进行测试，以确保该功能或模块的正常运行。集成测试则是在所有功能或模块开发完成后进行，其目标是确保所有功能和模块能够协同工作，不会因为某个功能或模块的问题导致整个系统出现问题。性能测试是为了验证平台在高负载情况下的运行性能，如在大量并发请求的情况下，平台是否还能正常工作。安全测试则是为了确保平台的数据安全和系统安全，防止可能的数据泄露或系统攻击。用户验收测试（UAT）则是一个十分重要的环节，它通过模拟用户的实际操作来验证平台的功能是否满足用户的需求，以及是否存在影响用户体验的问题。通过收集用户的反馈，可以进一步优化平台的功能和用户体验。

2．平台部署阶段

完成测试后，平台将进入部署阶段。在这个阶段中，企业财务数据治理平台将被安装和配置在预定的硬件设备上，然后进行各种设置以开始运行。

硬件设备的部署通常包括服务器的设置、网络设备的配置等。这需要有专门的信息技术团队来进行操作，并需要考虑到数据中心的物理安全、电力供应、网络连通性等因素。软件系统的安装和配置则涉及操作系统的设置、数据库的部署、软件的安装和配置等。这需要由经验丰富的系统管理员来完成，以确保企业财务数据治理平台能够在各种环境中稳定运行。

（三）平台上线与运维阶段

1．平台上线阶段

平台上线是企业财务数据治理平台从开发阶段转向实际运用阶段的重要里程碑。这个阶段意味着企业财务数据治理平台已经通过了全部的开发、测试和部署流程，开始接受真实的用户访问和数据处理。上线阶段不仅是一个技术过程，也涉及很多与业务、用户以及监管等方面相关的因素。

上线前，需要进行全面的准备工作，包括但不限于编写用户手册、提供用户培训、设定服务等级协议（SLA）等，以确保用户能够顺利地使用该平台。同时，根据数据治理的需求和监管规定，还可能需要设立相应的数据使用政策，明确数据的所有权、使用权限、安全规范等。上线时，企业财务数据治理平台需要经受住实际的数据流量和业务需求的考验。此时可能需要根据实际情况对该平台进行一些微调，如优化数据库查询、增加服务器资源等，以确保企业财务数据治理平台的稳定运行。

2．平台运维阶段

平台上线后，进入到运维阶段，这个阶段是企业财务数据治理平台生命周期中持久且复杂的阶段。运维阶段的主要任务是确保企业财务数据治理平台的持续稳定运行，满足用户的业务需求，同时对企业财务数据治理平台进行持续的优化和升级。

运维阶段中，对企业财务数据治理平台的监控和维护是日常重要的工作。需要对服务器性能、网络状态、数据安全等进行实时监控，一旦发现问题，要及时进行处理，以减小对业务的影响。同时，需要定期进行数据备份和恢复演练，以确保数据的安全。运维阶段也是企业财务数据治理平台改进和优化的阶段。根据用户的反馈和业务的变化，可能需要对企业财务数据治理平台的功能、性能、界面等进行优化。这可能涉及新的需求分析、功能开发、测试和部署等工作。此外，随着技术的发展，可能需要对企业财务数据治理平台进行升级，如升级数据库系统、更新数据处理算法等，以提高平台的效率和功能。

在运维阶段，与用户的沟通也是非常重要的。需要定期收集用户的反馈，了解用户的需求和问题，并提供技术支持和培训，以帮助用户更好地使用企业财务数据治理平台。

第九章

企业财务管理数字化变革的保障体系

第一节　文化保障

一、企业文化的概念与功能

（一）企业文化的概念

企业文化是指在企业长期发展过程中形成的，以企业的价值观、信念、行为规范和制度为基础，渗透于员工日常工作中的精神力量和行为准则。它反映了企业的使命、愿景、核心价值观以及管理理念，影响着企业的经营管理模式和员工的行为方式。企业文化不仅仅是企业的口号或标语，而是体现在组织的方方面面，贯穿于企业的制度、战略、管理模式以及员工的思想行为之中。

（二）企业文化的功能

企业文化在企业管理和发展中具有以下几方面的功能，如图 9-1 所示。

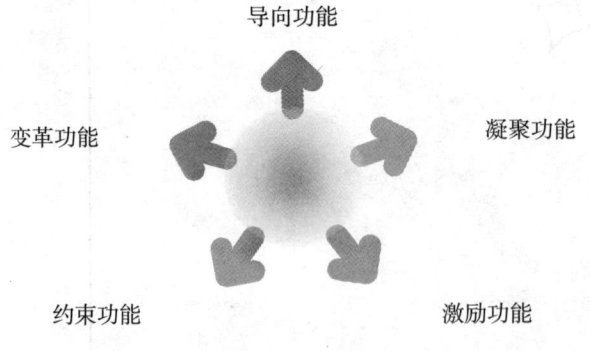

图 9-1　企业文化在企业管理和发展中的功能

1．导向功能

企业文化为企业及其员工提供了共同的价值观和愿景，明确了企业发展的方向和目标。通过统一的文化导向，员工能够理解企业的战略目标，在日常工作中朝着相同的方向努力。尤其在企业财务管理数字化变革的背景下，文化导向能够激发员工对数字化创新的积极参与，增强企业整体的变革动力。

2．凝聚功能

企业文化可以增强员工的归属感和认同感，将员工凝聚在一起。通过共享的文化价值观，企业能够减少员工之间的分歧和矛盾，提升员工的团队协作能力。在企业财务管理的数字化变革中，凝聚力强的企业文化能够促使员工更加顺利地接受新技术、新流程，减少变革中的阻力和冲突。

3．激励功能

良好的企业文化能够激励员工不断追求卓越，提升工作效率。通过对员工的认可和鼓励，企业文化为员工提供精神动力，增强员工的创新意识和责任感。在企业财务管理数字化转型中，激励功能能够鼓励员工积极接受新技术，持续提升数字化工作能力，从而推动财务管理等领域的创新发展。

4．约束功能

企业文化通过设定行为规范，对员工的行为进行潜移默化的引导和约束。它为员工提供了一套内在的标准和规范，帮助员工自我管理，遵守企业的规章制度。在企业财务管理数字化变革的过程中，文化的约束功能有助于确保员工在应用新技术和新工具时，遵循企业既定的规范和流程，确保数据的准确性和安全性。

5．变革功能

企业文化对企业的适应性和创新性具有促进作用，尤其在外部环境剧烈变化时，企业文化能够推动企业进行自我革新和升级。对于企业财务管理的数字化变革而言，具有创新、灵活特质的企业文化能够为变革创造良好的土壤，加速技术的接受与落地，确保变革顺利进行。

二、企业财务管理数字化变革对企业文化的新要求

随着企业财务管理的数字化变革，传统企业文化需要进行适应性升级，以支持和推动这一转型过程。企业财务管理数字化变革不仅是一场技术革命，更是一场文化变革，它要求企业文化能够促进创新、增强协作和提升员工对技术的接受度。以下是企业财务管理数字化变革对企业文化提出的新要求。

（一）学习型文化

学习型文化在数字经济时代尤为关键，因为它直接关联到企业财务管理数字化变革的适应性和持续发展潜力。具体来说，学习型文化有以下四点含义。

1. 强调终身学习

技术的快速迭代要求员工不断更新和提升自己的技能。企业文化应提倡终身学习，鼓励员工将学习作为一种长期的、持续性的活动。通过建立终身学习的企业文化，员工能够适应技术的快速变化，及时掌握最新的财务工具和分析方法，为企业的数字化转型提供坚实的人才支持。这种文化氛围还能够提高员工的自我成长意识，使他们在职业生涯中保持竞争力。

2. 强调全员学习

企业财务管理的数字化变革不仅限于财务部门，其他业务部门如信息技术、运营和管理部门也需共同参与。因此，学习型文化强调全员学习，即所有部门、所有员工都应参与到数字化知识的学习和应用中来。只有通过全员的共同学习，企业才能够打破部门间的信息壁垒，确保数字化工具和技术在整个企业范围内得到充分应用和共享，从而推动企业财务管理的全面数字化。

3. 强调全过程学习

学习型文化强调学习应贯穿于企业运营的整个过程中。企业财务管理的数字化转型并非一次性完成，而是一个持续优化和不断改进的过程。全

过程学习帮助员工在实践中学习，在学习中实践，确保了知识的及时更新和应用，同时为企业的持续改进和创新提供了动力和支持。

4．强调个人学习与组织培训的结合

通过个人学习，员工能够根据自己的工作需求和职业发展规划，选择学习内容并不断提升自我能力。而通过组织培训，企业可以确保员工的学习方向与企业的数字化战略保持一致，实现个体学习和企业目标的有机融合。个人学习和组织培训的结合能够加速员工适应企业财务管理数字化变革的速度，提升企业整体转型效果。

（二）创新文化

在企业财务管理数字化变革过程中，创新文化起到了核心推动作用。它不仅驱动企业在技术层面上不断引入新工具和新方法，还在管理和思维方式上进行变革，以适应数字化变革的需求。创新文化对企业财务管理的数字化变革的重要性可以从以下三个方面进行分析。

1．推动技术创新与应用

在企业财务管理的数字化变革中，企业需要引入并广泛应用大数据、人工智能、区块链等新兴技术，以提升财务管理的效率和智能化水平。一方面，创新文化能够促使企业积极探索这些新技术在财务流程中的应用，激励员工在日常工作中寻求技术创新的机会；另一方面，创新文化使企业不仅仅满足于传统的管理方式，而是持续推动技术创新，推动财务管理向智能化方向发展。

2．激发员工创新思维与主动性

企业财务管理的数字化变革不仅是技术的变革，更是思维方式的创新。创新文化能够激发员工的创造力和主动性，鼓励员工在财务管理过程中提出新的想法和解决方案。企业通过营造开放、包容的创新文化环境，使员工敢于提出对现有流程和技术的改进意见，并能够在创新项目中承担更多责任和发挥更大的主动性。财务部门员工可以通过引入新的数据分析模型、优化预算管理工具或设计更加灵活的财务报告模板，来提高工作效率和准确性。创新文化赋予员工尝试新方法的动力，推动企业财务管理流程的持续改进。

3．提升应对不确定性的能力

在快速变化的市场环境和技术背景下，企业财务管理数字化变革充满了不确定性和挑战。创新文化能够提升企业在应对这些不确定性时的灵活性和适应能力。通过鼓励持续创新，企业能够及时调整财务管理策略，快速适应市场变化和技术革新。例如，当新的数字化工具出现时，企业能够迅速尝试并评估其对财务管理流程的影响，进而作出调整。创新文化为企业提供了应对外部环境变化的弹性，使企业在面对挑战时能够通过创新思维和实践迅速找到新的解决方案，保持竞争优势。

（三）团队文化

所谓团队是指由一些具有共同信念的人为了共同目的而组织起来的共同体，团队中的各成员通过沟通与交流保持目标、方法、手段的高度一致，从而能够充分发挥各成员的主观能动性，运用集体智慧创造出惊人的业绩。它是由跨功能、不同背景、不同部门的人员组成的协作体，通过功能的互补，相互激发各成员的潜力以完成特定的任务，从而提升士气和生产力。团队文化是企业文化的一种新现象，是合作文化的一个特例，是数字经济时代企业文化发展的必然要求之一。在企业财务管理数字化变革过程中，团队文化的重要性可以从以下三点进行分析。

1．促进跨部门协作与资源整合

数字化财务管理不仅仅是企业财务部门的职责，还涉及多个部门之间的协作。良好的团队文化强调协作精神和共同目标，能够打破部门之间的孤岛现象，促使各部门高效合作。在企业财务管理数字化转型的过程中，财务与信息技术部门需要紧密合作，共同引入新技术并优化现有系统。通过共享信息、互相支持，团队文化能够确保各部门在变革中互相配合，整合资源，最终实现更高效的财务管理流程。

2．提升团队执行力与变革响应速度

团队文化能够提升团队的凝聚力和执行力，确保企业在财务管理数字化变革中能够迅速适应新的技术和管理要求。在企业财务管理数字化转型过程中，变革往往需要快速实施和高效执行。具有强烈责任感和集体意识

的团队文化能够确保变革措施得到迅速落实，并在遇到问题时团队成员能够快速协同解决。团队文化鼓励成员之间互相支持，避免个人工作延误或系统实施受阻，确保企业财务管理数字化变革的顺利推进。高效的执行力是企业财务管理数字化转型成功的关键，而良好的团队文化能够显著提升企业的反应速度和变革效率。

3. 增强团队成员的创新与学习能力

企业财务管理数字化变革要求财务团队不断学习新技术、掌握新工具，并根据企业的数字化战略进行工作流程调整。团队文化鼓励成员之间的知识分享与经验交流，有助于提升整个团队的技术水平和创新能力。通过开放的团队氛围，员工可以更自由地表达自己的见解和创新建议，推动财务管理中的流程优化和技术应用。此外，团队文化还能够提供安全、包容的环境，让员工能够尝试和学习新事物，促进团队成员的个人成长与技术提升，这有助于推动企业在财务管理数字化变革中始终保持竞争力。

（四）数据文化

数据文化是在企业内部建立的一种深植的思维和行为方式，强调将数据应用到日常的工作中，以实现工作的量化，推动以数据为基础的决策制定以及创新。这种文化认为数据不仅是一种工具，而且是一种资产，是推动企业发展的关键因素。数据文化的存在可以改变企业的工作方式，提升企业的运行效率，帮助企业更好地应对市场的变化，实现可持续的发展。在企业中，数据文化主要体现在以下几个方面。

1. 数据思维

数据思维是数据文化的基础，它要求企业的每个成员都能够用数据来思考和解决问题。[①] 这种思维方式意味着在面对决策时，员工习惯于依赖数据和事实，而不是仅凭直觉或经验。在数字经济时代，数据思维可以帮助企业建立更加客观、科学的决策机制，确保决策的质量和有效性。通过培

---

① 李璠，刘锦淼，柯丹. 商业银行大数据治理研究与实践 [M]. 北京：机械工业出版社，2020：20.

养数据思维，企业能够更准确地捕捉市场动态，理解客户需求，评估业务流程的效率和效果，从而在复杂多变的市场环境中作出正确的判断和响应。此外，数据思维还促进了企业内部创新文化的形成，鼓励员工运用数据发现问题、挖掘机会、优化流程，推动持续改进和创新。

2. 数据利用

在数据文化的推动下，企业不仅要积极收集和存储数据，还要积极利用数据。企业在日常运营中产生和积累了大量数据，如何将这些数据转化为有价值的信息和知识，进而指导实际工作，是数据利用的核心。在数字经济时代，数据利用不仅是信息技术部门的任务，而且是全员的职责。企业应鼓励员工在工作中主动寻找数据支持，利用数据进行分析、预测和优化决策。通过有效的数据利用，企业能够提升产品和服务的质量，优化客户体验，提高市场响应速度和资源配置效率，从而在激烈的市场竞争中取得优势。

3. 数据管理

数据管理是确保数据文化得以实施和发展的基础。企业需要建立一套完善的数据管理体系，确保数据的准确性、完整性和可靠性。这包括数据的收集、存储、处理、分析和共享等各个环节的规范和控制。良好的数据管理不仅可以提高数据的使用价值，还能保障数据安全，防止数据泄露和滥用风险。同时，数据管理还要确保数据的合法合规使用，遵守相关法律法规和行业标准。通过高效的数据管理，企业能够保证数据文化的健康发展，为企业的数据驱动决策和创新提供坚实的基础。

三、支持企业财务管理数字化变革的新型企业文化构建

（一）构建原则

在企业财务管理数字化变革的背景下，企业文化的构建需要遵循一些基本原则，以确保企业文化与企业财务管理数字化转型的需求相适应。

1. 审慎原则

审慎原则要求企业在构建新型文化时全面考虑文化变革对企业各方面的影响，确保文化转型与企业的长期战略目标一致，并考虑到员工的接受能力和变革的可行性。在实践中，这意味着企业在引入新技术和新工作方式时，应深入分析其对组织文化的潜在影响，避免忽视员工的感受和需求，确保变革不仅技术上可行而且文化上可接受。

2. 系统原则

系统原则强调企业文化建设需要得到系统的规划、实施和管理，它涵盖了企业文化的各个层面，包括精神、制度、行为和物质层面。企业文化不是通过简单的标语、手册或是视觉元素就能够建立和传达的，而是需要通过全面且持续的努力来构建和维护的。包括从精神层面培养员工的价值观和信念，从制度层面确保文化得以正式的规范和引导，从行为层面通过具体实践体现文化精神，从物质层面通过环境和设施等体现文化特色。

3. 全员参与原则

全员参与原则要求企业高层领导以身作则，推动变革，而基层员工在实际操作中也应积极反馈和提出建议，形成上下联动的文化氛围。这种文化氛围有助于推动企业内部的协作，确保数字化财务管理在各个层面得到顺利实施。

4. 持续原则

在数字经济时代，技术和市场的快速变化要求企业文化具有持续适应和进化的能力。持续原则鼓励企业定期审视和更新其文化，以保持与时代发展的同步。通过持续的文化更新和迭代，企业能够保持其文化的活力和相关性，激发员工的创造力和参与度，同时增强企业的凝聚力和竞争力，确保企业在不断变化的环境中保持领先。

（二）构建策略

新型企业文化的构建需要通过系统的策略推进，以确保企业文化与企业财务管理数字化转型相适应。

1．领导层的文化引领与示范

（1）领导层的引领

高层领导需要明确提出推动财务管理数字化转型的愿景和文化目标。通过领导层的引领，员工将更有信心接受新技术和新流程，从而加速企业财务管理的数字化变革。

（2）领导层的示范

领导层的行为直接影响员工的态度和行为。企业高层应通过积极参与创新项目、使用数据分析工具、促进跨部门协作等方式，示范出数字化时代所需要的文化特质。这种文化引领将为企业内部树立榜样，加速新文化在全体员工中的渗透。

2．设立明确的企业核心价值观

（1）定义企业核心价值观

企业核心价值观应简洁明了、易于理解和记忆，同时具有足够的吸引力和号召力，能够激励员工在日常工作中体现这些价值观，促进企业文化的内化和实践。一旦确定，这些价值观应该被广泛传播至企业的每一个角落，成为员工行为的指南和评价标准，确保企业行为与核心价值观保持一致，从而推动企业文化的积极发展和企业战略的成功实施。

（2）建立价值观宣传形象

通过内外部宣传手段，企业可以向员工和外界展示企业的核心价值观，主要方式包括以下几种。

①设计并发布企业价值观宣传册子。通过精心设计的册子，企业可以详细阐述每项核心价值观的内涵、来源以及在企业日常运营和决策中的应用示例。这种宣传册子不仅可以作为新员工入职培训的重要材料，帮助他们快速了解和融入企业文化，也可以作为对外宣传材料，向客户、合作伙伴和社会大众展示企业的文化特色和价值追求。

②在企业内部网站和公共区域张贴宣传海报。通过将企业核心价值观以视觉化的形式展现在员工日常活动的环境中，企业可以持续强化员工对价值观的认识和记忆。这些海报可以设计成富有创意和吸引力的视觉作品，结合企业标识、色彩和符号，使价值观的传达更加生动和直观。在员工经

常出入的地方如走廊、会议室、员工休息区等位置张贴这些海报，可以增强价值观的日常暴露频率，帮助员工在日常工作中不断回顾和思考企业价值观，从而促进文化的内化和实践。

③在员工培训和活动中强调核心价值观的重要性。通过将价值观的讨论和应用纳入培训课程，企业可以帮助员工理解价值观与其工作和行为的具体联系，鼓励员工在实际工作中将价值观转化为行动指南。同时，企业还可以通过组织以价值观为主题的团队建设活动、庆祝活动或竞赛，让员工在轻松互动的氛围中加深对价值观的认识和认同。

3．设立企业文化构建组织

（1）建立企业文化建设领导小组

企业文化建设领导小组通常由企业高层领导组成，由其负责制定企业文化建设的总体战略和规划，并监督其实施过程。领导小组的存在能够确保企业文化建设获得必要的资源和高层支持，同时体现了企业对文化建设重要性的认识。领导小组需要定期审视企业文化建设的进展，评估文化活动的成效，并根据企业发展的需要调整文化建设策略。通过领导小组的引导和推动，企业文化建设能够与企业的战略目标保持一致，确保文化转型的方向和内容符合企业的长远发展。

（2）成立企业文化建设职能部门

企业文化建设职能部门负责具体执行企业文化建设的各项任务，包括规划文化活动、制定文化传播策略、监测文化建设效果等。企业文化建设职能部门还需负责企业文化的日常维护和更新，确保企业文化与时俱进，反映企业的最新发展和战略需求。此外，该部门还需要与其他部门协作，确保文化理念和价值观在各个业务领域和职能部门中得到有效贯彻和实施。通过企业文化建设职能部门的专业管理和协调，企业可以更有效地推进文化建设，实现文化与业务发展的有机结合。

（3）培养企业文化基层传播者

企业文化的基层传播者通常是对企业文化有深入理解和高度认同的员工，他们在日常工作和生活中通过自己的行为和言语影响周围的同事，帮助同事理解和接受企业文化。培养企业文化的基层传播者不仅可以加强文化的纵向传播，确保企业文化理念能够深入到企业的每个角落，还可以促进企业文化的横向交流，增强不同团队和部门之间的文化交流和融合。通过基层传播者的努力，企业文化建设可以更加贴近员工的实际需要和感受，提高文化建设的有效性和覆盖面。

第二节　人才保障

随着企业财务管理数字化转型的深入推进，企业财务管理的模式和需求发生了重大变化。传统企业财务管理人才的技能要求已经无法满足数字化背景下的复杂需求，企业必须构建全方位的人才保障体系，确保在企业财务管理数字化变革中拥有持续的竞争力和执行力。

一、数字化变革对企业财务管理人才的要求分析

（一）知识要求

在企业财务管理数字化变革的背景下，企业财务管理人员需要掌握很多职业知识，通常有以下四类。

1. 一般基础知识

一般基础知识为企业财务管理人员提供了广泛的知识背景，使其能够在跨学科的环境中工作。在全球化和多元文化的背景下，理解不同文化和社会的历史背景对于有效地与国际团队合作至关重要。例如，人文科学知识可以帮助企业财务管理人员理解不同国家的企业治理模式及其背后的文化根源；自然科学知识则有助于他们应用科学的方法来评估和解释数据；艺术知识能激发他们的创造性思考，这对于解决非传统的企业财务问题尤为重要；而外语技能则是企业财务管理人员与海外同事或客户进行无障碍沟通的基础。这些一般基础知识使得企业财务管理人员能够更全面地理解业务环境，并且在全球化的视野下作出更为合理的财务决策。

2．数字化技术知识

企业财务管理人员需要掌握现代数字化工具和技术，包括 ERP 系统、自动化财务软件、数据分析工具、云计算平台等。了解这些技术的原理与应用场景，有助于企业财务管理人员在企业财务管理数字化转型中有效利用新技术提升工作效能。

3．财务专业知识

尽管企业财务管理数字化变革带来了技术升级，企业财务管理人员仍然需要深厚的财务专业知识。包括会计、税务、审计、预算编制、成本控制等传统企业财务管理的核心内容。这些专业知识依然是企业财务管理人员履行基本职责的基础，他们还应使财务管理工作在数字化工具支持下变得更加高效和精准。

4．法律法规与合规知识

数字化环境下，企业需要更加重视数据安全和财务合规。因此，企业财务管理人员还需要具备相关的法律法规知识，特别是数据隐私、财务合规、税务法规等方面的知识，确保企业在使用新技术的同时遵守相关的政策和监管要求，避免法律风险。

（二）能力要求

1．数据分析能力

在当今数据驱动的世界里，企业财务管理人员需要能够从海量的数据中提炼出有价值的洞见。这不仅包括基本的数据处理技能，如使用电子表格软件进行数据清洗和整理，还包括高级的数据分析技术，如使用统计分析、机器学习算法来进行预测分析和模式识别。数据分析能力使得企业财务管理人员能够为企业提供基于事实的决策支持，帮助企业识别业务趋势、评估风险并发现改进机会。

2．独立工作能力

独立工作能力指的是个人能够在没有直接监督的情况下高效地完成工作任务。对于企业财务管理人员而言，这意味他们能够在遇到问题时主动寻找解决方案，而不是依赖他人的指导。独立工作能力强的企业财务管理人员能够自主管理时间，设置优先级，并且对自己的工作负责。这种能力在快节奏和高度不确定性的商业环境中尤为重要，因为它能够确保个人即使在缺乏外部支持的情况下也能保持高效的工作状态。

3. 持续学习能力

持续学习能力是数字化时代所有职业都必需的一项技能，对于企业财务管理人员尤为关键。随着技术进步和行业规范的变化，企业财务管理人员需要不断更新自己的知识库，掌握最新的会计准则、财务分析方法以及信息技术工具。这不仅有助于企业财务管理人员保持个人竞争力，也有利于企业适应市场变化，抓住新的商业机遇。企业财务管理人员的持续学习可以通过参加专业培训、阅读行业出版物、参与在线课程等多种途径实现。

4. 应变能力

应变能力是指在面临不确定性和变化时，个人能够灵活调整策略并迅速作出反应的能力。对于企业财务管理人员而言，这意味着他们能够在经济环境变化、市场需求波动或者内部政策调整等情况下，快速适应并采取适当的行动。应变能力强的企业财务管理人员能够在危急时刻为企业提供及时的支持，帮助管理层作出关键决策，确保企业的稳定运行和发展。

5. 问题解决能力

问题解决能力是指个人识别问题所在，并能够找到可行解决方案的能力。对于企业财务管理人员而言，这意味着他们不仅能够发现财务报告中的异常情况，还能深入分析背后的原因，并提出改进建议。问题解决能力强的企业财务管理人员能够帮助企业优化业务流程，减少浪费，提高效率。这种能力通常包括良好的逻辑思维、创新思维以及与利益相关者有效沟通的技巧。

6. 团队合作能力

企业财务管理的数字化变革涉及多个部门的协同工作。企业财务管理人员必须具备良好的团队合作能力，以确保各部门在变革过程中保持紧密合作和信息共享。具备良好团队合作能力的企业财务管理人员，能够在项目推进中有效协调各方资源，提升企业整体的执行力和变革成功率。

（三）价值观要求

1．责任感与合规意识

企业财务管理的数字化变革带来了更多的自动化和效率提升，但也伴随着数据隐私和合规性风险。因此，企业财务管理人员需要在推动技术创新的同时，严格遵循法律法规，确保财务信息的准确性和透明性，维护企业的诚信和信誉。

2．客观公正

在处理财务数据、编制财务报告以及进行财务分析时，任何的偏见或主观倾向都可能导致信息失真，从而误导决策者和其他信息使用者。企业财务管理人员必须确保其工作始终基于客观事实，而不受到任何外部因素的影响，包括但不限于管理层的压力、个人利益或其他利益相关者的干预等。

3．保守商业秘密

在日常工作中，企业财务管理人员经常接触到企业的核心财务数据、商业策略及其他敏感信息。这些信息若被泄露，可能对企业造成不可估量的经济损失，甚至影响企业的长期发展和竞争力。企业财务管理人员必须有强烈的职业道德，确保这些信息不被外泄。任何时候，都不能因个人利益或其他诱惑而泄露商业秘密，即便是在离职后也要严格遵守这一原则。

二、数字化变革背景下企业财务管理人才队伍的建设

在数字化变革的背景下，构建一支高素质的财务管理人才队伍，是企业实现企业财务管理数字化变革的关键。以下是企业财务管理人才队伍建设的几个核心方面。

（一）加强内部人才培养

企业可以在现有的财务管理队伍中培养具备数字化技能和创新思维的高素质人才。具体可从以下几方面着手。

1. 定期组织内部培训

企业可以根据当前面临的挑战和未来发展方向，制订详细的培训计划。培训计划应涵盖最新的会计准则、财务管理理论、数据分析方法以及新兴技术等内容。采用多样化的培训形式，如专题讲座、工作坊、案例分析等，以提高培训的趣味性和实用性。例如，通过专题讲座介绍最新的财务软件应用，通过工作坊让员工亲手操作，通过案例分析讨论实际工作中的应用。培训结束后，通过问卷调查、一对一访谈等方式收集员工的反馈意见，了解培训效果，以便不断优化培训内容和方法。企业还可以定期举办培训成果分享会，鼓励员工分享学习心得和实践经验。

2. 邀请内部高级财务管理人员或外部专家授课

邀请企业内部高级财务管理人员或外部专家授课能够充分利用内外部资源，为员工提供专业指导和实践经验。定期邀请企业内部高级财务管理人员分享他们的工作经验和成功案例，这些经验分享不仅能够提供实用的操作技巧，还能激励员工积极向上。例如，可以邀请企业首席财务官或财务总监分享如何利用数据分析工具提高财务报告的质量。同时，邀请外部专家或行业领袖进行专题讲座，引入外部视角和前沿知识。外部专家可以是来自知名会计师事务所的合伙人、大学教授或行业分析师等。通过这些讲座，员工能够了解到行业发展趋势、最新技术和最佳实践。

3. 开发在线学习平台

开发在线学习平台能够为员工提供灵活便捷的学习渠道，使员工随时随地提升自身技能。企业可以建立自己的在线学习平台，整合内部培训资源和外部优质课程。平台上可以包含各种类型的课程，如视频讲座、互动问答、在线测试等，方便员工根据自己的时间和兴趣进行学习。企业可以与知名的在线教育平台合作，引入高质量的数字化财务管理课程。这些课程通常由行业专家或高校教授讲授，内容丰富且更新及时。企业可以鼓励员工利用业余时间进行自我学习，并在企业内部分享学习成果。例如，企业可以设立"学习之星"奖项，表彰那些积极参与在线学习并在实际工作中应用所学知识的员工。

4．定制化学习路径

针对不同岗位和个人的职责需求，企业可以制定定制化的学习路径。通过分阶段的学习计划，让员工根据自身的技术水平和工作需求，有针对性地提升其在财务管理中的数字化技能，确保培训的有效性和实践性。

（二）积极引进外部人才

在企业财务管理数字化变革的背景下，企业需要采取有效的策略来吸引和引进具备数字化能力、技术背景以及战略管理经验的外部人才。下面介绍几种引进外部人才的主要方式。

1．通过高效的人才招聘渠道吸引人才

首先，企业可以利用数字化招聘平台和专业的猎头服务，精准定位具有技术背景、数字化转型经验和财务管理专长的复合型人才。专业猎头服务能够帮助企业快速锁定高端管理人才、技术专家，并且提供个性化的招聘服务，确保引进的人才具备企业所需的核心能力和经验。

其次，通过参与行业峰会、数字化转型论坛等专业会议，企业能够接触到行业领先的技术专家和具备丰富经验的管理人才。这类活动不仅为企业提供了获取最新行业趋势的机会，还可以使企业通过交流和互动建立与潜在人才的联系，并展示企业在财务管理数字化转型中的前景和吸引力。

2．通过战略合作和创新孵化项目吸引人才

首先，企业可以通过与高校和科研机构建立合作关系，吸引具备前沿技术和科研背景的人才。通过合作研究、技术转让或参与创新孵化项目，企业能够提前接触到正在研究先进技术的技术人才，甚至能够参与他们的研究项目，并将这些人才吸引到企业中，推动技术创新和财务管理的数字化应用。

其次，通过建立内部创新孵化器或技术实验室，企业可以吸引有创新意识和技术能力的外部人才加入。这些孵化项目不仅为技术人才提供了展示和试验其创新想法的平台，也让企业能够从中发掘适合企业发展的新技术与流程优化方案。

（三）健全财务管理人才的激励和留任机制

1. 设计公正的薪酬与奖励制度

企业设计公正的薪酬与奖励制度是其保持财务管理人才留任的关键。薪酬与奖励制度应能体现出公平公正的原则，以满足员工的心理预期，并充分调动其工作积极性和创新性。在制度设计上，应考虑到行业标准、企业规模、员工能力及工作内容等多种因素，确保员工的工资待遇在同行业、同岗位中具有竞争力。奖励制度的设计也应尽可能多元化，除了传统的现金奖励，也可以设立各种激励机制，如晋升机会、学习机会、表彰、休假等。这些都能满足员工多元的需求，激发他们的工作热情。薪酬和奖励制度不应只局限于固定的工资和奖金，而应涵盖各种形式的激励，如股权激励、期权激励等。这些激励方式可以让员工看到自己与企业的利益是紧密相连的，从而更加积极地投入工作中，也更愿意长期为企业服务。

2. 营造积极的工作环境与团队文化

企业营造积极的工作环境与团队文化是其保持财务管理人才稳定性的关键因素。工作环境的优越与否直接影响着员工的工作积极性和效率。物质环境，如良好的办公设备、安静的工作场所，可以满足员工最基础的工作需求；而人文环境，包括领导风格、同事关系、工作氛围等，这些无形的元素在某种程度上更能激发员工的工作热情和投入感，从而使得他们愿意在企业中长期工作。此外，团队文化的独特性和积极性会极大地影响员工的行为和工作态度。积极、协作、公平的团队文化将会鼓励员工释放他们的潜力，激发他们的创新力，使他们在实现个人价值的同时，也为团队和企业的目标作出贡献。企业还可以通过举办团队活动、员工交流会等方式来弘扬和传播这种团队文化，使得每一个员工都深入理解和接受这种文化，形成共享的价值观和行为准则。

3. 完善财务管理人员晋升通道

企业完善财务人员晋升通道是其激励员工成长和发展的重要手段，这一手段能够为员工提供清晰的职业路径，增强员工的归属感和忠诚度。

（1）建立多层次的职业发展体系

企业应建立一个多层次的职业发展体系，包括初级、中级、高级和专家级别的职位序列。每个级别都有明确的职责范围、任职资格和绩效标准，使员工清楚地知道如何通过努力达到更高的职业阶段。

（2）制定明确的晋升标准和流程

企业应制定明确的晋升标准和流程，确保晋升过程的透明性和公平性。晋升标准应包括工作业绩、专业技能、团队合作能力和领导潜力等多个维度。晋升流程则应包括申请、评审、面试和最终决定等环节，确保每个步骤都有据可依。

（3）提供个性化的职业发展规划

企业应为每位员工提供个性化的职业发展规划，根据其特点和职业兴趣量身定制发展计划。这包括定期的职业发展面谈、职业规划指导和职业发展资源包。通过个性化的职业发展规划，员工能够更好地认识自己的长处和短处，明确未来的发展方向。

4. 构建财务管理人才梯队

企业应通过合理的规划和储备，建立各级财务管理人才的梯队结构，从基层到高层培养各个层级的人才。通过人才梯队建设，企业能够确保数字化转型中财务管理的持续性和稳定性，同时培养出一批未来的数字化财务领袖。

在财务数字化转型的关键岗位上，如数据分析、系统开发、财务战略等，企业需要提前储备具备相关能力的人才。这不仅能满足企业当前的转型需求，也能为企业未来的持续发展提供保障。

第三节　制度保障

制度是规范、是准则，更是一种保障。它确保了企业财务管理数字化发展中的各种风险被有效控制，使得各项活动能够按照既定的规则和标准进行。这不仅关乎企业的日常运营，更是涉及企业长远的战略规划。一个完善的制度保障体系，可以帮助企业在财务管理数字化进程中减少摩擦，避免失误，确保其走在正确的道路上。

一、数字化变革背景下企业财务管理制度的建立

（一）企业财务管理制度的建立原则

企业财务管理制度的建立应遵循以下原则，如图9-2所示。

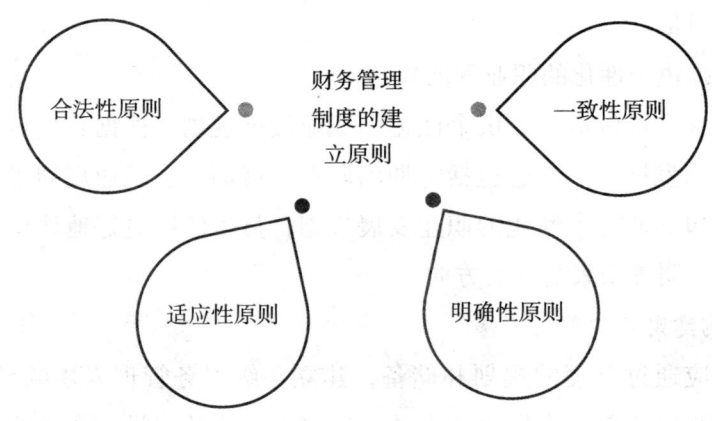

图9-2 企业财务管理制度的建立原则

1．合法性原则

合法性原则是指企业财务管理制度的建立必须符合国家法律法规以及财务管理行业规范的要求。这是任何企业制度建设的首要前提，也是保障企业经营活动合法合规、维护市场秩序和社会公共利益的基本要求。在构建财务管理制度时，企业应深入研究并遵循相关的法律法规，确保企业财务管理制度内容不与之相悖。企业还需关注国内外会计准则的最新动态，确保企业财务管理制度能够与时俱进，适应法律环境的变化。对于涉及数据收集、存储、处理及共享等环节，还需遵守数据保护法规。

2．适应性原则

适应性原则强调企业财务管理制度应具备良好的灵活性和可扩展性，能够随着企业内外部环境的变化而适时调整和优化。这是确保企业财务管

理制度长期有效、促进企业持续发展的关键。在制定企业财务管理制度时，企业应充分考虑自身业务特点、发展阶段及未来战略规划，确保该制度既符合当前需求，又预留足够的调整空间。同时，建立企业财务管理制度评估与反馈机制，定期审视企业财务管理制度的执行效果，及时发现并解决问题，确保企业财务管理制度能够持续适应企业发展的新需求。

3．明确性原则

明确性原则要求企业财务管理制度的条款、标准、流程等必须清晰、具体、无歧义，以便于执行者理解和操作。这是提高企业财务管理制度执行效率、减少误解和冲突的重要保障。在制定企业财务管理制度时，企业应注重语言的准确性和规范性，避免使用模糊或含糊不清的表述。对于关键业务环节和操作流程，应制定详细的操作指南或流程图，确保执行者能够一目了然地了解如何操作。企业还应明确企业财务管理制度的适用范围、责任主体、考核标准等，以便于企业财务管理制度的有效执行和监管。

4．一致性原则

一致性原则强调企业财务管理制度应与企业的其他管理制度相协调、相一致，形成统一的管理体系。这有助于避免制度间的冲突和矛盾，提高企业整体管理效率。在制定财务管理制度时，企业应充分考虑与现有管理制度的衔接和融合，确保企业财务管理制度间的逻辑一致性和互补性。同时，加强与各部门之间的沟通与合作，确保企业财务管理制度在制定和实施过程中能够得到广泛的支持和认可。

（二）财务管理制度的建立方式

企业财务管理制度的建立要结合企业管理人员的业务素质、知识水平采用相应的建立方式。建立方式主要有自行建立、委托建立、联合建立三种。

1．自行建立

企业财务管理制度的自行建立方式为企业内部财务人员独立进行，具有其独特的优势和挑战。当企业的财务管理人员自主构建企业财务管理制度时，这种独立性确保了企业财务管理制度与企业的密切配合。由于企业财务管理人员对企业的运营、文化和内部流程有深入的了解，这种方法通常可以确保企业财务管理制度与企业的实际需求高度匹配。这不仅有助于实现系统与业务流程的无缝衔接，还能够大大节约时间成本。更重要的是，企业财务管理制度的建立是企业内部人员制定的，因为它完全符合企业的文化和实际操作，所以在推广和实施时会更为顺畅。然而，完全依赖内部财务人员来建立企业财务管理制度也会带来一些挑战。如果企业财务管理人员的专业知识或信息化技能不足，可能会导致企业财务管理制度设计存在疏漏或不完善，影响其质量和实用性。同时，过于依赖内部视角可能导致企业财务管理制度缺乏创新，因为企业财务管理人员容易受到现有流程和思维模式的限制。

2．委托建立

委托建立的方式是指企业将财务管理制度的建立任务交给专业的中介机构。这些中介机构因为长期从事相关工作，对于国家的法律法规有深入的了解，因此能够确保企业财务管理制度的合规性。此外，这些机构的业务水平高、知识储备丰富且具有较强的创新意识，从而能够帮助企业建立专业、前沿的财务管理制度，推动企业财务管理数字化变革进程。然而，这种方式也伴随着一定的风险。由于中介机构并不对委托企业的内部运营、文化和特点有深入了解，可能难以确保企业财务管理制度与企业实际业务流程的高度匹配。这不仅可能导致实施难度增加，还可能影响企业财务管理制度的适用性和效果。

3．联合建立

联合建立融合了企业会计人员与外部专家的力量来共同打造企业财务管理制度。这种方式综合了自行建立与委托建立的特点，实现了各自优点的叠加与不足之处的互相补充。通过聘请专家为企业会计人员提供专业指导，既保留了企业内部对自身业务的深刻了解，又引入了外部的专业知识与新颖视角，从而确保企业财务管理制度的科学性与实用性。由于企业内部人员与外部专家的密切配合，企业财务管理制度的建立更加贴合企业的实际需求，同时充分考虑了行业最佳实践和法规要求，使得企业财务管理制度更加完善和高效。因此，联合建立可以最大限度地发挥企业财务管理制度的潜力，确保其在企业中的长期稳定运作，为企业的持续发展和管理决策提供有力支持。

二、支持数字化变革的企业财务管理制度的内容

（一）操作管理制度

1. 操作人员的管理

操作人员管理是指根据岗位职责的相关规定分配操作人员岗位。由财务管理数字化系统的系统管理员进行岗位分配、操作授权、保密字设定等。在为操作人员进行分工时，需输入操作人员的姓名、权限及保密字。

2. 操作人员的权限

（1）权限划分

系统应根据不同角色进行权限划分。业务操作员、系统管理员、软件开发人员和档案管理员等各个角色按照不同的操作权限进行操作，以确保系统的安全与数据的完整。不同角色的权限设置应详细，并且定期审查和更新，以适应公司业务需求和人员变动。

（2）日志记录

所有操作人员在进行操作时，系统应自动记录操作日志，包括操作时间、操作内容和操作人等信息，便于追踪和审计。操作日志应存储在安全的位置，定期备份，并设定访问权限，防止未经授权的查看和篡改。

3. 上机操作规程

上机操作规程严格规定了企业财务管理人员的操作权限、操作程序与职责，保障了财务管理信息化系统的安全运行。

操作人员必须是经过系统管理员认证后具有合法使用权限的人员。上机前和下机后都需进行登记，登记时需填写上机人员真实姓名、使用时间与操作内容，以便系统管理员检查核实使用。在上机前，操作人员需准备好操作内容，避免因准备不足而长时间占用机器，从而降低工作效率。操

作人员在完成上级操作后需做好工作备份，备份数据由财务处保管，上一次上机操作的数据备份应与机内数据复核准确无误后方可开始运行机器。在系统运行过程中，如需中途离开，必须在离开前退出系统，防止他人冒用或越权操作。

（二）财务业务程序管理制度

第一，为确保财务数据的准确性和合规性，所有财务数据在输入系统前必须经过审核，未经审核的数据不得录入。

第二，所有当日发生的财务业务必须在当天及时入账，确保账务记录的实时性和完整性。

第三，在期末结算时，应按规定的时间节点完成账务记录和利息计算，确保期末账务的准确性。

第四，期末时，资金报表应及时生成和打印，并且应妥善保管尚未入账的凭证和单据，避免遗漏。

第五，资金的原始单据、账簿、记账凭证及报表应按照相关规定进行装订和存档，确保数据的完整性和可追溯性。

第六，充分利用计算机的数据分析功能，定期或不定期向财务主管提交财务指标及数据分析结果，以支持决策和管理优化。

（三）安全控制制度

1. 计算机软、硬件安全制度

为确保财务系统的稳定运行，企业需要建立健全的计算机软、硬件安全制度。软件方面，企业财务管理系统应及时更新，补丁和安全漏洞修复必须按时完成，确保系统安全。必须限制未经授权的软件安装，防止潜在的恶意程序和数据泄露。硬件方面，计算机设备应定期维护，并做好备用设备的应急预案，以应对突发硬件故障。

2. 财务档案管理制度

（1）存档和分类

①存档机制。所有需要存档的文件和数据需经相关负责人的签署认可

后才能存档。存档时应定义明确的分类标准，根据不同的性质和用途对档案进行分类管理，方便后续检索。存档标准应符合国家和行业规范，并结合企业实际情况进行调整。

②标签和存储。所有存档的光盘、U盘等存储介质应贴上标签，注明内容和存储日期，并存放在安全、清洁、防热、防潮的环境中，以确保长期的安全存储。存储介质应定期检查和更换，避免因介质老化导致数据丢失。

（2）权限和保密

①权限管理。档案管理员的职责与权限需明确，确保每一份档案都能得到妥善管理。未经授权的人员不能随意查看、复制或借用档案数据。权限管理应使用先进的身份识别技术，如生物识别、双重认证等，确保档案数据的安全。

②保密措施。明确档案的保密级别，对于不同级别的档案制定相应的保密措施，如数据加密、访问控制等，杜绝数据被滥用和非法修改。保密措施应定期评估和更新，确保其有效性和先进性。

（3）使用和销毁

①使用记录。在调用特定档案时，需经相关负责人批准，使用过程中应记录调用者的信息、用途及归还日期，以便追溯和管理。使用记录应详细准确，并定期检查，防止数据滥用和丢失。

②销毁流程。每类文档都有其规定的保存期限，期满后需严格按照销毁流程进行处理，确保销毁过程中数据不能被恢复或泄露。销毁过程应有详细记录，并由专人监督和确认。

3．病毒预防安全制度

尽可能建立牢固的网络防火墙抵御外部计算机病毒与黑客的入侵，定期使用防毒软件做病毒排查，做好数据备份工作，尽可能降低计算机病毒可能造成的损失。

4．环境安全控制制度

企业财务部门的计算机和服务器应存放在安全的场所，采取防火、防水、防盗措施，确保物理设备的安全。对于机房和存储设备的环境条件，如温度和湿度，也应进行严格控制，以避免硬件故障。同时，非授权人员不得进入财务机房或存取财务数据，确保环境安全与数据安全得到双重保障。

三、数字化变革背景下企业财务管理制度的实施

（一）财务管理制度的学习与培训

企业完成财务管理制度的建立后，制度的公布与实际执行之间应该存在一段时间的间隔，这为制度的学习与培训留出了充足的时间。这期间，制度建立部门需要向相关部门提交预定接受学习与培训的人员名单，这主要涉及企业财务部门的工作人员以及相关的维护人员。这些人员在培训中不仅要深入理解制度的内容，还要掌握制度所涉及的各种操作技能。

制度一旦对接受学习与培训的人员公布，企业应组织适当的学习与培训活动，包括专题讲座、实操演练等。在学习与培训的过程中，培训者和学员之间的互动十分重要，学员的意见和建议是制度完善的重要参考。学员对制度的意见、疑问或建议应当反馈到制度建立部门。这种反馈不仅有助于发现制度的不足之处，也为制度的调整与修改提供了宝贵的指导。

在经过反馈调整后，制度最终可以正式发布给全企业，而且在发布时，对某些部门或个别人员，可能需要制定更为明确或特定的学习要求，确保他们能够准确、高效地执行新的企业财务管理制度，从而确保企业财务工作的规范、高效进行。

（二）财务管理制度的执行监督

企业财务管理制度的执行监督是确保企业财务工作按照既定制度规范进行的关键环节。为了确保财务管理制度的规范执行，企业需设置特定部门来进行定期检查与抽查。由于涉及的业务范围广泛，这也意味着监督的工作量极为庞大。为了确保监督工作的有效性，不被人员数量或人员素质所限制，企业可考虑在其内部设立专门的监督投诉专栏。这样，所有员工都可以针对企业监督管理部门在执行制度考核时的表现提出自己的意见或

异议。这种机制不仅提高了监督的透明度，而且通过广泛的员工参与，也更容易及时发现和纠正潜在的问题。

当然，单纯的投诉机制并不足以保证制度的规范执行。监督管理部门对于投诉专栏中提出的所有意见都需要进行认真的调查与核实。在这一过程中，监督管理部门需要与相关部门或员工进行沟通，了解具体的执行情况，进而作出必要的决策和调整。这样的机制既确保了企业财务管理制度的有效执行，也维护了整个企业的公平性和公正性。

（三）财务管理制度执行监督的监控

对企业财务管理制度执行监督的监控是一个进一步确保企业财务管理制度得到规范执行的环节。通过设立考核执行监控组，可以有效地对执行监督进行二次监察。监控组的主要职责分为两方面。一方面，它需要对监控组自身的执行情况进行内部审查，确保其对投诉专栏中的意见都有详细跟踪和调查，并对存在的疏漏进行核查。这种自我监督确保了执行监督的公正性和全面性。另一方面，监控组还要负责对考核过程中的弹性问题进行核查，进而增强考核执行的准确性和到位率。这意味着监控组不仅要关注执行情况，还要关注执行的质量，确保考核结果真实、公正、准确。

为了确保监控组的公正性和独立性，其在组建的时候可选择员工中敢于挑战和质疑的人员。这些员工不仅对企业有高度的忠诚度，而且有独立、客观的审查能力。将这样的员工组织成一个虚拟的团队，不仅能够增强团队的凝聚力，还能够确保其工作的独立性和公正性。

（四）财务管理制度的定期完善

企业财务管理制度的定期完善是确保制度持续有效和与时俱进的关键。随着时间的推移和业务的发展，企业原有的财务管理制度可能无法完全满足当前的操作和管理要求。通过执行过程中的监督和监控活动，企业可以及时发现并识别制度中的缺陷或不足之处。这些发现成为完善制度的重要参考。制度建立部门在收到相关的反馈后，需对现有制度进行深入的分析，并针对性地进行修订和优化，以确保制度能够满足当前财务信息化系统的操作和管理需求。①因此，企业对制度的周期性审查、修订和完善，不仅确保了制度的实际应用性和有效性，还有助于企业持续提高财务工作的水平，进一步确保财务信息的准确性和可靠性。

---

① 王盛 . 财务管理信息化研究 [M]. 长春：吉林大学出版社，2020：227-228.

第十章

企业财务管理的
发展方向分析

第一节　企业财务管理智能化程度加深

一、财务软件标准更严格，安全性、专业化进一步提升

多年的实践与发展，给予我国企业财务管理数字化以大量经验，也进一步细化了财务软件的标准。不同企业在实行财务管理数字化的过程中，对财务软件功能的需求也有所不同。针对不同企业之间的差异，开发适应企业特征的财务软件是未来财务软件研发的方向。从软件本身层面，为实现数据即时共享，需增添数据共享模块，将共享功能纳入财务软件的体系中，这不仅需要提高接口技术，使每个模块之间更好连接，更要提高传输技术，使信息可以全面迅捷地达到共享。另外，未来财务管理智能化系统应增添审查模块，加强内部的审查功能，保证数据真实性的责任确认到人。利用智能化技术，企业可以对自身业务活动和财务工作进行实时监控并留下记录，并根据记录分析企业情况，以帮助管理层作出正确决策。

二、从规则型智能向学习型智能转变

财务管理智能化可以分为两个阶段，初级阶段是规则型智能，高级阶段是学习型智能。目前规则型智能已经实现了较为成熟的应用，如基于规则的费用审核、风险控制、业财税管一体化模式下的会计规则引擎等，而学习型智能业尚未得到大规模商用。随着人工智能技术的进一步发展，尤其是深度学习和机器学习的普及，企业财务管理将从规则型智能走向真正的学习型智能。这意味着，在未来，机器不再仅仅是执行者，它们将学会思考，学会主动分析，从大量的数据中学习，并对未来的财务趋势作出预测，为企业提供更深入的策略建议。

三、业财税管一体化程度将进一步强化

业财税管一体化不仅提高了员工工作效率，还为企业带来了更大的价值。在过去，企业中的业务、财务和税务部门往往各自独立，相互之间的信息交流并不畅通，这导致了企业决策时效性和准确性的降低。而今，通过先进的信息技术和智能化系统，企业各部门能够实时共享数据，确保信息的透明度和即时性。业财税管一体化的深化意味着企业能够更快速地响应市场变化，作出准确的决策。此外，业财税管一体化还为企业节省了大量的人力和物力成本。传统的分散式管理往往导致资源的浪费和效率的低下，而一体化管理使得资源能够得到更加合理的配置和利用。

随着数字技术与人工智能的不断进步，未来的业财税管一体化程度会进一步深化。高度集成的系统将确保企业业务、财务和税务数据实时同步，为企业决策者提供更加精确和及时的信息。随着云计算和大数据分析的日益普及，企业能够更加灵活地调整策略，实现更高效的资源分配。实时的数据流将使得企业在面对市场变革时能够更快速地调整自身策略，以适应外部环境的变化。此外，未来的业财税管系统将采用更先进的算法和机器学习技术，自动检测潜在的税务风险，并为企业提供优化建议。与此同时，随着国际合作和交流的加强，跨国企业将面临更为复杂的税务问题，而高度集成的业财税管系统将为这些企业提供强大的支持，帮助它们在复杂的国际税务环境中实现合规和优化。

第二节　企业财务管理呈现财务云趋向

在云计算技术发展迅猛的时代背景下，企业的财务流程从既定的 ERP 系统向云服务转变已基本达成共识。"云应用"的浪潮已经波及和影响企业财务流程和组织，如果不服从流程再造理论的精髓，企业就可能会面临高失败率的风险。基于财务信息数据等财务资源具有通用性、标准化、可获

取性等特征，以及云计算在政务、金融、教育等行业共享服务平台的成功应用，使得各个企业构建财务云中心成为大势所趋。

一、财务云的概念

企业将云计算技术与财务共享服务中心协同整合，通过建立一个平台再造财务流程，实现核算报账、数据共享、财务管理、资金管理、决策支持合一，旨在降低总体运营成本，提升财务服务质量，强化管理会计建设，有力整合企业资源支持企业发展战略，这个平台就是财务云。

二、财务云发展的必然性

（一）云计算产业快速发展的要求

云计算产业的快速发展为财务云的建设提供了强有力的政策和技术支持。财务云作为云计算的重要应用，符合政策导向。一方面，财务云可以为企业提供专业化的财务服务，降低企业财务运营成本；另一方面，它还能通过向外部企业和机构提供解决方案，创造新的利润来源，成为推动低碳经济发展的新型商业模式。云计算的发展需求使得财务云的广泛应用成为必然。

（二）适应大数据发展的需求

财务云在大数据的支持下，能够通过信息技术对分散的数据进行收集、分析，创造新的价值。云计算技术具有集聚效应，可以有效促进大数据的挖掘和应用，帮助企业实现信息资源的共享和业务的协同。财务云平台可以直接收集分公司的原始数据，确保数据的真实性和准确性，并根据用户需求提供高可用性的数据服务。大数据时代的到来，使得财务云成为企业应对复杂数据处理和分析需求的必要工具。

（三）增强企业协同效应的举措

财务云通过将云计算技术应用到企业财务管理中，可以显著增强企业的协同效应。它不仅可以实现集团总部与分公司之间的财务和业务协同，还能推动企业与外部单位的协同办公。企业通过财务云平台与税务部门、商业银行、会计师事务所等外部单位实现信息共享和业务协同，有效提升了整体运营效率。因此，财务云成为增强企业内部和外部协同效应的重要举措，助力企业提升业务的整体运作效率。

（四）加强企业内部控制的途径

在传统的分散财务核算模式下，企业内部容易形成信息孤岛，阻碍财务信息的共享和传递。财务云通过建立集中统一的财务管理平台，打破信息孤岛，实现企业财务数据的集中管理和共享。通过实时生成各分公司的财务信息，财务云提高了集团总部对下属公司的管控效率，并减少了财务报表的生成时间，解决了总部管控效率低下的问题。因此，财务云是加强企业内部控制、提升管理效率的必然选择。

三、财务云的发展方向

目前财务云还处于起步发展阶段，在云计算发展逐渐形成的燎原之势下，推动财务云的发展势在必行。

（一）财务云架构更加成熟

随着技术的进步和企业需求的多样化，财务云的架构将更加优化，能够更好地支持大规模数据处理和复杂业务场景。

财务云平台的主体部分主要包括三个层次。首先 IaaS，它作为财务云平台的基础层，由云计算服务供应商为企业提供服务器、网络、存储和计算处理等基础设施资源。分公司无须自行采购和搭建这些基础设施，便可通过 IaaS 根据需求动态调整和分配计算资源，从而降低企业的硬件投入和维护成本。其次是 PaaS，PaaS 在 IaaS 之上提供了开发和运行环境，企业可以利用云计算服务供应商提供的开发语言、工具和平台，在 PaaS 环境中进行财务软件开发和管理。PaaS 还支持资源部署调度、系统解决方案、专家在线答疑以及共享服务论坛等功能，企业可根据需要安装和管理应用程序或交由供应商托管。最后是 SaaS，它在 PaaS 之上构建，主要提供企业的财务数据共享系统、财务数据分析系统、财务数据保障系统以及决策支持系统等功能。SaaS 模式下，分公司无须自行构建或维护软件系统，通过移动互联网和客户端便可方便地访问部署在云端的各类财务软件，进行核算、报账、财务分析等工作。

财务云平台的辅助部分分为两方面。首先是集团内部用户端，通过 Web 服务进行用户身份认证、数据访问权限设置和实时监控管理，确保内部用户安全、规范地使用财务云平台。其次是外部应用接口，财务云能够与税务部门、银行、证券市场、会计师事务所、客户和供应商等外部机构接入，实现跨组织的协同办公和数据共享。根据不同权限，企业可以选择性地将财务数据向股东、债权人、员工等公开。通过这一平台架构，企业能够在云计算服务供应商提供的 IaaS、PaaS 和 SaaS 模式下，实现核算报账、数据共享、财务管理、资金管理和决策支持的内部协同，并可以与外部单位进行高效合作。

（二）财务云与管理会计更加协同

财务云平台与管理会计虽然在功能上相互独立，但在实际应用中二者密切相关、相互作用。根据协同理论，财务云与管理会计在战略分析、决策支持、价值创造等方面具有一致的目标，当二者协同工作时，其产生的效应远远大于各自独立运作时的效果之和。财务云为管理会计的有效应用提供了坚实的基础，具体表现在数据、人员和组织这三大方面。

1. 数据基础

数据是管理会计工作的核心支撑，管理会计的功能在于提供决策支持，而这一过程离不开大量的数据分析。财务云作为企业的数据收集、存储和分析中心，能够实时为管理会计提供精准、丰富的数据支持，涵盖了企业财务数据和非财务数据的方方面面。财务云通过集成化的数据平台，使得管理会计能够高效获取并利用这些数据来进行预算编制、绩效评估、成本控制等工作，提升了管理会计在企业中的决策效率。

2．人员基础

随着财务云的普及，大量的财务会计工作逐步被自动化系统取代，这为会计人员转型为管理会计提供了契机。财务云减轻了传统会计工作中的重复性劳动，使会计人员有更多的时间和精力投入更具战略性和分析性的管理会计工作中，从而推动企业财务管理向更高层次发展。

3．组织基础

财务云平台中集成了风险控制、资本运营、价值管理等功能，而这些功能本质上属于管理会计的范畴。因此，财务云不仅是一个技术工具，更是管理会计在企业中发挥作用的有力平台。通过内嵌标准化的财务制度和管理流程，财务云平台为企业的管理会计工作提供了全面的组织保障和技术支持，确保管理会计的工作能够在规范化、标准化的环境下顺利进行。

反过来，管理会计的工作也促进了财务云的有效运作。管理会计人员通过整合财务和业务数据，利用财务云平台的信息系统对企业的财务管理活动进行有效指导，将统一的财务制度和标准规范嵌入财务云平台的运作流程中，从而提升了财务云在企业管理中的实际应用价值。这种双向互动使得财务云与管理会计在协同工作中相互促进，共同提升了企业的管理效能。

随着国家对管理会计体系建设的深入推进，财务云与管理会计的协同研究成为企业财务管理数字化变革中的重要方向。通过进一步探索二者的协同机制，企业可以在财务管理和战略决策方面获得更加全面和精准的支持，从而提升企业的竞争力与管理效率。

第三节　未来企业财务管理人员的转型与发展

在新的技术环境下，人机协作已经成为企业财务管理的必然趋势，尤其是在大数据、人工智能等科技手段的加持下，企业财务管理人才的身份和角色发生了重大变化，在未来，企业财务管理人员的角色将更加重要。

首先，企业财务管理人员将从传统的数据录入和整理人员转变为数据分析师。过去，企业财务管理人才的主要工作是对数据进行收集、整理和核算，而在人机协作的环境下，这些工作已经可以由智能机器来完成。因此，在未来，企业财务管理人员的工作重点将转向数据的分析和解读，为企业的决策提供有力的支持。

其次，企业财务管理人员将从被动的执行者转变为主动的决策者。在传统的企业财务管理中，财务人员主要是执行上级的决策，而在人机协作的环境下，财务人员有了更多的决策权，他们将需要参与到企业的日常管理和决策中，利用自己的专业知识和技能，为企业的运营、投资和融资活动提供专业的建议和指导。他们将不再仅仅是提供财务报告的制作者，而将成为企业的策略伙伴和价值创造者。

再次，财务管理人员将从单一的财务知识掌握者转变为多元知识的掌握者。在人机协作的环境下，企业财务管理人员不仅需要掌握财务知识，还需要掌握数据分析、人工智能等相关知识。只有这样，他们才能充分利用智能机器进行高效的财务管理。

最后，企业财务管理人员将从封闭的财务部门成员转变为开放的企业全面参与者。在传统的企业结构中，财务部门往往与其他部门是相对独立的。但是，在人机协作的环境下，财务部门需要与其他部门进行更为紧密的合作，因为只有这样，才能确保数据的准确性和全面性。这种转变将使得财务人员的视角由单一的财务视角扩展到包含市场、人力资源、运营等多元视角，从而能够对企业的全局进行全面的分析和理解。

　　未来的企业财务管理人员将不再是传统意义上的"账目管理者"，而更像是"信息管理者"和"决策支持者"。他们的工作将更为全面，涉及企业的各个层面，成为企业的核心决策者。他们将在企业的全面发展中发挥更加积极的作用，为企业的成功作出重要贡献。

参考文献

[1] 申雅琛. 数字经济理论与实践 [M]. 长春：吉林人民出版社，2022.

[2] 胡晓锋. 企业财务管理数字化转型路径研究与实践 [M]. 北京：中国原子能出版社，2023.

[3] 尹万军. 企业财务管理数字化转型研究 [M]. 北京：中国商业出版社，2023.

[4] 李彬. 财务管理数字化基础 [M]. 西安：西安交通大学出版社，2023.

[5] 龙敏. 现代财务管理及其数字化转型研究 [M]. 中国原子能出版社，2022.

[6] 杨洁. 企业财务管理与财务数字化研究 [M]. 北京：群言出版社，2023.

[7] 王志娟，蒋文兵. 数字化时代财务管理创新研究 [M]. 长春：吉林出版集团股份有限公司，2024.

[8] 李晓林，李莎莎，梁盈. 财务管理实务 [M]. 武汉：华中科技大学出版社，2021.

[9] 韩军喜，吴复晓，赫丛喜. 智能化财务管理与经济发展 [M]. 长春：吉林人民出版社，2021.

[10] 常青，王坤，檀江云. 智能化财务管理与内部控制 [M]. 长春：吉林人民出版社，2021.

[11] 刘赛，刘小海. 智能时代财务管理转型研究 [M]. 长春：吉林人民出版社，2020.

[12] 姜美琴. 大数据背景下智能财务管理研究 [M]. 北京：中国商务出版社，2023.

[13] 徐侪胤，潘宗英，张锐. 智能时代财务管理转型研究 [M]. 北京：中国商业出版社，2023.

[14] 段晓霞，阎柳青，段军平. 智能化财务管理与会计转型探析 [M]. 北京：中国建材工业出版社，2024.

[15] 邱涵，张丽，李晨光. 智能时代财务会计管理转型研究 [M]. 延吉：延边大学出版社，2022.

[16] 徐严. 智能技术赋能企业财务管理转型实践 [M]. 天津：天津科学技术出版社，2024.

[17] 高雯萱. 智能化财务管理与建设研究 [M]. 北京：文化发展出版社，2024.

[18] 李克红. 人工智能视阈下财务管理研究 [M]. 北京：首都经济贸易大学出版社，2021.

[19] 金玉洲，刘宏伟，高一源. 智能化财务管理与会计理论实践 [M]. 北京：中国商业出版社，2021.

[20] 房芳，王娜，米光鑫. 智能时代财务管理及其信息化 [M]. 北京：中国商业出版社，2021.

[21] 赵丽，陈熙婷. 智能时代的财务管理及其信息化建设 [M]. 汕头：汕头大学出版社，2023.

[22] 周崇沂，蒋德启. 数字化时代的财务数据价值挖掘 [M]. 北京：机械工业出版社，2023.

[23] 鲍凯. 数字化财务技术赋能财务共享业财融合转型实践 [M]. 北京：中国经济出版社，2023.

[24] 王利萍，吉国梁，陈宁. 数字化财务管理与企业运营 [M]. 长春：吉林人民出版社，2022.

[25] 徐燕. 财务数字化建设助力企业价值提升 [M]. 广州：华南理工大学出版社，2021.

[26] 刘光强. 基于"区块链+"的管理会计数字技能 [M]. 成都：西南交通大学出版社，2022.

[27] 王雁滨，苏巧，陈晓丽. 财务管理智能化与内部审计 [M]. 汕头：汕头大学出版社，2021.

[28] 王海林. 智能财务与会计系列大数据财务决策 [M]. 北京：电子工业出版社，2023.

[29] 陆秀芬．数字经济时代企业智能财务的构建与应用研究 [M]．天津：天津科学技术出版社，2022.

[30] 杨彩娟．数字经济下集团企业财务管理问题探讨 [J]．中国市场，2024（29）：147-150.

[31] 王璎．ERP 环境下企业成本管理数字化的优化研究 [J]．财会学习，2024（29）：127-129.

[32] 胡天笑，宋京芳，程佳琳，等．数字化提升财务管理水平助力科技创新跃升 [J]．通信世界，2024（19）：28-31.

[33] 詹惠蓉．数字化转型背景下企业财务管理创新策略研究 [J]．老字号品牌营销，2024（19）：133-135.

[34] 刘红莉．企业财务数字化转型研究 [J]．财会学习，2024（28）：44-46.

[35] 洪凤娇．数字经济时代下企业财务管理转型路径研究 [J]．财会学习，2024（28）：35-37.

[36] 郭峰．数字化转型下的企业财务风险管理创新策略研究 [J]．中国市场，2024（27）：151-154.

[37] 王帅．基于核心竞争力的企业财务战略管理研究 [J]．中国集体经济，2024（27）：169-172.

[38] 鲁洋．大数据背景下企业财务管理的挑战与变革 [J]．老字号品牌营销，2024（18）：129-131.

[39] 刘铁帮．数字化时代下加强企业财务管理的思考 [J]．中国市场，2024（26）：157-160.

[40] 白晔．关于传统财务管理向数字化财务转变的思考 [J]．商讯，2024（17）：13-16.

[41] 殷三平．基于财务共享系统实施，驱动集团财务管理转型 [J]．冶金财会，2024，43（8）：4-7.

[42] 包婷婷，纪荣娟，潘攀．数智化时代电力企业财务数字化建设有效路径探究 [J]．中国经贸导刊，2024（10）：115-117.

[43] 李一多．数字化时代企业财务管理的变革与应对 [J]．财富时代，2024

（8）：49-51.

[44] 胡莺．基于数字化赋能的企业财务风险管理与内部控制研究 [J]．中国市场，2024（24）：147-150.

[45] 蒋李芬．新质生产力背景下的企业财务管理数字化转型策略研究 [J]．老字号品牌营销，2024（16）：90-92.

[46] 袁正美．业财管理一体化在财务管理转型中的应用 [J]．纳税，2024，18（23）：106-108.

[47] 蒋李芬．浅谈数字化信息平台在制造企业财务管理中的应用 [J]．中国会展，2024（15）：119-121.

[48] 黄怡婉．数字化转型背景下财务共享服务的创新与实践 [J]．财会学习，2024（23）：19-21.

[49] 魏璐．基于业财融合的数字化财务管理转型探索 [J]．上海企业，2024（8）：143-145.

[50] 陈雪河．大数据背景下企业财务管理数字化转型探讨 [J]．投资与创业，2024，35（14）：80-82.

[51] 何锋．论数字化时代 RPA 在中小企业财税领域的应用 [J]．理财，2024，（10）：77-78，91.

[52] 马光伟，王晶．RPA 财务机器人在财务共享中心应用探究 [J]．合作经济与科技，2024（22）：155-157.

[53] 董兴宇．人工智能背景下财务人员面临的转型研究 [J]．财会学习，2024（28）：1-4.

[54] 田蜜．业财融合视角下财务人员的转型策略分析：来自华为的启示 [J]．现代营销（下旬刊），2024（8）：132-134.

[55] 彭艳．数字经济时代财务人员转型浅探 [J]．新会计，2024（8）：61-62.

[56] 武文静．财务转型背景下财务人员的素质提升与角色转变 [J]．纳税，2024，18（18）：73-75.

[57] 华宇哲．基于数据驱动的企业业财融合研究 [J]．商场现代化，2024（20）：186-188.

[58] 庞磊，张庆龙. 数据驱动企业财务数字化转型研究 [J]. 会计之友，2024
（17）：134-138.

[59] 丁建召. "数智化"背景下财务共享中心战略转型策略 [J]. 华章，2024
（5）：138-140.

[60] 杨琳惠. 财务数字化转型背景下的煤炭行业数据治理研究 [J]. 山西财税，
2024（8）：31-34.

[61] 吕永霞. 上市公司财务数据治理问题研究：基于财务画像系统视角 [J].
商业会计，2024（14）：30-34.

[62] 周沅洁. 财务管理数字化转型下的集团企业数据治理模式分析 [J]. 市场
周刊，2024，37（20）：55-58.

[63] 张庆龙，黄恩璇. 世界一流企业财务管理体系建设中的数据治理探讨 [J].
财会通讯，2024（12）：3-10.

[64] 许恣文. 数字化转型背景下企业智慧共享财务管理体系的构建路径探讨
[J]. 企业改革与管理，2023（4）：123-125.

[65] 周天晨. 财务管理一体化模式下财务管理转型的优化策略 [J]. 中国集体
经济，2023（18）：130-133.

[66] 郑媛元. 基于数字经济时代下智能财务体系的构建探索 [J]. 商讯，2023
（5）：45-48.

[67] 曹海娟，李晶. 基于财务共享的数据治理研究 [J]. 财会通讯，2024（12）：
106-110.

[68] 郝磊. 企业财务数字化转型动因、路径与效果研究：基于国家电网的案
例分析 [D]. 呼和浩特：内蒙古大学，2023.

[69] 苏慧莹. 数字化背景下H公司财务共享模式研究 [D]. 广州：广东财经大学，
2023.

[70] 庞嘉文. A公司预算管理数字化转型研究 [D]. 太原：山西财经大学，
2023.

[71] 罗莹莹. A公司财务数字化转型案例研究 [D]. 厦门：厦门大学，2022.

[72] 张雨星. 数字化转型背景下S公司预算管理研究 [D]. 南京：东南大学，
2021.